大学生形势与政策课程用书

新时代大学生

★★★

时局观澜

教育教程

周海波　王　蕾　唐红星 ◎ 主　编

冯泽奇　李功华 ◎ 副主编

上海财经大学出版社
SHANGHAI UNIVERSITY OF FINANCE & ECONOMICS PRESS

图书在版编目(CIP)数据

新时代大学生时局观澜教育教程 / 周海波, 王蕾,
唐红星主编. - 上海 : 上海财经大学出版社, 2025. 9.
ISBN 978-7-5642-4744-7

Ⅰ. G641

中国国家版本馆 CIP 数据核字第 20251VR687 号

□ 策划编辑 刘冬晴
□ 责任编辑 刘冬晴
□ 封面设计 易 帅

新时代大学生时局观澜教育教程

周海波 王 蕾 唐红星 主 编

冯泽奇 李功华 副主编

上海财经大学出版社出版发行
(上海市中山北一路 369 号 邮编 200083)
网 址:http://www.sufep.com
电子邮箱:webmaster @ sufep.com
全国新华书店经销
启东市人民印刷有限公司印刷装订
2025 年 9 月第 1 版 2025 年 9 月第 1 次印刷

787mm×1092mm 1/16 11.75 印张 257 千字
定价:48.00 元

前 言 *PREFACE*

"明者因时而变,知者随事而制。"在全球化浪潮奔涌向前、国际风云变幻莫测、国内改革发展的巨轮破浪前行的时代长卷下,精准洞察形势、深刻领悟政策,能为肩负时代使命的大学生点亮指引前路的明灯。"形势与政策"课程是高校思想政治理论课的重要构成部分,在大学生思想政治教育体系中占据着不可替代的重要地位,是对学生进行形势与政策教育的主渠道、主阵地,是助力大学生成长成才的必修课程。

大学生作为新时代的主力军,即将在实现中华民族伟大复兴中国梦的征程中接过接力棒,担当起中流砥柱的角色。他们不仅需要系统地掌握扎实的科学文化知识与专业技能,更需要练就一双洞悉世事的慧眼,对瞬息万变的全球大势及中国的发展动态有着鞭辟入里的认知,主动关心、积极理解国内外形势以及党和国家的重大方针政策。唯有如此,方能精准锚定前行方向,明晰自身肩负的使命与责任,为国家的繁荣富强贡献力量。

多年来,我国高校在形势与政策教育领域持之以恒地探索,积极创新课堂教学的方式方法,积累了丰富且宝贵的经验,推动"形势与政策"课程逐步走向成熟。为了进一步提升形势与政策教育的质量与效果,促进教育工作者之间的经验交流与智慧共享,我们精心组织了一批在形势与政策教学方面经验丰富的教师编写了这本《新时代大学生时局观澜教育教程》教材。

本书围绕社会主义核心价值观教育展开,内容丰富多元。既重点介绍党的二十大精神和最新两会精神的核心要义;又高度重视依法治国、国家主权等关乎国家稳定与发展的重要内容,培养学生的法治意识与国家主权观念,引导大学生在复杂的国际国内形势下保持清醒的头脑。通过引导学生认识基本形势,掌握分析形势的基本规律,学生能够学会运用科学的方法分析和判断社会热点难点问题,进而正确理解和把握国家政策。在内容编排上,本书选取了多个具有长效性与时代特征的专题,全面贯彻党和国家的重要会议精神与政策内容。在国际形势部分,我们通过对全球政治格局演变、大国关系调整、国际热点问题的深入分析,揭示中国在国际舞台上面临的机遇与挑战,以及中国所秉持的外交理念与政策主张,培养学生的国际视野与全球思维。同时,本书在编写过程中注重理论与实践相结合、历史与现实相结合、稳定性与变动性相结合、学习知识与发展能力相结合。在对相关问题进行解读和分析时,深入挖掘背后的原理与规律,力求实现知识传递与思想深化的双重目标,助力大学生提升综合素质与能力。

我们衷心希望本书能为大学生更好地认识世界、了解国情,树立正确的世界观、人生观、价值观发挥积极的作用。由于形势与政策处于不断发展变化之中,加之编者水平有限,书中难免存在不足之处,恳请广大读者批评指正,以便我们在后续的修订中不断完善。

编 者
2025 年 5 月

CONTENTS 目 录

专题一　开辟马克思主义中国化时代化新境界

一、习近平新时代中国特色社会主义
　　思想内涵 ………………………… 1

二、习近平治国理政新思想 ………… 8

三、理论新飞跃、行动新指南、斗争
　　新武器 …………………………… 13

四、建设一个强大的马克思主义
　　执政党 …………………………… 15

五、哲学社会科学在中国特色社会
　　主义建设事业中的重要性 ……… 17

思考题 ……………………………… 28

专题二　贯彻落实党的二十大精神

一、深刻领会党的二十大主题 ……… 29

二、充分把握党的二十大精神实质
　　…………………………………… 31

三、新时代新征程中国共产党的历史
　　使命 ……………………………… 42

思考题 ……………………………… 45

专题三　2025 年两会精神的核心要义

一、高质量发展与民生保障的政策导向
　　…………………………………… 47

二、科技创新与产业升级的顶层设计
　　…………………………………… 54

三、青年发展与教育改革的重点举措 …
　　…………………………………… 60

四、三大核心要义之间的内在联系与
　　协同发展 ………………………… 66

思考题 ……………………………… 68

专题四　中国经济行稳致远

一、筑牢中国经济行稳致远的信心根基
　　…………………………………… 69

二、中国经济迎难而上的底气 ……… 73

三、中国经济奋发有为的践行路线
　　…………………………………… 75

四、扎实推动中国经济高质量发展
　　…………………………………… 78

五、向新质生产力要增长新动能 …… 79

思考题 ……………………………… 82

| 专题五 | 维护国家安全 建设美丽中国 |

一、以新安全格局保障新发展格局
……………………………… 83

二、更好推进中国特色社会主义法治
体系建设 …………………… 91

三、民法典开创法治新境界 ……… 95

四、建设美丽中国，实现协同永续
发展 ……………………… 117

五、以保障和改善民生为重点的社会
建设 ……………………… 143

思考题 …………………… 147

| 专题六 | 推动构建人类命运共同体 |

一、推动构建人类命运共同体的时代
背景 ……………………… 149

二、推动构建人类命运共同体的价值
基础 ……………………… 151

三、积极参与全球治理体系改革和
建设 ……………………… 153

四、高质量共建"一带一路" ……… 160

思考题 …………………… 177

| 参考文献 | |

开辟马克思主义中国化时代化新境界

> 中国共产党为什么能，中国特色社会主义为什么好，归根到底是马克思主义行，是中国化时代化的马克思主义行。
>
> ——习近平在中国共产党第二十次全国代表大会上的报告

党的二十大提出开辟马克思主义中国化时代化新境界的重大任务，强调这是当代中国共产党人的庄严历史责任。我们以这个题目进行集体学习，目的是深化对党的理论创新的规律性认识，进一步明确理论创新的方位、方向、方法，在新时代新征程上取得更为丰硕的理论创新成果。

一、习近平新时代中国特色社会主义思想内涵

习近平新时代中国特色社会主义思想，是当代中国马克思主义、21世纪马克思主义，是中华文化和中国精神的时代精华，引领了马克思主义中国化时代化新的飞跃，必须长期坚持并不断发展。

(一)习近平新时代中国特色社会主义思想创立和发展的时代背景

伟大时代产生伟大思想,伟大思想造就伟大时代。习近平新时代中国特色社会主义思想,是在新时代历史进程中应运而生、顺势而成的,是立足时代之基、回答时代之问、引领时代之变的科学理论。

1. 世界百年未有之大变局加速演进

世界之变、时代之变、历史之变以前所未有的方式展开,新一轮科技革命和产业变革深入发展,国际力量对比深刻调整,和平、发展、合作、共赢的历史潮流不可阻挡。同时,世界经济复苏乏力,逆全球化思潮抬头,单边主义、保护主义明显上升,世纪疫情影响深远,局部冲突和动荡频发,全球性问题加剧,世界进入新的动荡变革期。面对复杂多变的国际环境带来的新矛盾新挑战,以习近平同志为核心的党中央深刻把握中国和世界关系的历史性变化,深刻回答"人类社会何去何从"的历史之问,既在谋求自身发展中促进世界共同发展,又在世界共同发展中推进自身发展,为解决世界经济、国际安全、全球治理等一系列重大问题提供了新的方向、新的方案、新的选择,中国国际影响力、感召力、塑造力显著提升。习近平新时代中国特色社会主义思想,正是在把握世界发展大势、维护人类共同利益、推动中国与世界携手并进的过程中创立并不断丰富发展的。

2. 中华民族伟大复兴进入关键时期

在中华人民共和国成立以来特别是改革开放以来取得的重大成就的基础上,中国发展站在了新的历史起点上,社会主要矛盾发生历史性变化,具备了过去难以想象的良好发展条件,也面临着许多前所未有的困难和问题,战略机遇和风险挑战并存、不确定难预料因素增多。"行百里者半九十"。中华民族伟大复兴,绝不是轻轻松松、敲锣打鼓就能实现的,必须准备经受风高浪急甚至惊涛骇浪的重大考验。在这个船到中流浪更急、人到半山路更陡的关键时刻,以习近平同志为核心的党中央深刻把握中华民族伟大复兴战略全局,牢牢立足社会主义初级阶段这个基本国情、最大实际,团结带领全党全国各族人民推进新时代伟大变革,如期全面建成小康社会,推动中国迈上全面建设社会主义现代化国家新征程。今天,中国比历史上任何时期都更接近、更有信心和能力实现中华民族伟大复兴的目标,实现中华民族伟大复兴进入了不可逆转的历史进程。习近平新时代中国特色社会主义思想,正是在中华民族迎来从站起来、富起来到强起来的伟大飞跃中创立并不断丰富发展的。

3. 中国式现代化全面推进拓展

近代以来,现代化成为世界发展的历史潮流,实现现代化是世界各国发展普遍面临的历史任务。实践表明,世界上既不存在定于一尊的现代化模式,也不存在放之四海而皆准的现代化标准。独特的文化传统,独特的历史命运,独特的基本国情,决定了中国必然走适合自己特点的现代化道路。在长期实践过程中,党领导人民不懈探索现代化路径,取得了社会主义现代化建设的伟大成就,用几十年时间走完发达国家几百年走过的工业化历程。党的十八大以来,以习近平同志为核心的党中央团结带领全党全国各族人民,坚持以中国式现代化全面推进中华民族伟大复兴,在理论和实践上实现一系列创新突破,丰富和发展了人类文明新形态。中国式现代化展现了一幅现代化的全新图景,拓展了发展中国家走向现代化的路径选择,为人类对更好社会制度的探索提供了中国方案。习近平新时代中国特色社会主义思想,正是在成功推进和拓展中国式现代化、推动人类文明发展的历史进程中创立并不断丰富发展的。

4. 科学社会主义在 21 世纪的中国焕发新的蓬勃生机

社会主义在中国的实践发展,推动中华民族实现了历史上最广泛、最深刻、最伟大的社会变革。20 世纪 80 年代末 90 年代初,世界社会主义遭受严重曲折。有人宣称"20 世纪将以社会主义的失败和资本主义的胜利而告终",还有人妄称社会主义中国也将随着"多米诺骨牌效应"而倒下。但我们挺直了腰杆,顶住了冲击,经受住了考验,科学社会主义在曲折中奋起。党的十八大以来,以习近平同志为核心的党中央团结带领全党全国各族人民,以坚如磐石的战略定力、开拓创新的进取精神,推动中国特色社会主义事业取得举世瞩目的伟大成就,开创了中国特色社会主义新时代,用不可辩驳的事实彰显了科学社会主义的鲜活生命力。中国特色社会主义道路越走越宽广,使世界上正视和相信马克思主义、社会主义的人多了起来,使世界范围内两种意识形态、两种社会制度的历史演进及其较量发生了有利于马克思主义、社会主义的重大转变。习近平新时代中国特色社会主义思想,正是在对科学社会主义理论与实践的深邃思考、深刻总结,对坚持和发展中国特色社会主义的不懈探索、砥砺前行中创立并不断丰富发展的。

5. 中国共产党自我革命开辟新的境界

治理好我们这个大党和大国,必须坚持党的全面领导特别是党中央集中统一领导,发扬党的自我革命精神,解决大党独有难题。以习近平同志为核心的党中央勇于面对党面临的重大风险考验和党内存在的突出问题,坚定不移坚持和加强党的全面领导,坚定不移推进全面从严治党,深入推进新时代党的建设新的伟大工程,以顽强意志品质正风肃纪、反腐惩恶,找到了自我革命这个跳出治乱兴衰历史周期率的第二个答案,管党治党宽松软状况得到根本扭转,中国共产党这个世界上最大的马克思主义执政党更加团结统一、更加坚强有力。习近平新时代中国特色社会主义思想,正是在党不断实现自我净化、自我完善、自我革新、自我提高,以伟大自我革命引领伟大社会革命的过程中创立并不断丰富发展的。

习近平新时代中国特色社会主义思想,是党和人民实践经验和集体智慧的结晶,主要创立者是习近平。在领导全党全国各族人民推进党和国家事业的伟大实践中,习近平以马克思主义政治家、思想家、战略家的历史主动精神、非凡理论勇气、卓越政治智慧、强烈使命担当,应时代之变迁、立时代之潮头、发时代之先声,提出一系列治国理政新理念新思想新战略,为习近平新时代中国特色社会主义思想的创立和发展发挥了决定性作用、作出了决定性贡献。

(二)习近平新时代中国特色社会主义思想的主要内容和科学体系

习近平新时代中国特色社会主义思想,坚持马克思主义立场观点方法,坚持科学社会主义基本原则,深刻总结和充分运用党百年奋斗的历史经验,继承弘扬中华优秀传统文化精华,根据时代和实践发展变化,以崭新的思想内容丰富发展了马克思主义,形成了系统科学的理论体系。

习近平新时代中国特色社会主义思想内涵十分丰富,涵盖新时代坚持和发展中国特色社会主义的总目标、总任务、总体布局、战略布局和发展方向、发展方式、发展动力、战略步骤、外部条件、政治保证等基本问题,并根据新的实践对党的领导和党的建设、经济、政治、法治、科技、文化、教育、民生、民族、宗教、社会、生态文明、国家安全、国防和军队、"一国两制"和祖国统一、统一战线、外交等各方面作出新的理论概括和战略指引。

党的十九大和党的十九届六中全会提出的"十个明确""十四个坚持""十三个方面成就",概括了习近平新时代中国特色社会主义思想的主要内容。党的二十大提出"六个必须坚持",概括阐述了习近平新时代中国特色社会主义思想的世界观、方法论和贯穿其中的立场观点方法。

"十个明确",就是明确中国特色社会主义最本质的特征是中国共产党领导,中国特色社会主义制度的最大优势是中国共产党领导,中国共产党是最高政治领导力量,全党必须增强"四个意识"、坚定"四个自信"、做到"两个维护";明确坚持和发展中国特色社会主义,总任务是实现社会主义现代化和中华民族伟大复兴,在全面建成小康社会的基础上,分两步走在本世纪中叶建成富强民主文明和谐美丽的社会主义现代化强国,以中国式现代化全面推进中华民族伟大复兴;明确新时代中国社会主要矛盾是人民日益增长的美好生活需要和不平衡不充分的发展之间的矛盾,必须坚持以人民为中心的发展思想,发展全过程人民民主,推动人的全面发展、全体人民共同富裕取得更为明显的实质性进展;明确中国特色社会主义事业总体布局是经济建设、政治建设、文化建设、社会建设、生态文明建设"五位一体",战略布局是全面建设社会主义现代化国家、全面深化改革、全面依法治国、全面从严治党"四个全面";明确全面深化改革总目标是完善和发展中国特色社会主义制度、推进国家治理体系和治理能力现代化;明确全面推进依法治国总目标是建设中国特色社会主义法治体系、建设社会主义法治国家;明确必须坚持和完善社会主义基本经济制度,使市场在资源配置中起决定性作用,更好发挥政府作用,把握新发展阶段,贯彻创新、协调、绿色、开放、共享的新发展理念,加快构建以国内大循环为主体、国内国际双循环相互促进的新发展格局,推动高质量发展,统筹发展和安全;明确党在新时代的强军目标是建设一支听党指挥、能打胜仗、作风优良的人民军队,把人民军队建设成为世界一流军队;明确中国特色大国外交要服务民族复兴、促进人类进步,推动建设新型国际关系,推动构建人类命运共同体;明确全面从严治党的战略方针,提出新时代党的建设总要求,全面推进党的政治建设、思想建设、组织建设、作风建设、纪律建设,把制度建设贯穿其中,深入推进反腐败斗争,落实管党治党政治责任,以伟大自我革命引领伟大社会革命。"十个明确"是习近平新时代中国特色社会主义思想的主体内容,集中体现了这一思想体系的主要观点和基本精神,构成了这一思想体系的四梁八柱,发挥了统摄作用。

"十四个坚持",就是坚持党对一切工作的领导,坚持以人民为中心,坚持全面深化改革,坚持新发展理念,坚持人民当家作主,坚持全面依法治国,坚持社会主义核心价值体系,坚持在发展中保障和改善民生,坚持人与自然和谐共生,坚持总体国家安全观,坚持党对人民军队的绝对领导,坚持"一国两制"和推进祖国统一,坚持推动构建人类命运共同体,坚持全面从严治党。"十四个坚持"是习近平新时代中国特色社会主义思想的重要组成部分,是在治国理政各方面作出的理论分析和政治指导,构成了新时代坚持和发展中国特色社会主义的基本方略。

"十三个方面成就",就是在坚持党的全面领导、全面从严治党、经济建设、全面深化改革开放、政治建设、全面依法治国、文化建设、社会建设、生态文明建设、国防和军队建设、维护国家安全、坚持"一国两制"和推进祖国统一、外交工作等方面取得的历史性成就和发生的历史性变革。"十三个方面成就",对习近平新时代中国特色社会主义伟大实践进行了科学总结,全景式地展示习近平新时代中国特色社会主义思想的理论与实践成果。

"六个必须坚持",就是必须坚持人民至上、必须坚持自信自立、必须坚持守正创新、必须坚持问题导向、必须坚持系统观念、必须坚持胸怀天下。坚持人民至上是根本价值立场,体现了历史唯物主义群众史观;坚持自信自立是内在精神特质,体现了客观规律性和主观能动性的有机结合;坚持守正创新是鲜明理论品格,体现了变与不变、继承与发展的内在联系;坚持问题导向是重要实践要求,体现了矛盾的普遍性和客观性;坚持系统观念是基本思想和工作方法,体现了辩证唯物主义普遍联系的原理;坚持胸怀天下是中国共产党人的境界格局,体现了马克思主义追求人类进步和解放的崇高理想。这六个方面相互联系、彼此支撑,贯通了唯物论和辩证法、认识论和实践论、真理论和价值论,赋予了马克思主义世界观和方法论以新的时代内涵,彰显了习近平新时代中国特色社会主义思想的理论品格和鲜明特征。

"十个明确""十四个坚持""十三个方面成就""六个必须坚持"内在贯通、有机统一,凝结着我们党认识世界、改造世界的宝贵经验和重大成果,体现了理论和实际相结合、认识论和方法论相统一的鲜明特色,共同构成了习近平新时代中国特色社会主义思想的科学体系。这一科学体系涵盖新时代坚持和发展中国特色社会主义的总目标、总任务、总体布局、战略布局和发展方向、发展方式、发展动力、战略步骤、外部条件、政治保证等基本问题,并根据新的实践对党的领导和党的建设、经济、政治、法治、科技、文化、教育、民生、民族、宗教、社会、生态文明、国家安全、国防和军队、"一国两制"和祖国统一、统一战线、外交等各方面作出新的理论概括和战略指引。这一科学体系贯通马克思主义哲学、马克思主义政治经济学、科学社会主义,贯通历史、现实、未来,贯通改革发展稳定、内政外交国防、治党治国治军等各领域,是一个逻辑严密、内涵丰富、系统全面、博大精深的有机整体。

(三)习近平新时代中国特色社会主义思想是"两个结合"的重大成果

习近平新时代中国特色社会主义思想是马克思主义基本原理同中国具体实际相结合、同中华优秀传统文化相结合的重大成果,是坚持"两个结合"的光辉典范。"两个结合"是我们党在探索中国特色社会主义道路中得出的规律性认识,是我们取得成功的最大法宝。

"两个结合"是对坚持和发展马克思主义作出的重大理论贡献。我们党始终高度重视把马克思主义基本原理同中国具体实际相结合。毛泽东第一次系统阐述马克思主义基本原理同中国具体实际相结合的一系列重大问题，并提出要使马克思主义具有民族形式。习近平总结党百年来的理论创新经验，在强调坚持"第一个结合"的基础上，明确提出把马克思主义基本原理同中华优秀传统文化相结合的重大命题，这是又一次的思想解放。"两个结合"让中国特色社会主义道路有了更加宏阔深远的历史纵深，拓展了中国特色社会主义道路的文化根基，开辟了广阔的理论和实践创新空间，表明我们党对中国道路、理论、制度的认识达到了新高度，表明我们党的历史自信、文化自信达到了新高度，表明我们党在传承中华优秀传统文化中推进理论创新的自觉性达到了新高度。只有坚持"两个结合"，才能正确回答时代和实践提出的重大问题，才能始终保持马克思主义的蓬勃生机和旺盛活力，不断开辟马克思主义中国化时代化新境界。

习近平新时代中国特色社会主义思想坚持把马克思主义基本原理同中国具体实际相结合，用马克思主义之"矢"去射新时代中国之"的"。马克思主义理论不是教条，而是行动指南。马克思主义能不能在实践中发挥作用，关键在于能否把马克思主义基本原理同中国实际和时代特征结合起来，关键在于能否运用其科学的世界观和方法论解决中国的问题。把马克思主义基本原理同中国具体实际相结合，必须推进实践基础上的理论创新，在实践中发现真理、发展真理，用实践来实现真理、检验真理。习近平新时代中国特色社会主义思想坚持解放思想、实事求是、与时俱进、求真务实，一切从实际出发，着眼解决新时代改革开放和中国式现代化建设的实际问题，不断回答中国之问、世界之问、人民之问、时代之问，作出符合中国实际和时代要求的正确回答，得出符合客观规律的科学认识，是最现实、最鲜活的中国化时代化的马克思主义。

习近平新时代中国特色社会主义思想坚持把马克思主义基本原理同中华优秀传统文化相结合，不断夯实马克思主义中国化时代化的历史基础和群众基础。只有植根本国、本民族历史文化沃土，马克思主义真理之树才能根深叶茂。中华优秀传统文化源远流长、博大精深，是中华文明的智慧结晶，同马克思主义具有高度契合性。习近平新时代中国特色社会主义思想坚定历史自信、文化自信，坚持古为今用、推陈出新，把马克思主义思想精髓同中华优秀传统文化精华贯通起来、同人民群众日用而不觉的共同价值观念融通起来，将中华民族的伟大精神和丰富智慧更深层次地注入马克思主义，聚变为新的理论优势，不断赋予科学理论鲜明的中国特色，让马克思主义更深地扎根于中国的土地上、扎根于亿万人民的心中。

（四）习近平新时代中国特色社会主义思想的历史地位

2017年10月，党的十九大着眼中国特色社会主义事业长远发展，把习近平新时代中国特色社会主义思想确立为党必须长期坚持的指导思想并庄严地写入党章，实现了党的指导思想的与时俱进。2018年3月，十三届全国人大一次会议通过的《中华人民共和国宪法修正案》，郑重地把习近平新时代中国特色社会主义思想载入宪法，实现了国家指导思想的与时俱进，反映了全国各族人民的共同意志和全社会的共同意愿。习近平新时代中国特色社会主义思想是当代中国马克思主义、21世纪马克思主义，是中华文化和中国精神的时代精华,实现了马克思主义中国化时代化新的飞跃。

习近平新时代中国特色社会主义思想继承和发展马克思列宁主义、毛泽东思想、邓小平理论、"三个代表"重要思想、科学发展观,是马克思主义在当代中国发展的最新理论成果,开辟了马克思主义中国化时代化新境界。这一思想坚持科学社会主义基本原则,深刻总结和充分运用党百年奋斗的历史经验,根据时代和实践发展变化,科学回答了新时代坚持和发展什么样的中国特色社会主义、怎样坚持和发展中国特色社会主义等重大时代课题,以全新的视野深化了对共产党执政规律、社会主义建设规律、人类社会发展规律的认识,对马克思主义作出了整体的而不是局部的、系统的而不是零散的丰富发展,实现了马克思主义中国化时代化新的飞跃。

习近平新时代中国特色社会主义思想,把马克思主义基本原理同中国具体实际相结合、同中华优秀传统文化相结合,使马克思主义这个魂脉和中华优秀传统文化这个根脉内在贯通、相互成就,是中华民族的文化主体性最有力的体现,是中华文化和中国精神的时代精华。这一思想坚守中华文化立场,植根于 5 000 多年中华文明深厚沃土,立足中华民族伟大复兴的现实要求,用中华文明充实马克思主义的文化生命,使马克思主义呈现鲜明的中国风格、中国气派,用马克思主义进一步激活中华文明的基因,使中华文明的现代形态实现新的发展。这一思想深刻揭示了中华文明的突出特性、精神特质,深化了对中华文明发展规律的认识,具有强大的历史穿透力、文化感染力和精神感召力,为建设中华民族现代文明、创造人类文明新形态提供了思想指引和精神动力。

习近平新时代中国特色社会主义思想,是全党全国各族人民为实现中华民族伟大复兴而奋斗的行动指南,是新时代党和国家事业发展的根本遵循。这一思想指导我们党团结带领全国各族人民,统揽伟大斗争、伟大工程、伟大事业、伟大梦想,开创了中国特色社会主义新时代,完成了脱贫攻坚、全面建成小康社会的历史任务,续写了经济快速发展和社会长期稳定两大奇迹,推动中华民族伟大复兴进入不可逆转的历史进程,为人类和平与发展崇高事业作出重大贡献。这一思想是全面建成社会主义现代化强国、以中国式现代化全面推进中华民族伟大复兴的科学指引,是我们应对各种风险挑战、战胜一切艰难险阻的根本指针,是全党全国各族人民团结奋斗、勇毅前行创造新的历史伟业的精神旗帜。

(五)新时代坚持和发展中国特色社会主义要一以贯之

学习贯彻习近平新时代中国特色社会主义思想,是全党全国的根本政治任务,也是广大青年大学生成为担当民族复兴大任的时代新人的必然要求。中国共产党的历史就是一部持续进行伟大社会革命的历史,党领导人民创造了新民主主义革命、社会主义革命和建设、改革开放和社会主义现代化建设、新时代中国特色社会主义的伟大成就。习近平总书记指出:"新时代中国特色社会主义是我们党领导人民进行伟大社会革命的成果,也是我们党领导人民进行伟大社会革命的继续,必须一以贯之进行下去。"[①]

中国特色社会主义事业作为前无古人的开创性事业,前进道路不可能一帆风顺。要

---

①习近平.坚持和发展中国特色社会主义要一以贯之[J].求是,2022(18).

看到,经过几十年的理论和实践探索,我们对社会主义的认识,对中国特色社会主义规律的把握,已经达到了一个前所未有的新的高度,这一点不容置疑。同时要看到,我国社会主义还处在初级阶段,我们还面临很多没有弄清楚的问题和待解的难题,对许多重大问题的认识和处理都还处在不断深化的过程之中,这一点也不容置疑。对事物的认识需要一个过程,对社会主义这个在中国只实践了几十年的新事物,我们的认识和把握还非常有限。事业越发展、改革越深入,新情况新问题就会越多,面临的风险和挑战就会越多,面对的不可预料的事情就会越多。必须坚持马克思主义的发展观点,发挥历史的主动性和创造性,锐意进取、大胆探索,不断有所发现、有所创造、有所前进。

坚持好、发展好中国特色社会主义,是无上崇高的事业,需要一代又一代中国共产党人带领人民接续奋斗。我们这一代共产党人的任务,就是要把新时代坚持和发展中国特色社会主义这场伟大社会革命进行好。要坚持以马克思主义中国化时代化最新成果为指导,在实践中奋勇开拓、深化发展,不断丰富中国特色社会主义的实践特色、理论特色、民族特色、时代特色,在新的历史条件下把党和国家各项事业继续推向前进。

历史和现实都告诉我们,一场社会革命要取得最终胜利,往往需要一个漫长的历史过程。昨天的成功并不代表着今后能够永远成功,过去的辉煌并不意味着未来可以永远辉煌。我们决不能因为胜利而骄傲,决不能因为成就而懈怠,决不能因为困难而退缩。必须坚持以史为鉴、开创未来,埋头苦干、勇毅前行,推动中国特色社会主义事业航船劈波斩浪、一往无前。

二、习近平治国理政新思想

党的十八大以来,以习近平同志为核心的党中央,面对百年变局的复杂局面和世所罕见、史所罕见的风险挑战,统筹国内国际两个大局,团结带领全党全国各族人民全面建成小康社会、开启全面建设社会主义现代化国家新征程的伟大实践,集中反映了以习近平同志为主要代表的中国共产党人科学回答事关新时代党和国家事业发展、党治国理政的重大时代课题,推进马克思主义中国化时代化取得的重大理论创新成果。

(一)习近平治国理政新理念新思想新战略的五大维度

党的十八大以来,基于对世界战略格局大变动、人类发展方式大转型、当代中国社会大变革、各种思想文化大激荡等的深刻认识,在我们党的执政条件发生深刻变化的新形势下,针对"我们党正在进行具有许多新的历史特点的伟大斗争",以习近平同志为核心的党中央提出了一系列治国理政的新理念、新思想、新战略。党的十八届五中全会通过的《中共中央关于制定国民经济和社会发展第十三个五年规划的建议》,深刻指出:"党的十八大以来,以习近平同志为核心的党中央毫不动摇地坚持和发展中国特色社会主义,勇于实践、善于创新,深化对共产党执政规律、社会主义建设规律、人类社会发展规律的认识,形成了一系列治国理政的新理念新思想新战略,为在新的历史条件下深化改革开放、加快推进社会主义现代化提供了科学理论指导和行动指南。"

习近平治国理政新理念新思想新战略集中体现在以下五大维度：

1. 主题：中国特色社会主义

党的十八大后不久，在新进中央委员、中央候补委员学习贯彻党的十八大精神研讨班开班仪式上，习近平总书记指出，说一千道一万，党的十八大精神可以归结为一点，就是坚持和发展中国特色社会主义。可以说，党的十八大以来，习近平总书记发表的一系列重要讲话，习近平治国理政的新理念、新思想、新战略，都可以囊括在坚持和发展中国特色社会主义这一主题之下，都是以这个主题为统领的。中国特色社会主义，是中国特色社会主义道路、中国特色社会主义理论体系、中国特色社会主义制度的"三位一体"；是中国特色社会主义事业总体布局，是经济建设、政治建设、文化建设、社会建设、生态文明建设"五位一体"，是党的建设新的伟大工程。紧紧围绕坚持和发展"中国特色社会主义"这个主题，习近平总书记就中国特色社会主义道路、理论体系、制度，中国特色社会主义经济建设、政治建设、文化建设、社会建设、生态文明建设和党的建设新的伟大工程，以及国防和军队建设、国际关系与外交、推进祖国统一大业、党的民族宗教工作、社团工作等方面，发表了一系列重要讲话，提出了一系列新观点新论断，形成完整的治国理政新思想，极大地推进了中国特色社会主义事业的伟大实践，更加广阔地展现了中国特色社会主义道路的伟大前景。

2. 根基："两个巩固"

思想是行动的先导，也是力量的源泉。一个国家和民族的兴衰，不仅取决于经济、科技、军事发展的"硬实力"，还取决于指导思想、价值理念、文化道德、精神文明等"软实力"。在我国体制转轨、社会转型、思想多样、利益多元的新的历史条件下，要实现中华民族伟大复兴中国梦，实现社会主义现代化，就要找到全党全国各族人民思想情感的共鸣点、共同奋斗的着力点、根本利益的结合点。在2013年8月19日召开的全国宣传思想工作会议上，习近平总书记深刻指出，"巩固马克思主义在意识形态领域的指导地位，巩固全党全国人民团结奋斗的共同思想基础"，是我国社会主义思想道德建设、文化建设、精神文明建设的根本任务。实现"两个巩固"，就是要坚定马克思主义信仰，坚定社会主义、共产主义信念，坚定中国特色社会主义共同理想，增强中国特色社会主义道路自信、理论自信、制度自信、文化自信，积极培育和践行社会主义核心价值观；强调领导干部要坚定理想信念，始终坚持姓"马"姓"共"，强"精神之钙"，不能得"软骨病"，始终把马克思主义作为共产党人的"真经"；强调社会主义现代化建设必须以中华文化的繁荣发展和道德建设为支撑，要加快构建充分反映中国特色、民族特性、时代特征的价值体系，努力抢占价值体系的制高点，并把它作为推进国家治理体系和治理能力现代化的重要内容；大力加强思想道德建设，大力开展精神文明建设，形成知荣辱、讲正气、作奉献、促和谐的良好风尚。

3. 保障：推进党的建设新的伟大工程

党的执政形象，最核心的是人民群众对中国共产党领导地位的认可度，对执政地位的支持度，对执政行为的信任度。党的执政形象，并不是只要有了领导权、执政权，然后发号施令，就自然而然有了，关键是要做到党的领导、依法治国和人民当家作主的有机统一。具体体现在，执政理念要做到科学性和价值性相统一、政治制度要做到规范化和程序化相统一、政治领导者要做到有道德与有才干相统一。党的十八大以来,习近平总书记反复强调,人心向背决定执政党的生死存亡,腐败亡党亡国,民心是最大的政治,正义是最大的力量。习近平总书记坦言,党的十八大以来治国理政的重要使命之一,就是要更加密切党同人民群众的联系,更加巩固党的执政基础和执政地位。也就是说,要大大提高中国共产党领导地位和执政地位的社会认同度、心理支持度和行为信任度,让人民群众心悦诚服。习近平总书记治国以务实为重,治党以严字当头,首先以抓党的作风建设带动、推进党的建设新的伟大工程,坚持全面从严治党。党的十八大以来,党中央不仅铁拳反腐,还相继推出了中央八项规定、反对"四风""三严三实"、纪检全覆盖、中央巡视制度、"严明政治纪律和政治规矩""把守纪律、讲规矩摆在更加重要的位置",开展了"不忘初心、牢记使命"主题教育、党史学习教育等。

4. 布局:"四个全面"

"四个全面"的第一个全面就是全面建成小康社会。全面建成小康社会是我们党"两个一百年"奋斗目标的第一个目标。按照党的十八大确定的战略目标,我国在中国共产党成立100年时要全面建成小康社会,在新中国成立100年时要建成富强民主文明和谐的社会主义现代化国家。"两个一百年"奋斗目标是历史相承的,是中国梦的题中应有之义。党的十八大后不久,习近平总书记在参观"复兴之路"展览时提出了中国梦的伟大愿景。很明显,这是习近平总书记在宣示他的重大执政使命。实现中华民族伟大复兴中国梦,就是"国家富强、民族振兴、人民幸福"。他强调,实现中国梦是"战略目标",是"共同愿景",是"时代主题",是"最大公约数",是"党和国家工作大局"。实现中国梦,必须坚持中国道路、弘扬中国精神、凝聚中国力量。中国梦是和平梦。围绕全面建成小康社会和实现中华民族伟大复兴中国梦,党的十八大,党的十八届三中、四中、五中全会提出了一系列重大理论观点,突出强调了"四个全面"战略布局。"四个全面"并不是简单的并列关系,而是具有内在逻辑联系和相互贯通的顶层设计:全面建成小康社会是发展目标,全面深化改革是根本动力,全面依法治国是法治支撑,全面从严治党是根本保证,相辅相成、相互促进、相得益彰。"四个全面"是坚持和发展中国特色社会主义的新战略,是实现中华民族伟大复兴中国梦的总布局。

5. 发展:新发展理念

党的十八届五中全会通过的"十三五"规划建议,提出了必须牢固树立并切实贯彻创新发展、协调发展、绿色发展、开放发展、共享发展的新发展理念。新发展理念是对我国长期以来坚持的发展理念的继承、丰富、完善和发展,是对我国经济社会发展理念的重大创新,集中反映了我们党对经济发展规律、自然发展规律和社会发展规律的新认识,是中国特色社会主义理论体系的丰富和发展。新发展理念是管全局、管根本、管方向、管长远的,对于我国破解发展难题、增强发展动力、厚植发展优势,具有重大现实意义和深远历史意义。习近平总书记强调,要以发展理念转变引领发展方式转变,以发展方式转变推动发展质量和效益提升,为"十三五"时期我国经济社会发展指好道、领好航。坚持新发展理念,将是关系我国发展全局的一场深刻变革。坚持创新发展,就是要把创新摆在国家发展全局的核心位置,不断推进理论创新、制度创新、科技创新、文化创新等各方面创新,让创新贯穿党和国家一切工作,让创新在全社会蔚然成风;坚持协调发展,就是要牢牢把握中国特色社会主义事业总体布局,正确处理发展中的重大关系,重点促进城乡区域协调发展,促进经济社会协调发展,促进新型工业化、信息化、城镇化、农业现代化同步发展,在增强国家硬实力的同时,注重提升国家软实力,不断增强发展的整体性;坚持"绿色发展"就是要坚持节约资源和保护环境的基本国策,坚持可持续发展,坚定走生产发展、生活富裕、生态良好的文明发展道路,加快建设资源节约型、环境友好型社会,形成人与自然和谐共生的现代化建设新格局,推进美丽中国建设,为全球生态安全作出新贡献;坚持开放发展,就是要顺应我国经济深度融入世界经济的趋势,奉行"互利共赢"的开放战略,发展更高层次的开放型经济,积极参与全球经济治理和公共产品供给,构建人类命运共同体和广泛的利益共同体,完善对外开放战略布局,形成对外开放新体制,开创对外开放新局面;坚持共享发展,就是要坚持发展为了人民、发展依靠人民、发展成果由人民共享,要作出更有效的制度安排,使全体人民在共建共享发展中有更多获得感,增强发展动力,增进人民团结,朝着共同富裕方向稳步前进。

习近平治国理政的新理念新思想新战略,是一个层次分明、逻辑严谨、有机统一的整体,同时,也是一个开放的理论体系,必将随着实践的发展不断丰富和更加完善。习近平治国理政的新理念新思想新战略,是当代中国鲜活的马克思主义,是新的历史条件下我国经济社会发展的指导思想和行动指南。在决胜全面建成小康社会的伟大征程中,我们应以高度的政治自觉,把思想和意志统一到习近平治国理政的新理念新思想新战略上来。要牢固树立习近平治国理政新理念新思想新战略的指导地位,牢固树立政治意识、大局意识、核心意识和看齐意识,把习近平治国理政新理念新思想新战略转化为坚定的政治信念和价值追求,转化为科学的思维方式和工作方法,转化为搞建设谋发展的精神动力和素质本领,转化为解决实际问题、推动发展的思路举措,指导和推进我国经济社会发展模式的深刻变革。

(二)习近平治国理政新思想开辟了 21 世纪马克思主义发展新境界

党的十八大以来,以习近平同志为核心的党中央顺应时代发展趋势,回应实践呼唤和人民期盼,不断推进理论创新,深刻回答中国特色社会主义建设中的一系列重大问题,深化对共产党执政规律、社会主义建设规律、人类社会发展规律的认识,形成一个系统的科学理论体系,即习近平治国理政新思想。习近平治国理政新思想植根于当代中国特色社会主义实践,是 21 世纪中国的马克思主义,是马克思主义中国化最新成果,开辟了 21 世纪马克思主义发展新境界,具有强大生命力和重要意义。

1.习近平治国理政新思想是 21 世纪马克思主义的理论创新

首先,理论创新发展了马克思主义哲学。习近平坚持用马克思主义哲学的原理和方法来指导中国特色社会主义实践,并在实践中丰富和发展马克思主义哲学。一是秉持实践精神。习近平深刻把握马克思主义哲学的实践精神并将之发扬光大。二是坚持大众立场。习近平治国理政新思想秉承马克思主义哲学的基本立场,以人民群众的实际生活为基础,以人民群众的根本利益为核心,总结人民群众智慧,体现人民群众诉求。三是弘扬辩证思维。马克思主义不是教条,而是方法。习近平号召全党深入学习辩证法,增强辩证思维能力,运用辩证法来分析问题,推进事业发展。四是开阔历史视野。历史唯物主义是认识社会现实,把握发展趋势和发展规律的有力武器。习近平号召全党深入学习历史唯物主义。五是创新哲学思维。习近平深刻把握并灵活运用马克思主义哲学的基本观点和方法,提出了一系列哲学思维,如战略思维、系统思维、整体思维、历史思维、底线思维等。

其次,理论创新发展了马克思主义政治经济学。习近平科学分析经济发展形势,深刻把握经济发展规律,正确回答我国经济发展面临的问题,提出一系列原创观点,创新发展了当代中国的马克思主义政治经济学。一是对发展态势的新判断。新常态是习近平对我国经济发展阶段性特征的科学判断,是关于中国经济发展的规律性认识,是马克思主义政治经济学的创新。二是对发展理念的新创造。新发展理念,是我国的原创,是发展观念新变革、发展规律新认识、发展理论新总结,是对马克思主义政治经济学以人民为中心发展立场的坚持与弘扬,是中国智慧对人类发展的新贡献。三是对资源配置的新思路。政府与市场二者应当保持何种关系?习近平指出,市场决定资源配置是必须遵循的规律,但是,必须发挥政府作用。这是保持经济稳定、促进共同富裕、弥补市场失灵的需要。这是对经济建设规律的新认识,是对生产力与生产关系、经济基础与上层建筑关系的创新,是对马克思主义政治经济学的重大理论贡献。四是对改革重点的新调整。结构性问题,是当前制约我国经济发展的主要问题,习近平提出要推进供给侧结构性改革。供给侧结构性改革,是社会主义生产目的的落实,是以人民为中心的发展思想的贯彻,是马克思主义政治经济学的创新运用。

再次,创新发展了科学社会主义理论。习近平直面改革发展新问题新挑战,坚持科学社会主义立场观点方法,不断开拓科学社会主义发展新境界。一是推进国家治理现代化,深化马克思主义国家理论。习近平指出,国家治理体系和国家治理能力二者有机统一,相辅相成。这些思想是社会主义国家治理新思路,丰富了马克思主义国家理论。二是着力实现中国梦,丰富社会主义发展阶段理论。党的十八大以来,习近平将社会主义建设和中华民族伟大复兴有机融合,对"三步走"战略进行了发展,提出了"两个一百年"的目标。三是坚定"四个自信",深化社会主义精神动力理论。在遵循马克思主义关于社会存在与社会意识辩证关系原理的基础上,"四个自信"回答了新形势下加强意识形态建设的一系列重大问题,是社会主义精神动力理论的新发展。四是全面从严治党,发展马克思主义执政党建设理论。习近平指出,办好中国的事情必须全面从严治党。全面从严治党,深刻揭示了党的领导与中国特色社会主义的本质联系,科学回答了怎样建设党的问题,净化党内生态,重塑党的形象,激发党的创造力,提高党的凝聚力,增强党的战斗力,进一步深化马克思主义执政党的建设理论。五是构建人类命运共同体,发展马克思主义国际关系理论。鉴于人类面临许多共同问题,习近平阐明了构建人类命运共同体的中国方案。人类命运共同体思想是对社会主义与资本主义关系的新诠释,是对马克思主义国际关系理论的新贡献。

2.习近平治国理政新思想对发展21世纪马克思主义的世界意义

习近平治国理政新思想赋予21世纪马克思主义更深刻的内涵,助推中国特色社会主义事业迈上新台阶,为推进世界社会主义运动、解决人类发展问题、深化全球治理、促进世界文化多样化作出了卓越贡献。

首先,为推进世界社会主义运动提供新动力。以习近平同志为核心的党中央带领全党全国各族人民坚持不懈、勇于前行,坚定马克思主义信仰,不断推进理论创新、实践创新,为世界社会主义运动的复兴提供鲜活的实践经验。中国特色社会主义的伟大成就,极大鼓舞了世界人民对社会主义的信心,为推进世界社会主义运动复兴注入新的活力。

其次,为解决人类社会发展问题贡献中国智慧。"中等收入陷阱"是发展中国家进入中等收入阶段后面临的重大危机,有些落入"陷阱"中的国家长期徘徊于中等收入区间,处于滞胀的状态。如何跨越"中等收入陷阱",让人民享有更多改革发展红利是我们一直致力于解决的难题。以习近平同志为核心的党中央根据我国经济社会发展的实际情况,坚持和发展马克思主义理论,树立科学发展理念,优化经济结构、增强发展动力、化解发展矛盾、补齐发展短板,不断满足人民的现实需求。在跨越"中等收入陷阱"进程中,中国所积累的成功经验将为其他国家解决共性问题提供有益启发。

再次,为深化全球治理提供中国方案。作为世界第二大经济体,中国以什么样的理念处理国际关系,以什么样的姿态参与全球治理,直接影响世界和平发展大局。中国充分尊重不同国家的发展道路、制度模式、核心利益,最大程度和范围寻求共同利益的交汇点。政治上建立平等相待的伙伴关系,经济上谋求包容互惠的发展前景,文化上促进不同文明的交流,生态上构筑绿色发展的生态体系。

最后,为促进世界文化多样发展发出中国声音。当今世界,全球核心竞争领域已经从物质生产的角逐转变为文化力的竞争。我们党一贯主张,多样性是文化的基本特征,也是文化发展的基础。每种文化都为人类文明进步作出了贡献。强求一律只会导致人类文明的僵化没落,多样的文化才能引领人类灿烂的未来。我们积极应对文化冲击,加强中国特色社会主义文化建设,"讲好中国故事,传播好中国声音,阐释好中国特色",展示中华文化独特魅力,为世界文化多样化贡献中国力量,发出中国声音。

三、理论新飞跃、行动新指南、斗争新武器

党的十八大以来,以习近平同志为主要代表的新一代中国共产党人成功开辟了中国特色社会主义新实践、新局面、新境界,形成了一系列治国理政新理念新思想新战略,所有这一切集中体现在习近平总书记系列重要讲话中。习近平总书记系列重要讲话充分彰显出 21 世纪中国马克思主义的理论品格、实践品格与时代品格,是中国共产党的理论新飞跃、行动新指南、斗争新武器。

习近平总书记系列重要讲话以一系列富有创见的新思想新观点新论断,深化了我们党对共产党执政规律、社会主义建设规律、人类社会发展规律的认识,发展了 21 世纪马克思主义、当代中国马克思主义,开辟了马克思主义中国化新境界。

习近平总书记系列重要讲话是坚持马克思主义立场观点方法的典范,是坚持科学社会主义基本原则的典范。不忘初心,首先就是不忘马克思列宁主义的初心。无论是"坚

持以人民为中心"的思想,还是对"革命理想高于天"的重申,以及"中国特色社会主义是社会主义,不是别的什么主义"的宣示,彰显的都是马克思主义者的坚定不移。

习近平总书记系列重要讲话紧紧围绕中国特色社会主义现代化建设的生动实践,以宏大的战略眼光勾勒出 21 世纪中国和 21 世纪社会主义的前途命运,以科学的理论逻辑回答了新一代马克思主义者面对的时代课题与实践挑战。聚焦中华民族伟大复兴中国梦这一理论主线,通过提出"四个全面"战略布局、经济新常态与新发展理念、文化自信与讲好中国故事、新型国际关系和人类命运共同体等一系列富有创见的新思想新观点新论断,发展和创新了马克思主义,发展和创新了中国特色社会主义理论体系。

习近平总书记系列重要讲话规划了在新的起点上强党、强国、强军的一整套重大战略部署,形成了一系列治国理政新理念、新思想、新战略,为在新的历史条件下深化改革开放、加快推进社会主义现代化提供了科学理论指导和行动指南。

"中国梦"的提出,以其通俗亲和的话语表达方式给当代中国社会和中国人民一个既有憧憬超越又有看得见摸得着的目标,一个既科学崇高又喜闻乐见的理想,让中国特色社会主义更加亲和、更加清晰、更加具体,打造出了中国特色社会主义的"大众版"。全面建成小康社会、全面深化改革、全面依法治国、全面从严治党的"四个全面"战略布局相互支撑、相互促进,既描绘了美好蓝图,又规划出了路线图、时间表,确立了新的历史条件下党和国家各项工作的战略目标和战略举措;创新、协调、绿色、开放、共享的新发展理念,引领中国社会跨越"中等收入陷阱",走上实现更高质量、更高效率、更加公平、更可持续发展的必由之路;以"一带一路"发展新战略,开启 21 世纪新全球化新模式,着力打造开放、包容、均衡、普惠的区域合作架构,开辟大家携手共进的光明大道;以合作共赢为核心的新型国际关系,人类命运共同体的世界新构想,让中国做世界和平的建设者、全球发展的贡献者、国际秩序的维护者,为推动人类文明进步提出中国方案、贡献中国智慧。这一整套重大战略部署坚持了目标导向和问题导向的统一,渗透着深邃的战略思维、辩证思维、创新思维、底线思维,为我们直面矛盾、直面难题、知行合一、勇于担当的新实践提供了根本遵循。

习近平总书记系列重要讲话以宽广的视野洞察党情、国情、世情的发展变化,科学分析我国发展环境的基本特征,准确把握战略机遇期内涵的深刻变化,深刻回答党和国家事业发展的一系列根本性问题,成为指导具有许多新的历史特点的伟大斗争的最鲜活的马克思主义。

随着中国共产党治国理政进入新的境界,中国毫无悬念地迈上了中等收入国家的新台阶,一个全球性的大国正巍然屹立于世界东方。但正如邓小平同志当年指出的"发展起来以后的问题不比不发展时少"[①],甚至可能更复杂、更棘手。中国共产党带领中国从大国迈向强国,既要持之以恒地坚韧前行,更要经历"惊险的一跃"。马克思的这个比喻对今日的中国共产党来说恰如其分。实现这"惊险的一跃",必须立足于对 21 世纪时代特征的深刻洞察和当代中国发展方位的科学判断,必须随时准备进行具有许多新的历史

---

①冷溶,汪作玲.邓小平年谱:1975～1997[M].北京:中央文献出版社,2004.

特点的伟大斗争：维护国家主权的斗争，反分裂的斗争；没有硝烟的军事斗争，没有硝烟的意识形态斗争；加强国家硬实力建设的斗争，加强国家软实力建设的斗争；捍卫国家安全和国家和平发展利益的斗争；反腐败、反"四风"的斗争等。通过积极主动认识新常态、适应新常态、引领新常态，把握我国经济发展的大逻辑，让我国经济向形态更高级、分工更优化、结构更合理的阶段演进；通过供给侧结构性改革，使供给能力更好地满足广大人民日益增长、不断升级和个性化的物质文化和生态环境需要，从而实现社会主义生产目的；通过自我革命的勇气，为全面深化改革再杀出一条血路；通过壮士断腕、刮骨疗毒，强心补钙、固本培元，让一个伟大的政党浴火重生，更加先进、更加优秀；通过政治建军方略、改革强军战略，建设一支听党指挥、能打胜仗、作风优良的人民军队，旗帜鲜明维护国家主权、安全和发展利益。

四、建设一个强大的马克思主义执政党

党的十八大以来，以习近平同志为核心的党中央紧紧围绕坚持和发展中国特色社会主义的历史任务，适应具有许多新的历史特点的伟大斗争的需要，着眼于建设一个强大的马克思主义执政党，集中全党的智慧和力量，提出了一系列新思想、新观点、新论断、新要求，从理论和实践上开辟了马克思主义执政党建设的新境界。

党的建设从理论上突出三大主题，丰富了中国化的马克思主义党建理论体系。第一，党的领导是中国特色社会主义最本质特征，深刻阐明了党的领导和中国特色社会主义的关系。"党的领导是中国特色社会主义最本质的特征"这一重要论断，深化了对中国特色社会主义本质的认识，丰富了中国特色社会主义的科学内涵，揭示了中国特色社会主义发展和中国共产党执政的规律。这个论断有两层含义：一方面，党的领导是中国特色社会主义的内在规定性。中国特色社会主义的道路、理论、制度、文化，是在党的领导下通过广大人民群众的实践形成的，没有党的领导就不可能有中国特色社会主义。另一方面，中国特色社会主义是党的历史使命、政治主张、纲领路线在现阶段的集中体现。我们党历来强调把党的建设和党领导的伟大事业统一起来，按照伟大事业的要求去加强党的建设，但从本质上去认识这二者之间的关系，还是第一次。第二，把全面从严治党纳入治国理政战略布局，科学回答了治党和治国的关系。全面从严治党是新时期党的建设最鲜明的特征。习近平总书记在党的二十大报告中指出："全面从严治党是党永葆生机活力、走好新的赶考之路的必由之路。"全面从严治党，核心是加强党的领导，基础在全面、关键在严、要害在治。把全面从严治党纳入治国理政战略布局，科学阐明了治党和治国是内在统一的，依法治国和全面从严治党是有机融合的。实践告诉我们，党的领导和社会主义法治是统一的、一致的，社会主义法治必须坚持党的领导，党的领导必须依靠社会主义法治，二者缺一不可。党依法执政，既要依据宪法和法律治国理政，也要依据党章和党内法规管党治党。第三，思想建党和制度治党紧密结合，同向同时发力。这是深刻总结党的建设历史经验和党的群众路线教育实践活动新鲜经验提出的重要思想，是党建理论的一个重大创新。着重从思想上建设党，是我们党的独特优势和优良传统，要放在党

的建设的首要位置,但思想教育必须结合落实制度规定来进行,思想建党的成果要靠制度治党来保障和巩固;制度治党要以思想建党为前提和本源,坚持思想教育先行,才能为制度治党奠定坚实基础。坚持思想建党和制度治党紧密结合、同向同时发力,丰富发展了马克思主义党建学说,具有重大的理论创新价值和实践指导意义。

在全面从严治党思想指导下,党的建设在实践中全面推进。一是加强思想理论建设,坚定共产主义理想信念。马克思主义作为我们党的指导思想,在意识形态领域的指导地位毫不动摇地坚持;革命理想高于天,理想信念是共产党人精神上的"钙"和安身立命的根本;马克思主义是共产党人的"真经",党性教育是共产党人的"心学"。进一步掌握意识形态工作的领导权、管理权、话语权,社会主义意识形态的主导性和感召力进一步增强,全党全国人民团结奋斗的思想基础更加巩固。二是加强党的作风建设,始终保持党同人民群众的血肉联系。党的十八大以来,我们党把作风建设作为党的建设突破口,以踏石留印、抓铁有痕的劲头抓作风建设。开展党的群众路线教育实践活动、县处级以上领导干部"三严三实"专题教育,"两学一做"学习教育,"不忘初心、牢记使命"主题教育,党史学习教育。"作风建设永远在路上"已经成为全党的共识。全国各级纪检监察机关不断加强日常检查、执纪监督、查处曝光,持续刹风整纪,巩固工作成果。三是加强执政骨干队伍建设,培养选拔党和人民需要的好干部。2014年和2019年中央两次修订《党政领导干部选拔任用工作条例》,为新时期选择党和人民需要的领导干部奠定了制度基础。各级党委严格按照"信念坚定、为民服务、勤政务实、敢于担当、清正廉洁"的好干部标准选拔干部,尤其注重党员干部的理想信念和担当精神。强化各级党组织在选人用人上的责任,深化干部人事制度改革,着力解决"唯票、唯分、唯GDP(国内生产总值)取人"问题。在管好干部、从严治吏中,提出"三严三实",要求党员干部心中有党、心中有民、心中有责、心中有戒,忠诚、干净、担当,强调党员干部要树立政治意识、大局意识、核心意识、看齐意识。开展"不忘初心、牢记使命"主题教育,要求党员干部永远与人民同呼吸、共命运、心连心,永远把人民对美好生活的向往作为奋斗目标,以永不懈怠的精神状态和一往无前的奋斗姿态,继续朝着实现中华民族伟大复兴的宏伟目标奋勇前行。四是加强党的基层组织建设,夯实党执政的组织基础。党中央陆续出台了一系列加强基层党组织建设的重要文件,强化基层党组织的政治功能,更好地贴近群众、团结群众、引导群众,打通联系服务群众"最后一公里",使广大群众坚定不移跟党走。五是加强反腐倡廉建设,把权力关进制度的笼子。在反腐败中坚持无禁区、全覆盖、零容忍。有腐必反、有贪必肃,"老虎""苍蝇"一起打。既坚决查处大案要案,又着力解决发生在群众身边的腐败问题。既坚持国内反腐,又开展国际追逃追赃工作。通过制度建设,让人民监督权力,让权力在阳光下运行,并大力提高制度的执行力。进一步加大巡视工作力度,强化对权力运行的制约和监督,逐步形成不敢腐的惩戒机制、不能腐的防范机制、不易腐的保障机制。六是加强党的纪律建设,全面净化党内政治生态。2015年10月,中央同时颁布《中国共产党廉洁自律准则》和《中国共产党纪律处分条例》,既从思想层面提出高标准,又从制度层面强调守住底线。2016年7月,中央印发《中国共产党问责条例》,强调有权必有责、有责要担当、失责必追究,把问责作为全面从严治党的利器。2018年和2023年,中央两次修订《中国共产党纪律处分条例》,进一步严肃党的纪律,纯洁党的组织,保障党员民主权利,教育党员遵纪守法,维护党的团结统一,保证党的路线、方针、政策、决议和国家法律法规的贯彻执行。严肃党内政治生活,坚持和完善民主集中制,推动党内政治生态不断得到改善和净化。七是完善党建工作责任制,落实管党治党主体责任。党中央提出党建主体责任思想,激发各级各部门党委(党组)管党治党的内生动力。在实践中,党委统一领导、组织部门牵头协调、党工委与地方党委及部门党委(党组)协调配合、齐抓共管的党建工作格局逐渐形成。

五、哲学社会科学在中国特色社会主义建设事业中的重要性

哲学社会科学是人们认识世界、改造世界的重要工具,是推动历史发展和社会进步的重要力量,其发展水平反映了一个民族的思维能力、精神品格、文明素质,体现了一个国家的综合国力和国际竞争力。一个国家的发展水平,既取决于自然科学发展水平,也取决于哲学社会科学发展水平。一个没有发达的自然科学的国家不可能走在世界前列,一个没有繁荣的哲学社会科学的国家也不可能走在世界前列。坚持和发展中国特色社会主义,需要不断在实践和理论上进行探索、用发展着的理论指导发展着的实践。在这个过程中,哲学社会科学具有不可替代的重要地位,哲学社会科学工作者具有不可替代的重要作用。

(一)坚持和发展中国特色社会主义必须高度重视哲学社会科学

恩格斯说:"一个民族要想站在科学的最高峰,就一刻也不能没有理论思维。"我们党历来高度重视哲学社会科学。革命战争年代,毛泽东同志就说过,必须"用社会科学来了解社会,改造社会,进行社会革命"。毛泽东同志就是一位伟大的哲学家、思想家、社会科学家,他撰写的《矛盾论》《实践论》等哲学名篇至今仍具有重要指导意义,他的许多调查研究名篇对我国社会作出了鞭辟入里的分析,是社会科学的经典之作。进入改革开放历史新时期,邓小平同志指出:"科学当然包括社会科学。""政治学、法学、社会学以及世界政治的研究,我们过去多年忽视了,现在也需要赶快补课。"江泽民同志指出:"在认识和改造世界的过程中,哲学社会科学与自然科学同样重要;培养高水平的哲学社会科学家,与培养高水平的自然科学家同样重要;提高全民族的哲学社会科学素质,与提高全民族的自然科学素质同样重要;任用好哲学社会科学人才并充分发挥他们的作用,与任用好自然科学人才并发挥他们的作用同样重要。"胡锦涛同志说:"应对激烈的国际综合国力竞争,在不断增强我国的经济实力的同时增强我国的文化创造力、民族凝聚力,增强中华文明的影响力,迫切需要哲学社会科学发展具有中国特色的学科体系和学术思想。"[1]党的十八大、十九大、二十大以来,党中央继续制定政策、采取措施,大力推动哲学社会科学发展。

---

[1]习近平.在哲学社会科学工作座谈会上的讲话[N].人民日报,2016-05-17(1).

观察当代中国哲学社会科学,需要有一个宽广的视角,需要放到世界和我国发展大历史中去看。人类社会每一次重大跃进,人类文明每一次重大发展,都离不开哲学社会科学的知识变革和思想先导。从西方历史看,古代希腊、古代罗马时期,产生了苏格拉底、柏拉图、亚里士多德、西塞罗等人的思想学说。文艺复兴时期,产生了但丁、薄伽丘、达·芬奇、拉斐尔、哥白尼、布鲁诺、伽利略、莎士比亚、托马斯·莫尔、康帕内拉等一批文化和思想大家。他们中很多人是文艺巨匠,他们的作品深刻反映了他们对社会构建的思想认识。英国资产阶级革命、法国资产阶级革命、美国独立战争前后,产生了霍布斯、洛克、伏尔泰、孟德斯鸠、卢梭、狄德罗、爱尔维修、潘恩、杰弗逊、汉密尔顿等一大批资产阶级思想家,形成了反映新兴资产阶级政治诉求的思想和观点。马克思主义的诞生是人类思想史上的一个伟大事件,而马克思主义则批判吸收了康德、黑格尔、费尔巴哈等人的哲学思想,圣西门、傅立叶、欧文等人的空想社会主义思想,亚当·斯密、大卫·李嘉图等人的古典政治经济学思想。可以说,没有18、19世纪欧洲哲学社会科学的发展,就没有马克思主义的形成和发展。20世纪以来,社会矛盾不断激化,为缓和社会矛盾、修补制度弊端,西方各种各样的学说都在开药方,包括凯恩斯主义、新自由主义、新保守主义、民主社会主义、实用主义、存在主义、结构主义、后现代主义等,这些既是西方社会发展到一定阶段的产物,也深刻影响着西方社会。

中华文明历史悠久,从先秦子学、两汉经学、魏晋玄学,到隋唐佛学、儒释道合流、宋明理学,经历了数个学术思想繁荣时期。在漫漫历史长河中,中华民族产生了儒、释、道、墨、名、法、阴阳、农、杂、兵等各家学说,涌现了老子、孔子、庄子、孟子、荀子、韩非子、董仲舒、王充、何晏、王弼、韩愈、周敦颐、程颢、程颐、朱熹、陆九渊、王守仁、李贽、黄宗羲、顾炎武、王夫之、康有为、梁启超、孙中山、鲁迅等一大批思想大家,留下了浩如烟海的文化遗产。中国古代大量鸿篇巨制中包含着丰富的哲学社会科学内容、治国理政智慧,为古人认识世界、改造世界提供了重要依据,也为中华文明提供了重要内容,为人类文明作出了重大贡献。

鸦片战争后,随着列强入侵和国门被打开,我国逐渐沦为半殖民地半封建国家,西方思想文化和科学知识随之涌入。自那以后,我们的国家和民族经历了刻骨铭心的惨痛历史,中华传统思想文化经历了剧烈变革的阵痛。为了寻求救亡图存之策,林则徐、魏源、严复等人把眼光转向西方,从"师夷长技以制夷"到"中体西用",从洋务运动到新文化运动,西方哲学社会科学被翻译介绍到我国,不少人开始用现代社会科学方法来研究我国社会问题,社会科学各学科在我国逐渐发展起来。

特别是十月革命一声炮响,给中国送来了马克思列宁主义。陈独秀、李大钊等人积极传播马克思主义,倡导运用马克思主义改造中国社会。许多进步学者运用马克思主义进行哲学社会科学研究。在长期实践探索中,产生了郭沫若、李达、艾思奇、翦伯赞、范文澜、吕振羽、马寅初、费孝通、钱钟书等一大批名家大师,为我国当代哲学社会科学发展进行了开拓性努力。可以说,当代中国哲学社会科学是以马克思主义进入我国为起点的,是在马克思主义指导下逐步发展起来的。

现在,我国哲学社会科学学科体系不断健全,研究队伍不断壮大,研究水平和创新能力不断提高,马克思主义理论研究和建设工程取得丰硕成果。广大哲学社会科学工作者解放思想、实事求是、与时俱进,坚持以马克思主义为指导,坚持为人民服务、为社会主义服务方向和百花齐放、百家争鸣的方针,深入研究和回答我国发展和我们党执政面临的重大理论和实践问题,推出一大批重要学术成果,为坚持和发展中国特色社会主义作出了重大贡献。

新形势下,我国哲学社会科学地位更加重要、任务更加繁重。面对社会思想观念和价值取向日趋活跃、主流和非主流同时并存、社会思潮纷纭激荡的新形势,如何巩固马克思主义在意识形态领域的指导地位,培育和践行社会主义核心价值观,巩固全党全国各族人民团结奋斗的共同思想基础,迫切需要哲学社会科学更好地发挥作用。面对我国经济发展进入新常态、国际发展环境深刻变化的新形势,如何贯彻落实新发展理念、加快转变经济发展方式、提高发展质量和效益,如何更好地保障和改善民生、促进社会公平正义,迫切需要哲学社会科学更好地发挥作用。面对改革进入攻坚期和深水区、各种深层次矛盾和问题不断呈现、各类风险和挑战不断增多的新形势,如何提高改革决策水平、推进国家治理体系和治理能力现代化,迫切需要哲学社会科学更好地发挥作用。面对世界范围内各种思想文化交流交融交锋的新形势,如何加快建设社会主义文化强国、增强文化软实力、提高我国在国际上的话语权,迫切需要哲学社会科学更好地发挥作用。面对全面从严治党进入重要阶段、党面临的风险和考验集中显现的新形势,如何不断提高党的领导水平和执政水平、增强拒腐防变和抵御风险能力,使党始终成为中国特色社会主义事业的坚强领导核心,迫切需要哲学社会科学更好地发挥作用。总之,坚持和发展中国特色社会主义,统筹推进“五位一体”总体布局和协调推进“四个全面”战略布局,实现“两个一百年”奋斗目标、实现中华民族伟大复兴的中国梦,我国哲学社会科学可以也应该大有作为。

面对新形势、新要求,我国哲学社会科学领域还存在一些问题亟待解决。比如,哲学社会科学发展战略还不十分明确,学科体系、学术体系、话语体系建设水平总体不高,学术原创能力还不强;哲学社会科学训练培养教育体系不健全,学术评价体系不够科学,管理体制和运行机制还不完善;人才队伍总体素质亟待提高,学风方面问题还比较突出;等等。总的来看,我国哲学社会科学还处于有数量缺质量、有专家缺大师的状况,作用没有充分发挥出来。改变这个状况,需要广大哲学社会科学工作者加倍努力,不断在解决影响我国哲学社会科学发展的突出问题上取得明显进展。

历史表明,社会大变革的时代,一定是哲学社会科学大发展的时代。当代中国正经历着我国历史上最为广泛而深刻的社会变革,也正在进行着人类历史上最为宏大而独特的实践创新。这种前无古人的伟大实践,必将给理论创造、学术繁荣提供强大动力和广阔空间。这是一个需要理论而且一定能够产生理论的时代,这是一个需要思想而且一定能够产生思想的时代。我们不能辜负了这个时代。自古以来,我国知识分子就有“为天地立心,为生民立命,为往圣继绝学,为万世开太平”的志向和传统。一切有理想、有抱负的哲学社会科学工作者都应该立时代之潮头、通古今之变化、发思想之先声,积极为党和人民述学立论、建言献策,担负起历史赋予的光荣使命。

(二)坚持马克思主义在我国哲学社会科学领域的指导地位

坚持以马克思主义为指导,是当代中国哲学社会科学区别于其他哲学社会科学的根本标志,必须旗帜鲜明加以坚持。

马克思主义尽管诞生在一个半多世纪之前,但历史和现实都证明它是科学的理论,迄今依然有着强大生命力。马克思主义深刻揭示了自然界、人类社会、人类思维发展的普遍规律,为人类社会发展进步指明了方向;马克思主义坚持实现人民解放、维护人民利益的立场,以实现人的自由而全面的发展和全人类解放为己任,反映了人类对理想社会的美好憧憬;马克思主义揭示了事物的本质、内在联系及发展规律,是"伟大的认识工具",是人们观察世界、分析问题的有力思想武器;马克思主义具有鲜明的实践品格,不仅致力于科学"解释世界",而且致力于积极"改变世界"。在人类思想史上,还没有一种理论像马克思主义那样对人类文明进步产生了如此广泛而深远的影响。

马克思主义进入中国,既引发了中华文明深刻变革,也走过了一个逐步中国化的过程。在革命、建设、改革各个历史时期,我们党坚持马克思主义基本原理同中国具体实际相结合,运用马克思主义立场、观点、方法研究解决各种重大理论和实践问题,不断推进马克思主义中国化,产生了毛泽东思想、邓小平理论、"三个代表"重要思想、科学发展观、习近平新时代中国特色社会主义思想等重大成果,指导党和人民取得了新民主主义革命、社会主义革命和社会主义建设、改革开放的伟大成就。我国哲学社会科学坚持以马克思主义为指导,是近代以来我国发展历程赋予的规定性和必然性。在我国,不坚持以马克思主义为指导,哲学社会科学就会失去灵魂、迷失方向,最终也不能发挥应有的作用。正所谓"夫道不欲杂,杂则多,多则扰,扰则忧,忧而不救"。

马克思主义中国化取得了重大成果,但还远未结束。我国哲学社会科学的一项重要任务就是继续推进马克思主义中国化、时代化、大众化,继续发展 21 世纪马克思主义、当代中国马克思主义。

在对待坚持以马克思主义为指导的问题上,绝大部分人的认识是清醒的、态度是坚定的。同时,也有一些人对马克思主义理解不深、理解不透,在运用马克思主义立场、观点、方法上功力不足、高水平成果不多,在建设以马克思主义为指导的学科体系、学术体系、话语体系上功力不足、高水平成果不多。社会上也存在一些模糊甚至错误的认识。有的认为马克思主义已经过时,中国现在搞的不是马克思主义;有的说马克思主义只是一种意识形态说教,没有学术上的学理性和系统性。实际工作中,在有的领域中马克思主义被边缘化、空泛化、标签化,在一些学科中"失语"、教材中"失踪"、论坛上"失声"。这种状况必须引起我们高度重视。

即使在当今西方社会,马克思主义仍然具有重要影响力。在 21 世纪来临的时候,马克思被西方思想界评为"千年第一思想家"。美国学者海尔布隆纳在他的著作《马克思主义:赞成与反对》中表示,要探索人类社会发展前景,必须向马克思求教,人类社会至今仍然生活在马克思所阐明的发展规律之中。实践也证明,无论时代如何变迁、科学如何进步,马克思主义依然显示出科学思想的伟力,依然占据着真理和道义的制高点。邓小平同志 1992 年初在视察南方期间深刻指出:"我坚信,世界上赞成马克思主义的人会多起来的,因为马克思主义是科学。"

我国广大哲学社会科学工作者要自觉坚持以马克思主义为指导,自觉把中国特色社会主义理论体系贯穿研究和教学全过程,转化为清醒的理论自觉、坚定的政治信念、科学的思维方法。

坚持以马克思主义为指导,首先要解决真懂真信的问题。哲学社会科学发展状况与其研究者坚持什么样的世界观、方法论紧密相关。人们必须有了正确的世界观、方法论,才能更好地观察和解释自然界、人类社会、人类思维的各种现象,揭示蕴含在其中的规律。马克思主义关于世界的物质性及其发展规律、人类社会及其发展规律、认识的本质及其发展规律等原理,为我们研究和把握哲学社会科学各个学科各个领域提供了基本的世界观、方法论。只有真正弄懂了马克思主义,才能在揭示共产党执政规律、社会主义建设规律、人类社会发展规律上不断有所发现、有所创造,才能更好地识别各种唯心主义观点、更好地抵御各种历史虚无主义谬论。

马克思主义经典作家眼界开阔、知识丰富,马克思主义理论体系和知识体系博大精深,涉及自然界、人类社会、人类思维各个领域,涉及历史、经济、政治、文化、社会、生态、科技、军事、党建等各个方面,不下大气力、不下苦功夫是难以掌握真谛、融会贯通的。"为学之道,必本于思。""不深思则不能造于道,不深思而得者,其得易失。"西方一些研究马克思主义的书,其结论未必正确,但在研究和考据马克思主义文本上,功课做得还是可以的。相比之下,我们在这方面的研究就远远不够了。恩格斯曾经说过:"即使只是在一个单独的历史事例上发展唯物主义的观点,也是一项要求多年冷静钻研的科学工作,因为很明显,在这里只说空话是无济于事的,只有靠大量的、批判地审查过的、充分地掌握了的历史资料,才能解决这样的任务。"[①]对马克思主义的学习和研究,不能采取浅尝辄止、蜻蜓点水的态度。有的人马克思主义经典著作没读几本,一知半解就哇啦哇啦发表意见,这是一种不负责任的态度,也有悖于科学精神。

坚持以马克思主义为指导,核心要解决好"为什么人"的问题。"为什么人"的问题是哲学社会科学研究的根本性、原则性问题。我国哲学社会科学为谁著书、为谁立说,是为少数人服务还是为绝大多数人服务,是必须搞清楚的问题。世界上没有纯而又纯的哲学社会科学。世界上伟大的哲学社会科学成果都是在回答和解决人与社会面临的重大问题中创造出来的。研究者生活在现实社会中,研究什么,主张什么,都会打下社会烙印。我们的党是全心全意为人民服务的党,我们的国家是人民当家作主的国家,党和国家一切工作的出发点和落脚点是实现好、维护好、发展最广大人民的根本利益。我国哲学社会科学要有所作为,就必须坚持以人民为中心的研究导向。脱离了人民,哲学社会科学就不会有吸引力、感染力、影响力、生命力。我国广大哲学社会科学工作者要坚持人民是历史创造者的观点,树立为人民做学问的理想,尊重人民主体地位,聚焦人民实践创造,自觉把个人学术追求同国家和民族发展紧紧联系在一起,努力多出经得起实践检验的研

---

①习近平.在哲学社会科学工作座谈会上的讲话[N].人民日报,2016-05-17(1).

究成果。

坚持以马克思主义为指导,最终要落实到怎么用上来。"凡贵通者,贵其能用之也。"马克思主义具有与时俱进的理论品质。新形势下,坚持马克思主义,最重要的是坚持马克思主义基本原理和贯穿其中的立场、观点、方法。这是马克思主义的精髓和活的灵魂。马克思主义是随着时代、实践、科学发展而不断发展的开放的理论体系,它并没有结束真理,而是开辟了通向真理的道路。恩格斯早就说过:"马克思的整个世界观不是教义,而是方法。它提供的不是现成的教条,而是进一步研究的出发点和供这种研究使用的方法。"①把坚持马克思主义和发展马克思主义统一起来,结合新的实践不断作出新的理论创造,这是马克思主义永葆生机活力的奥妙所在。

对待马克思主义,不能采取教条主义的态度,也不能采取实用主义的态度。如果不顾历史条件和现实情况的变化,拘泥于马克思主义经典作家在特定历史条件下、针对具体情况作出的某些个别论断或具体行动纲领,我们就会因为思想脱离实际而不能顺利前进,甚至发生失误。什么都用马克思主义经典作家的语录来说话,马克思主义经典作家没有说过的就不能说,这不是马克思主义的态度。同时,根据需要找一大堆语录,什么事都说成是马克思、恩格斯当年说过了,生硬"裁剪"活生生的实践发展和创新,这也不是马克思主义的态度。

坚持问题导向是马克思主义的鲜明特点。问题是创新的起点,也是创新的动力源。只有聆听时代的声音,回应时代的呼唤,认真研究解决重大而紧迫的问题,才能真正把握住历史脉络、找到发展规律,推动理论创新。坚持以马克思主义为指导,必须落到研究我国发展和我们党执政面临的重大理论和实践问题上来,落到提出解决问题的正确思路和有效办法上来。要坚持用联系、发展的眼光看问题,增强战略性、系统性思维,分清本质和现象、主流和支流,既看存在问题又看其发展趋势,既看局部又看全局,提出的观点、作出的结论要客观准确、经得起检验,在全面客观分析的基础上,努力揭示我国社会发展、人类社会发展的大逻辑大趋势。

有人说,马克思主义政治经济学过时了,《资本论》过时了。这个说法是武断的。远的不说,就从国际金融危机来看,许多西方国家经济持续低迷、两极分化加剧、社会矛盾加深,说明资本主义固有的生产社会化和生产资料私人占有制之间的矛盾依然存在,但表现形式、存在特点有所不同。国际金融危机发生后,不少西方学者也在重新研究马克思主义政治经济学、研究《资本论》,借以反思资本主义的弊端。法国学者托马斯·皮凯蒂撰写的《21世纪资本论》就在国际学术界引发了广泛讨论。该书用翔实的数据证明,美国等西方国家的不平等程度已经达到或超过了历史最高水平,认为不加制约的资本主义加剧了财富不平等现象,而且将继续恶化下去。作者的分析主要是从分配领域进行的,没有过多涉及更根本的所有制问题,但使用的方法、得出的结论值得深思。

(三)加快构建中国特色哲学社会科学

哲学社会科学的特色、风格、气派,是哲学社会科学发展到一定阶段的产物,是成熟

---

①中共中央马克思恩格斯列宁斯大林著作编译局.马克思恩格斯文集[M].北京:人民出版社,2009.

的标志,是实力的象征,也是自信的体现。我国是哲学社会科学大国,研究队伍、论文数量、政府投入等在世界上都是排在前列的,但目前在学术命题、学术思想、学术观点、学术标准、学术话语上的能力和水平同我国综合国力和国际地位还不太相称。要按照立足中国、借鉴国外,挖掘历史、把握当代,关怀人类、面向未来的思路,着力构建中国特色哲学社会科学,在指导思想、学科体系、学术体系、话语体系等方面充分体现中国特色、中国风格、中国气派。

中国特色哲学社会科学应该具有什么特点呢? 一般来说,要把握住以下三个主要方面。

1. 体现继承性、民族性

哲学社会科学的现实形态,是古往今来各种知识、观念、理论、方法等融通生成的结果。我们要善于融通古今中外各种资源,特别是要把握好3方面的资源。一是马克思主义的资源,包括马克思主义基本原理,马克思主义中国化形成的成果及其文化形态。如党的理论和路线方针政策,中国特色社会主义道路、理论体系、制度,我国经济、政治、法律、文化、社会、生态、外交、国防、党建等领域形成的哲学社会科学思想和成果。这是中国特色哲学社会科学的主体内容,也是中国特色哲学社会科学发展的最大增量。二是中华优秀传统文化的资源,这是中国特色哲学社会科学发展十分宝贵、不可多得的资源。三是国外哲学社会科学的资源,包括世界所有国家哲学社会科学取得的积极成果,这可以成为中国特色哲学社会科学的有益滋养。要坚持古为今用、洋为中用,融通各种资源,不断推进知识创新、理论创新、方法创新。我们要坚持不忘本来、吸收外来、面向未来,既向内看、深入研究关系国计民生的重大课题,又向外看、积极探索关系人类前途命运的重大问题;既向前看、准确判断中国特色社会主义发展趋势,又向后看、善于继承和弘扬中华优秀传统文化精华。

绵延几千年的中华文化,是中国特色哲学社会科学成长发展的深厚基础。站立在960多万平方公里的广袤土地上,吸吮着中华民族漫长奋斗积累的文化养分,拥有14亿中国人民聚合的磅礴之力,我们走自己的路,具有无比广阔的舞台,具有无比深厚的历史底蕴,具有无比强大的前进定力,中国人民应该有这个信心,每一个中国人都应该有这个信心。我们说要坚定中国特色社会主义道路自信、理论自信、制度自信,说到底是要坚定文化自信。文化自信是更基本、更深沉、更持久的力量。历史和现实都表明,一个抛弃了或者背叛了自己历史文化的民族,不仅不可能发展起来,而且很可能上演一场历史悲剧。

中华民族有着深厚的文化传统,形成了富有特色的思想体系,体现了中国人几千年来积累的知识智慧和理性思辨。这是我国的独特优势。中华文明延续着我们国家和民族的精神血脉,既需要薪火相传、代代守护,也需要与时俱进、推陈出新。要加强对中华优秀传统文化的挖掘,使中华民族最基本的文化基因与当代文化相适应、与现代社会相协调,把跨越时空、超越国界、富有永恒魅力、具有当代价值的文化精神弘扬起来。要推动中华文明的创造性转化、创新性发展,激活其生命力,让中华文明同各国人民创造的多彩文明一道,为人类提供正确精神指引。要围绕我国和世界发展面临的重大问题,着力提出能够体现中国立场、中国智慧、中国价值的理念、主张、方案。我们不仅要让世界知道"舌尖上的中国",还要让世界知道"学术上的中国""理论上的中国""哲学社会科学上的中国",让世界知道"发展中的中国""开放中的中国""为人类文明作贡献的中国"。

强调民族性并不是要排斥其他国家的学术研究成果,而是要在比较、对照、批判、吸收、升华的基础上,使民族性更加符合当代中国和当今世界的发展要求,越是民族的越是世界的。解决好民族性问题,才能有更强能力去解决世界性问题;把中国实践总结好,才能有更强能力为解决世界性问题提供思路和方法。这是特殊性到普遍性的发展规律。

我们既要立足本国实际,又要开门搞研究。对人类创造的有益的理论观点和学术成果,我们应该吸收借鉴,但不能把一种理论观点和学术成果当成"唯一准则",不能企图用一种模式来改造整个世界,否则就容易滑入机械论的泥坑。一些理论观点和学术成果可以用来说明一些国家和民族的发展历程,在一定地域和历史文化中具有合理性,但如果硬要把它们套在各国各民族头上、用它们来对人类生活进行格式化,并以此为裁判,那就是荒谬的了。对国外的理论、概念、话语、方法,要有分析、有鉴别,适用的就拿来用,不适用的就不要生搬硬套。哲学社会科学要有批判精神,这是马克思主义最可贵的精神品质。

哲学社会科学研究范畴很广,不同学科有自己的知识体系和研究方法。对一切有益的知识体系和研究方法,我们都要研究借鉴,不能采取不加分析、一概排斥的态度。马克思、恩格斯在建立自己理论体系的过程中就大量吸收借鉴了前人创造的成果。对现代社会科学积累的有益知识体系,运用的模型推演、数量分析等有效手段,我们也可以用,而且应该好好用。需要注意的是,在采用这些知识和方法时不要忘了老祖宗,不要失去了科学判断力。马克思写的《资本论》、列宁写的《帝国主义论》、毛泽东同志写的系列农村调查报告等著作,都运用了大量统计数据和田野调查材料。解决中国的问题,提出解决人类问题的中国方案,要坚持中国人的世界观、方法论。如果不加分析地把国外学术思想和学术方法奉为圭臬,一切以此为准绳,那就没有独创性可言了。如果用国外的方法得出与国外同样的结论,那也就没有独创性可言了。要推出具有独创性的研究成果,就要从我国实际出发,坚持实践的观点、历史的观点、辩证的观点、发展的观点,在实践中认识真理、检验真理、发展真理。

2.体现原创性、时代性

我们的哲学社会科学有没有中国特色,归根到底要看有没有主体性、原创性。跟在别人后面亦步亦趋,不仅难以形成中国特色哲学社会科学,而且解决不了我国的实际问题。1944年,毛泽东同志就说过:"我们的态度是批判地接受我们自己的历史遗产和外国的思想。我们既反对盲目接受任何思想也反对盲目抵制任何思想。我们中国人必须用我们自己的头脑进行思考,并决定什么东西能在我们自己的土壤里生长起来。"①只有以我国实际为研究起点,提出具有主体性、原创性的理论观点,构建具有自身特质的学科体系、学术体系、话语体系,我国哲学社会科学才能形成自己的特色和优势。

理论的生命力在于创新。创新是哲学社会科学发展的永恒主题,也是社会发展、实

---

①中共中央文献研究室.毛泽东文集(第三卷)[M].北京:人民出版社,1996.

践深化、历史前进对哲学社会科学的必然要求。社会总是在发展的,新情况、新问题总是层出不穷,其中有一些可以凭老经验、用老办法来应对和解决,同时也有不少是老经验、老办法不能应对和解决的。如果不能及时研究、提出、运用新思想、新理念、新办法,理论就会苍白无力。哲学社会科学创新可大可小,揭示一条规律是创新,提出一种学说是创新,阐明一个道理是创新,创造一种解决问题的办法也是创新。

理论思维的起点决定着理论创新的结果。理论创新只能从问题开始。从某种意义上说,理论创新的过程就是发现问题、筛选问题、研究问题、解决问题的过程。马克思曾深刻指出:"主要的困难不是答案,而是问题。""问题就是时代的口号,是它表现自己精神状态的最实际的呼声。"①柏拉图的《理想国》、亚里士多德的《政治学》、托马斯·莫尔的《乌托邦》、康帕内拉的《太阳城》、洛克的《政府论》、孟德斯鸠的《论法的精神》、卢梭的《社会契约论》、汉密尔顿等人著的《联邦党人文集》、黑格尔的《法哲学原理》、克劳塞维茨的《战争论》、亚当·斯密的《国民财富的性质和原因的研究》、马尔萨斯的《人口原理》、凯恩斯的《就业利息和货币通论》、约瑟夫·熊彼特的《经济发展理论》、萨缪尔森的《经济学》、弗里德曼的《资本主义与自由》、西蒙·库兹涅茨的《各国的经济增长》等著作,都是时代的产物,都是思考和研究当时当地社会突出矛盾和问题的结果。

改革开放以来,我们坚持理论创新,正确回答了什么是社会主义、怎样建设社会主义,建设什么样的党、怎样建设党,实现什么样的发展、怎样发展等重大课题,不断根据新的实践推出新的理论,为我们制定各项方针政策、推进各项工作提供了科学指导。推进国家治理体系和治理能力现代化,发展社会主义市场经济,发展社会主义民主政治,发展社会主义协商民主,建设中国特色社会主义法治体系,发展社会主义先进文化,培育和践行社会主义核心价值观,建设社会主义和谐社会,建设生态文明,构建开放型经济新体制,实施总体国家安全观,建设人类命运共同体,推进"一带一路"建设,坚持正确义利观,加强党的执政能力建设,坚持走中国特色强军之路、实现党在新形势下的强军目标,等等,都是我们提出的具有原创性、时代性的概念和理论。在这个过程中,我国哲学社会科学界作出了重大贡献,也形成了不可比拟的优势。

当代中国的伟大社会变革,不是简单延续我国历史文化,不是简单套用马克思主义经典作家的设想,不是其他国家社会主义实践的再版,也不是国外现代化发展的翻版,不可能找到现成的教科书。我国哲学社会科学应该以我们正在做的事情为中心,从我国改革发展的实践中挖掘新材料、发现新问题、提出新观点、构建新理论,加强对改革开放和社会主义现代化建设实践经验的系统总结,加强对发展社会主义市场经济、民主政治、先进文化、和谐社会、生态文明以及党的执政能力建设等领域的分析研究,加强对党中央治国理政新理念新思想新战略的研究阐释,提炼出有学理性的新理论,概括出有规律性的新实践。这是构建中国特色哲学社会科学的着力点、着重点。一切刻舟求剑、照猫画虎、生搬硬套、依样画葫芦的做法都是无济于事的。

3.体现系统性、专业性

中国特色哲学社会科学应该涵盖历史、经济、政治、文化、社会、生态、军事、党建等各

---

①中共中央马克思恩格斯列宁斯大林著作编译局.马克思恩格斯文集[M].北京:人民出版社,2009.

领域,囊括传统学科、新兴学科、前沿学科、交叉学科、冷门学科等诸多学科,不断推进学科体系、学术体系、话语体系建设和创新,努力构建一个全方位、全领域、全要素的哲学社会科学体系。

现在,我国哲学社会科学学科体系已基本确立,但还存在一些问题亟待解决,主要是一些学科设置同社会发展联系不够紧密,学科体系不够健全,新兴学科、交叉学科建设比较薄弱。下一步,要突出优势、拓展领域、补齐短板、完善体系。一是要加强马克思主义学科建设;二是要加快完善对哲学社会科学具有支撑作用的学科,如哲学、历史学、经济学、政治学、法学、社会学、民族学、新闻学、人口学、宗教学、心理学等,打造具有中国特色和普遍意义的学科体系;三是要注重发展优势重点学科;四是要加快发展具有重要现实意义的新兴学科和交叉学科,使这些学科研究成为我国哲学社会科学的重要突破点;五是要重视发展具有重要文化价值和传承意义的"绝学"、冷门学科。这些学科看上去同现实距离较远,但养兵千日、用兵一时,需要时也要拿得出、用得上。还有一些学科事关文化传承的问题,如甲骨文等古文字研究,要重视这些学科,确保有人做、有传承。总之,要通过努力,使基础学科健全扎实、重点学科优势突出、新兴学科和交叉学科创新发展、冷门学科代有传承、基础研究和应用研究相辅相成、学术研究和成果应用相互促进。

学科体系同教材体系密不可分。学科体系建设上不去,教材体系就不能完善;反过来,教材体系不完善,学科体系就没有后劲。据统计,全国本科院校普遍设立了哲学社会科学学科,文科生也占了在校学生很大比例。这些学生是我国哲学社会科学的后备军,如果在学生阶段没有学会正确的世界观、方法论,没有打下扎实的知识基础,将来就难以担当重任。高校哲学社会科学有重要的育人功能,要面向全体学生,帮助学生形成正确的世界观、人生观、价值观,提高道德修养和精神境界,养成科学思维习惯,促进身心和人格健康发展。培养出好的哲学社会科学有用之才,就要有好的教材。经过努力,我们在实施马克思主义理论研究和建设工程的过程中,教材建设取得了重要成果,但总体看这方面还是一个短板。要抓好教材体系建设,形成适应中国特色社会主义发展要求、立足国际学术前沿、门类齐全的哲学社会科学教材体系。在教材编写、推广、使用上要注重体制机制创新,调动学者、学校、出版机构等方面的积极性,大家共同来做好这项工作。

发挥我国哲学社会科学的作用,要注意加强话语体系建设。在解读中国实践、构建中国理论上,我们应该最有发言权,但实际上我国哲学社会科学在国际上的声音还比较小,还处于有理说不出、说了传不开的境地。要善于提炼标识性概念,打造易于为国际社会所理解和接受的新概念、新范畴、新表述,引导国际学术界展开研究和讨论。这项工作要从学科建设做起,每个学科都要构建成体系的学科理论和概念。要鼓励哲学社会科学机构参与和设立国际性学术组织,支持和鼓励建立海外中国学术研究中心,支持国外学会、基金会研究中国问题,加强国内外智库交流,推动海外中国学研究。要聚焦国际社会共同关注的问题,推出并牵头组织研究项目,增强我国哲学社会科学研究的国际影响力。要加强优秀外文学术网站和学术期刊建设,扶持面向国外推介高水平研究成果。对学者参加国际学术会议、发表学术文章,要给予支持。

构建中国特色哲学社会科学是一个系统工程,是一项极其繁重的任务,要加强顶层设计,统筹各方面力量协同推进。要实施哲学社会科学创新工程,搭建哲学社会科学创新平台,全面推进哲学社会科学各领域创新。要充分发挥马克思主义理论研究和建设工程、中国特色社会主义理论体系研究中心、马克思主义学院、报刊网络理论宣传等思想理论工作平台的作用,深化拓展马克思主义理论研究和宣传教育。要运用互联网和大数据技术,加强哲学社会科学图书文献、网络、数据库等基础设施和信息化建设,加快国家哲学社会科学文献中心建设,构建方便快捷、资源共享的哲学社会科学研究信息化平台。要创新科研经费分配、资助、管理体制,更好地发挥国家社科基金作用,把财政拨款和专项资助结合起来,把普遍性经费资助和竞争性经费资助结合起来,把政府资助和社会捐赠结合起来,加大科研投入,提高经费使用效率。要建立科学权威、公开透明的哲学社会科学成果评价体系,建立优秀成果推介制度,把优秀研究成果真正评出来、推广开。

(四)加强和改善党对哲学社会科学工作的领导

哲学社会科学事业是党和人民的重要事业,哲学社会科学战线是党和人民的重要战线。加强和改善党对哲学社会科学工作的领导,是繁荣发展我国哲学社会科学事业的根本保证。

各级党委要把哲学社会科学工作纳入重要议事日程,加强政治领导和工作指导,一手抓繁荣发展、一手抓引导管理。要深化行政管理体制改革,形成既能把握正确方向又能激发科研活力的体制机制,统筹管理好重要人才、重要阵地、重大研究规划、重大研究项目、重大资金分配、重大评价评奖活动。要统筹国家层面研究和地方层面研究,优化科研布局,合理配置资源,处理好投入和效益、数量和质量、规模和结构的关系,增强哲学社会科学发展能力。各级领导干部特别是主要负责同志,既要有比较丰富的自然科学知识,又要有比较丰富的社会科学知识,以不断提高决策和领导水平。

各级党委和政府要发挥哲学社会科学在治国理政中的重要作用。党的十八届三中全会提出,要加强中国特色新型智库建设,建立健全决策咨询制度。党的十八届五中全会强调,要实施哲学社会科学创新工程,建设中国特色新型智库。要建设一批国家亟须、特色鲜明、制度创新、引领发展的高端智库,重点围绕国家重大战略需求开展前瞻性、针对性、储备性政策研究。近年来,建设哲学社会科学领域智库的热情很高,成果也不少,为各级党政部门决策提供了有益帮助。同时,有的智库研究存在重数量、轻质量问题,有的存在重形式传播、轻内容创新问题,还有的流于搭台子、请名人、办论坛等形式主义做法。智库建设要把重点放在提高研究质量、推动内容创新上。要加强决策部门同智库的信息共享和互动交流,把党政部门政策研究同智库对策研究紧密结合起来,引导和推动智库建设健康发展、更好地发挥作用。

构建中国特色哲学社会科学,要从人抓起,久久为功。哲学社会科学领域是知识分子密集的地方,我们要把这支队伍关心好、培养好、使用好,让广大哲学社会科学工作者成为先进思想的倡导者、学术研究的开拓者、社会风尚的引领者、党执政的坚定支持者。要实施以育人育才为中心的哲学社会科学整体发展战略,构筑学生、学术、学科一体的综合发展体系。要实施哲学社会科学人才工程,着力发现、培养、集聚一批有深厚马克思主义理论素养、学贯中西的思想家和理论家，一批理论功底扎实、勇于开拓创新的学科带头人，一批年富力强、锐意进取的中青年学术骨干，构建种类齐全、梯队衔接的哲学社会科学人才体系。要完善哲学社会科学领域职称评定和人才遴选制度，建立规范的奖励体系，表彰有突出贡献的哲学社会科学工作者，增强他们的荣誉感、责任感、获得感。宣传部门、组织人事部门、教育部门和高等院校、哲学社会科学研究机构、党校行政学院、党政部门所属研究机构、军队院校等要共同努力，形成培养哲学社会科学人才的良好激励机制，促进优秀人才不断成长。

要认真贯彻党的知识分子政策，尊重劳动、尊重知识、尊重人才、尊重创造，做到政治上充分信任、思想上主动引导、工作上创造条件、生活上关心照顾，多为他们办实事、做好事、解难事。领导干部要以科学的态度对待哲学社会科学，尊重哲学社会科学工作者的辛勤付出和研究成果，不要觉得哲学社会科学问题自己都能讲讲，不是什么大不了的学问。要主动同专家学者打交道、交朋友，经常给他们出题目，多听取他们的意见和建议。要加强哲学社会科学优秀人才使用，让德才兼备的人才在重要岗位上发挥作用。

百花齐放、百家争鸣，是繁荣发展我国哲学社会科学的重要方针。要提倡理论创新和知识创新，鼓励大胆探索，开展平等、健康、活泼和充分说理的学术争鸣，活跃学术空气。要坚持和发扬学术民主，尊重差异，包容多样，提倡不同学术观点、不同风格学派相互切磋、平等讨论。要正确区分学术问题和政治问题，不要把一般的学术问题当成政治问题，也不要把政治问题当作一般的学术问题，既反对打着学术研究旗号从事违背学术道德、违反宪法法律的假学术行为，也反对把学术问题和政治问题混淆起来、用解决政治问题的办法对待学术问题的简单化做法。

繁荣发展我国哲学社会科学，必须解决好学风问题。当前，哲学社会科学领域存在一些不良风气，学术浮夸、学术不端、学术腐败现象不同程度存在，有的急功近利、东拼西凑、粗制滥造，有的逃避现实、闭门造车、坐而论道，有的剽窃他人成果甚至篡改文献、捏造数据。要大力弘扬优良学风，把软约束和硬措施结合起来，推动形成崇尚精品、严谨治学、注重诚信、讲求责任的优良学风，营造风清气正、互学互鉴、积极向上的学术生态。广大哲学社会科学工作者要树立良好学术道德风尚，自觉遵守学术规范，讲究博学、审问、慎思、明辨、笃行，崇尚"士以弘道"的价值追求，真正把做人、做事、做学问统一起来。要有"板凳要坐十年冷，文章不写一句空"的执着坚守，耐得住寂寞，经得起诱惑，守得住底线，立志做大学问、做真学问。要把社会责任放在首位，严肃对待学术研究的社会效果，自觉践行社会主义核心价值观，做真善美的追求者和传播者，以深厚的学识修养赢得尊重，以高尚的人格魅力引领风气，在为祖国、为人民立德立言中成就自我、实现价值。

思考题

1. 习近平新时代中国特色社会主义思想创立和发展的时代背景是什么？
2. 习近平治国理政的新理念新思想新战略包括哪几个方面内容？

贯彻落实党的二十大精神

> 只有坚持历史和现实、理论和实践、国际和国内相结合的办法,从整体到局部、再从局部到整体进行反复揣摩,才能全面掌握党的二十大精神,避免知其一而不知其二,知其然而不知其所以然。
>
> ——习近平在二十届中央政治局第一次集体学习时的讲话

中国共产党第二十次全国代表大会为新时代新征程党和国家事业发展、实现第二个百年奋斗目标指明了前进方向、确立了行动指南。党的二十大作出的各项决策部署,必将对全面建设社会主义现代化国家、全面推进中华民族伟大复兴以及夺取新时代中国特色社会主义新胜利发挥十分重要的指导和保证作用。

一、深刻领会党的二十大主题

在党的二十大上,习近平总书记指出:"大会的主题是:高举中国特色社会主义伟大旗帜,全面贯彻习近平新时代中国特色社会主义思想,弘扬伟大建党精神,自信自强、守正创新,踔厉奋发、勇毅前行,为全面建设社会主义现代化国家、全面推进中华民族伟大复兴而团结奋斗。"大会向全党全军全国各族人民、向全世界明确宣示了中国共产党人在新征程上"举什么旗、走什么路、以什么样的精神状态、朝着什么样的目标继续前进"这一事关全局的重大问题,是党和国家事业发展的总纲,是新征程上中国共产党人的根本遵循。

(一)进一步坚定了中国特色社会主义道路和旗帜

旗帜决定方向,方向决定道路,道路决定命运。中国特色社会主义是改革开放以来党和国家理论和实践的全部主题。1982 年,在党的十二大上,邓小平同志提出,走自己的道路,建设有中国特色的社会主义。从 1987 年党的十三大起,历次党代会的主题都高举中国特色社会主义伟大旗帜。中国共产党始终牢牢立足社会主义初级阶段这个最大实际,牢牢坚持党的基本路线这个党和国家的生命线、人民的幸福线,高举中国特色社会主义伟大旗帜,坚持走中国特色社会主义道路。党的二十大的主题强调高举中国特色社会主义伟大旗帜,凝结着中国共产党对共产党执政规律、社会主义建设规律、人类社会发展规律的深刻认识,吹响了奋进新时代、启航新征程的号角,必将激励中国共产党和中国人民坚持党的基本路线不动摇,坚定道路自信、理论自信、制度自信、文化自信,沿着中国特色社会主义道路阔步前进、永远奋斗。

(二)进一步坚定了习近平新时代中国特色社会主义思想是党和国家的根本指导思想

在百年奋进征程中,中国共产党坚持不懈用马克思主义中国化最新成果武装全党,书写了思想建党、理论强党的精彩之笔。党的十八大以来,我们党把马克思主义基本原理同中国具体实际相结合、同中华优秀传统文化相结合,提出一系列治国理政新理念新思想新战略,创立了习近平新时代中国特色社会主义思想,实现了马克思主义中国化时代化新的飞跃。科学的理论武装是一切实践的行动指南,中国共产党始终坚持用马克思主义科学理论武装头脑、指导实践,党的二十大将全面贯彻习近平新时代中国特色社会主义思想作为大会主题,必将鼓舞全党全国各族人民始终做到心往一处想、劲往一处使,把全面贯彻习近平新时代中国特色社会主义思想贯穿到各项工作的全过程和各环节,进一步感悟思想伟力,增强用习近平新时代中国特色社会主义思想凝心铸魂的政治自觉和思想自觉,在新的赶考之路上不断实现新的胜利。

(三)进一步坚定了继续弘扬伟大建党精神的思想状态

人无精神不立、党无精神不兴。伟大建党精神是中国共产党的精神之源。中国共产党坚持弘扬伟大建党精神,在伟大建党精神中找寻中国共产党是什么、要干什么这个根本问题的答案,是确保中国共产党作为马克思主义执政党的性质不变质、不变色、不变味的精神支撑。党的二十大把伟大建党精神写入大会主题,是中国共产党人在新征程上保持昂扬精神状态的重大宣示,明确了新征程上中国共产党的强大精神法宝,意蕴着广大党员干部要不断接受理想信念的精神淬炼,汲取奋勇前进的精神力量,牢固厚植中国共产党的宝贵精神品质,将伟大建党精神融入实现中华民族伟大复兴的实践中,让伟大建党精神转化为当代中国共产党人奋斗的精神动力,号召广大中国共产党人自信自强、守正创新,踔厉奋发、勇毅前行,自觉挺起共产党人的精神脊梁,为践行新时代中国共产党人的价值观提供鲜明指向。

(四)进一步坚定了以中国式现代化全面推进中华民族伟大复兴的奋斗目标

实现国家现代化和中华民族伟大复兴是近代以来中国人民的美好夙愿。党的二十大报告指出:"从现在起,中国共产党的中心任务就是团结带领全国各族人民全面建成社会主义现代化强国、实现第二个百年奋斗目标,以中国式现代化全面推进中华民族伟大复兴。"这是新时代、新征程全党必须坚定贯彻落实的新要求、新战略。这一要求启发着广大中国共产党人必须永葆党的旺盛生命力和强大战斗力,把中国特色社会主义各项事业发展好、巩固好,努力形成各项事业相互促进、共同发力的积极态势,不断汇聚全面建设社会主义现代化国家和全面推进中华民族伟大复兴的强大力量。

中国共产党是有理想、有追求、有担当的马克思主义政党,党的二十大主题贯穿着历史、现实和未来,是党的立场、观点和原则的集中反映,充分彰显了中国共产党人牢记初心使命、继往开来、勇于前行的强大自信与定力,鲜明昭示着伟大旗帜、根本指导思想、强大精神法宝、伟大目标统一于党和国家事业的新征程。要深刻领会党的二十大主题的深邃意蕴,更加自觉树立坚定不移听党话、永葆忠诚跟党走的不变信念,奋力投身新的伟大斗争,依靠顽强斗争打开事业发展新天地。

二、充分把握党的二十大精神实质

党的二十大精神内容十分丰富,既有政治上的高瞻远瞩和理论上的深邃思考,也有目标上的科学设定和工作上的战略部署,这些是相互联系、有机统一的。只有坚持历史和现实、理论和实际、国际和国内相结合的办法,从整体到局部、再从局部到整体进行反复揣摩,才能全面掌握党的二十大精神。

(一)牢记"三个务必",坚定历史自信,增强历史主动

习近平总书记在党的二十大报告中强调:"全党同志务必不忘初心、牢记使命,务必谦虚谨慎、艰苦奋斗,务必敢于斗争、善于斗争,坚定历史自信,增强历史主动,谱写新时代中国特色社会主义更加绚丽的华章。"这一伟大号召,充分彰显了百年大党坚定的战略自信和高度的战略清醒,充分彰显了中国共产党人自警自励的政治智慧和求真务实的政治品格,充分体现了新时代中国共产党人强烈的历史自觉和责任担当。

在百年奋斗历程中,党始终践行党的初心使命,团结带领全国各族人民书写了中华民族几千年历史上最恢宏的史诗,中华民族伟大复兴展现出前所未有的光明前景。前进道路上,我们要紧紧围绕新时代新征程中国共产党的使命任务,牢记中国共产党是什么、要干什么这个根本问题,坚定理想信念,坚守初心使命,坚持以人民为中心的发展思想,以咬定青山不放松的执着奋力实现既定目标,让现代化建设成果更多更公平惠及全体

人民。

党的十八大以来,以习近平同志为核心的党中央团结带领全党全国各族人民自信自强、守正创新、艰苦奋斗,创造了新时代中国特色社会主义的伟大成就,实现中华民族伟大复兴进入了不可逆转的历史进程。同时我们清醒认识到,完成脱贫攻坚、全面建成小康社会的历史任务,实现第一个百年奋斗目标,这是迈向中华民族伟大复兴的关键一步,我们决不能骄傲自满、止步不前;全面建设社会主义现代化国家,是一项伟大而艰巨的事业,前途光明,任重道远。面对更加光荣的使命、更加艰巨的任务,全党必须继续谦虚谨慎、艰苦奋斗,全力办好自己的事,以"赶考"的清醒和坚定答好新时代的答卷。

进入新时代,党和国家面临的形势之复杂、斗争之严峻、改革发展稳定任务之艰巨世所罕见、史所罕见。中国共产党紧紧依靠人民,有效应对严峻复杂的国际形势和接踵而至的巨大风险挑战,以奋发有为的精神把习近平新时代中国特色社会主义不断推向前进,攻克了一个个看似不可攻克的难关险阻。中国共产党依靠斗争走到今天,也必然要依靠斗争赢得未来。新时代新征程上,增强忧患意识,坚持底线思维,发扬斗争精神,增强志气、骨气、底气,不信邪、不怕鬼、不怕压,知难而进、迎难而上,全力战胜前进道路上各种困难和挑战,我们就一定能够依靠顽强斗争打开事业发展新天地,把中国发展进步的命运牢牢掌握在自己手中。

(二)深刻把握新时代十年伟大变革的里程碑意义

习近平总书记在党的二十大报告中深刻指出:"新时代十年的伟大变革,在党史、新中国史、改革开放史、社会主义发展史、中华民族发展史上具有里程碑意义。"全面把握新时代十年伟大变革的深刻内涵和重大意义,必将进一步鼓舞和激励全党全国各族人民坚定历史自信,增强历史主动,在党的旗帜下团结成"一块坚硬的钢铁",心往一处想、劲往一处使,为全面建设社会主义现代化国家、全面推进中华民族伟大复兴而团结奋斗。

新时代以来的十年,是党和国家发展进程中极不寻常、极不平凡的十年。这十年,有涉滩之险,有爬坡之艰,有闯关之难,我们遭遇的风险挑战风高浪急,有时甚至是惊涛骇浪,其复杂性严峻性前所未有。以习近平同志为核心的党中央审时度势、果敢抉择、锐意进取、攻坚克难,团结带领全党全军全国各族人民撸起袖子加油干、风雨无阻向前行,义无反顾进行具有许多新的历史特点的伟大斗争,攻克了一个个看似不可攻克的难关险阻,创造了一个个令人刮目相看的人间奇迹。党的二十大报告高度评价十年来我们经历的对党和人民事业具有重大现实意义和深远历史意义的三件大事,从十六个方面对新时代党和国家事业取得历史性成就、发生历史性变革进行了全面总结和精辟概括。我们要深刻认识到,这些成就,从理论上讲是原创性、突破性、开创性的,从制度上讲是创新性、系统性、整体性的,从实践上讲是根本性、战略性、长远性的。正是因为这些成就,坚持和发展中国特色社会主义有了更为坚实的物质基础、更为完善的制度保证,马克思主义的科学性和真理性在新时代的中国得到充分检验,社会主义的历史必然性、制度竞争力充分彰显出来。

历经新时代十年伟大变革,走过百年奋斗历程的中国共产党在革命性锻造中更加坚强有力,党的政治领导力、思想引领力、群众组织力、社会号召力显著增强;中国人民的前进动力更加强大、奋斗精神更加昂扬、必胜信念更加坚定,焕发出更为强烈的历史自觉和主动精神,中国共产党和中国人民正信心百倍推进中华民族从站起来、富起来到强起来的伟大飞跃;改革开放和社会主义现代化建设深入推进,书写了经济快速发展和社会长期稳定两大奇迹新篇章,完成了脱贫攻坚、全面建成小康社会的历史任务,实现了第一个百年奋斗目标,实现中华民族伟大复兴进入了不可逆转的历史进程;科学社会主义在 21 世纪的中国焕发出新的蓬勃生机,我们成功推进和拓展了中国式现代化,为人类实现现代化提供了新的选择,中国共产党和中国人民为解决人类面临的共同问题提供更多更好的中国智慧、中国方案、中国力量,为人类和平与发展崇高事业作出新的更大的贡献。我们要紧密联系党的十八大以来党和国家事业取得的历史性成就、发生的历史性变革,联系这些年来我们走过的极不寻常、极不平凡的历程,联系我们深化改革开放、推动高质量发展、有效应对重大风险挑战的具体实践,联系国际环境深刻变化,深刻感悟新时代十年伟大变革对党、对中国人民、对社会主义现代化建设、对科学社会主义在 21 世纪中国的发展的深远影响,坚定战略自信。

(三)开辟马克思主义中国化时代化新境界

习近平总书记在党的二十大报告中深入阐述了开辟马克思主义中国化时代化新境界的重大问题,深刻指出"中国共产党为什么能,中国特色社会主义为什么好,归根到底是马克思主义行,是中国化时代化的马克思主义行"。

回望百年奋斗历程,中国共产党之所以能够领导人民在一次次求索、一次次挫折、一次次开拓中完成中国其他各种政治力量不可能完成的艰巨任务,根本在于坚持马克思主义基本原理,坚持实事求是,从中国实际出发,洞察时代大势,把握历史主动,进行艰辛探索,不断推进马克思主义中国化时代化,指导中国人民不断推进伟大社会革命。中国共产党的历史,就是一部不断推进马克思主义中国化时代化的历史,就是一部不断推进理论创新、进行理论创造的历史。

党的十八大以来,面对国内外形势新变化和实践新要求,中国共产党勇于进行理论探索和创新,以全新的视野深化对共产党执政规律、社会主义建设规律、人类社会发展规律的认识,取得重大理论创新成果,集中体现为习近平新时代中国特色社会主义思想。习近平总书记对关系新时代党和国家事业发展、党治国理政的一系列重大理论和实践问题进行了深邃思考和科学判断,就新时代坚持和发展什么样的中国特色社会主义、怎样坚持和发展中国特色社会主义,建设什么样的社会主义现代化强国、怎样建设社会主义现代化强国,建设什么样的长期执政的马克思主义政党、怎样建设长期执政的马克思主义政党等重大时代课题,提出一系列原创性的治国理政新理念新思想新战略。新时代党和国家事业之所以能够取得历史性成就、发生历史性变革,根本在于习近平总书记作为党中央的核心、全党的核心掌舵领航,在于习近平新时代中国特色社会主义思想科学指引。

中国共产党人深刻认识到,只有把马克思主义基本原理同中国具体实际相结合、同中华优秀传统文化相结合,坚持运用辩证唯物主义和历史唯物主义,才能正确回答时代和实践提出的重大问题,才能始终保持马克思主义的蓬勃生机和旺盛活力。习近平新时代中国特色社会主义思想,坚持解放思想、实事求是、与时俱进、求真务实,一切从实际出发,着眼解决新时代改革开放和社会主义现代化建设的实际问题,科学回答了中国之问、世界之问、人民之问、时代之问,作出了符合中国实际和时代要求的正确回答,有力指导了新时代中国的伟大实践。习近平新时代中国特色社会主义思想,坚定历史自信、文化自信,坚持古为今用、推陈出新,把马克思主义思想精髓同中华优秀传统文化精华贯通起来、同人民群众日用而不觉的共同价值观念融通起来,赋予了科学理论鲜明的中国特色,夯实了马克思主义中国化时代化的历史基础和群众基础。习近平新时代中国特色社会主义思想是当代中国马克思主义、21世纪马克思主义,是中华文化和中国精神的时代精华,实现了马克思主义中国化时代化新的飞跃,开辟了马克思主义中国化时代化新境界,为新时代党和国家事业发展提供了根本遵循。

党的二十大报告强调,要坚持人民至上、坚持自信自立、坚持守正创新、坚持问题导向、坚持系统观念、坚持胸怀天下。我们必须深刻认识到,只有坚持人民至上,形成人民所喜爱、所认同、所拥有的理论,才能使之成为指导人民认识世界和改造世界的强大思想武器;只有坚持自信自立,坚定道路自信、理论自信、制度自信、文化自信,才能以更加积极的历史担当和创造精神为发展马克思主义作出新的贡献;只有坚持守正创新,以科学的态度对待科学、以真理的精神追求真理,紧跟时代步伐,顺应实践发展,才能善于以新的理论指导新的实践;只有坚持问题导向,不断提出真正解决问题的新理念新思路新办法,才能回答并指导解决问题;只有坚持系统观念,不断提高战略思维、历史思维、辩证思维、系统思维、创新思维、法治思维、底线思维能力,才能为前瞻性思考、全局性谋划、整体性推进党和国家各项事业提供科学思想方法;只有坚持胸怀天下,推动建设更加美好的世界,才能更好肩负为人类谋进步、为世界谋大同的使命。学习贯彻党的二十大精神,就要全面贯彻习近平新时代中国特色社会主义思想的世界观、方法论和贯穿其中的立场观点方法,深刻领会"两个结合""六个坚持",正确认识把握习近平新时代中国特色社会主义思想的精神实质,深刻领会党的创新理论的道理学理哲理,做到知其言更知其义、知其然更知其所以然,深刻领会在新时代新征程上必须坚持新时代党的创新理论和战略布局、战略举措不动摇,切实把习近平新时代中国特色社会主义思想贯彻落实到党和国家工作各方面全过程。

(四)以中国式现代化全面推进中华民族伟大复兴

党的二十大报告指出:"从现在起,中国共产党的中心任务就是团结带领全国各族人民全面建成社会主义现代化强国、实现第二个百年奋斗目标,以中国式现代化全面推进中华民族伟大复兴。"党的二十大全面把握党和国家事业发展新要求、人民群众新期待,明确提出了新时代新征程中国共产党的中心任务,发出了为全面建设社会主义现代化国家、全面推进中华民族伟大复兴而团结奋斗的动员令。

百年来,中国共产党团结带领人民所进行的一切奋斗,就是为了把我国建设成为现代化强国,实现中华民族伟大复兴。中华人民共和国成立不久,中国共产党就提出建设社会主义现代化国家的目标。从第一个五年计划到第十四个五年规划,一以贯之的主题是把我国建设成为社会主义现代化国家。特别是进入新时代以来,党对建设社会主义现代化国家在认识上不断深入、战略上不断成熟、实践上不断丰富,成功推进和拓展了中国式现代化。这十年,以习近平同志为核心的党中央对新时代党和国家事业发展作出科学完整的战略部署,提出实现中华民族伟大复兴的中国梦,以中国式现代化全面推进中华民族伟大复兴。这十年,我们坚持和发展中国特色社会主义,推动物质文明、政治文明、精神文明、社会文明、生态文明协调发展,不断丰富和发展人类文明新形态,迈上全面建设社会主义现代化国家新征程。今天,中国共产党和中国人民正信心百倍地推进中华民族从站起来、富起来到强起来的伟大飞跃,实现中华民族伟大复兴进入了不可逆转的历史进程,科学社会主义在 21 世纪的中国焕发出新的蓬勃生机。实践充分证明,中国特色社会主义是党和人民历经千辛万苦、付出巨大代价取得的根本成就,是创造人民美好生活、实现中华民族伟大复兴的康庄大道。这条道路符合中国实际、反映中国人民意愿、适应时代发展要求,不仅走得对、走得通,而且走得稳、走得好。

习近平总书记在党的二十大报告中深刻阐述了中国式现代化的中国特色和本质要求。我们要深刻认识到,中国式现代化,是中国共产党领导的社会主义现代化,既有各国现代化的共同特征,更有基于自己国情的中国特色。这是人口规模巨大的现代化,我国14 亿多人口整体迈进现代化社会,规模超过现有发达国家人口的总和,艰巨性和复杂性前所未有,我们坚持稳中求进、循序渐进、持续推进;这是全体人民共同富裕的现代化,共同富裕是中国特色社会主义的本质要求,我们坚持把实现人民对美好生活的向往作为现代化建设的出发点和落脚点;这是物质文明和精神文明相协调的现代化,物质富足、精神富有是社会主义现代化的根本要求,我们不断促进物的全面丰富和人的全面发展;这是人与自然和谐共生的现代化,人与自然是生命共同体,我们坚定不移走生产发展、生活富裕、生态良好的文明发展道路;这是走和平发展道路的现代化,我国不走一些国家通过战争、殖民、掠夺等方式实现现代化的老路,我们在坚定维护世界和平与发展中谋求自身发展,又以自身发展更好地维护世界和平与发展。实践表明,中国式现代化扎根中国大地,切合中国实际,体现了社会主义建设规律,体现了人类社会发展规律,为人类实现现代化提供了新的选择。前进道路上,我们要深刻把握中国式现代化的本质要求,坚持中国共产党领导,坚持中国特色社会主义,实现高质量发展,发展全过程人民民主,丰富人民精神世界,实现全体人民共同富裕,促进人与自然和谐共生,推动构建人类命运共同体,创造人类文明新形态,坚定不移地以中国式现代化全面推进中华民族伟大复兴。

当前,世界百年未有之大变局加速演进,世界进入新的动荡变革期。前进道路上,我们要经受风高浪急甚至惊涛骇浪的重大考验,必须牢牢把握坚持和加强党的全面领导、坚持中国特色社会主义道路、坚持以人民为中心的发展思想、坚持深化改革开放、坚持发扬斗争精神的重大原则。我们要深刻认识到,只有坚持和加强党的全面领导,使党始终成为风雨来袭时全体人民最可靠的主心骨,才能集聚起万众一心、共克时艰的磅礴力量;只有坚持中国特色社会主义道路,既不走封闭僵化的老路,也不走改旗易帜的邪路,才能把中国发展进步的命运牢牢掌握在自己手中;只有坚持以人民为中心的发展思想,才能让现代化建设成果更多更公平地惠及全体人民;只有坚持深化改革开放,才能把我国制度优势更好地转化为国家治理效能;只有坚持发扬斗争精神,知难而进、迎难而上,才能依靠顽强斗争打开事业发展新天地。

习近平总书记在二十届中共中央政治局常委同中外记者见面时强调:"全面建设社会主义现代化国家寄托着中华民族的夙愿和期盼,凝结着中国人民的奋斗和汗水。中国式现代化是中国共产党和中国人民长期实践探索的成果,是一项伟大而艰巨的事业。惟其艰巨,所以伟大;惟其艰巨,更显荣光。"为了这一事业,无数先辈筚路蓝缕、披荆斩棘,进行了艰苦卓绝的奋斗。现在,我们已经实现了第一个百年奋斗目标,正意气风发向第二个百年奋斗目标进军。党的二十大就新时代新征程党和国家事业发展制定了大政方针和战略部署,蓝图已经绘就,号角已经吹响。

(五)不断夺取全面建设社会主义现代化国家新胜利

党的二十大明确提出了新时代新征程中国共产党的使命任务,对全面建设社会主义现代化国家、全面推进中华民族伟大复兴进行了战略谋划,对统筹推进"五位一体"总体布局、协调推进"四个全面"战略布局作出了全面部署。习近平总书记在党的二十大报告中强调:"全党必须坚定信心、锐意进取,主动识变应变求变,主动防范化解风险,不断夺取全面建设社会主义现代化国家新胜利!"

全面建成社会主义现代化强国,总的战略安排是分两步走:从 2020 年到 2035 年基本实现社会主义现代化;从 2035 年到本世纪中叶把我国建成富强民主文明和谐美丽的社会主义现代化强国。党的二十大对全面建成社会主义现代化强国两步走战略安排进行宏观展望,确定了到 2035 年我国发展的总体目标和未来 5 年的主要目标任务。

全面建设社会主义现代化国家,高质量发展是首要任务,必须完整、准确、全面贯彻新发展理念,加快构建新发展格局,着力推动高质量发展。教育、科技、人才是全面建设社会主义现代化国家的基础性、战略性支撑,必须坚持科技是第一生产力、人才是第一资源、创新是第一动力,强化现代化建设人才支撑。人民民主是社会主义的生命,是全面建设社会主义现代化国家的应有之义,必须坚定不移走中国特色社会主义政治发展道路,发展全过程人民民主,保障人民当家作主。全面依法治国是国家治理的一场深刻革命,必须更好发挥法治固根本、稳预期、利长远的保障作用,在法治轨道上全面建设社会主义现代化国家。文化自信是一个国家、一个民族发展中最基本、最深沉、最持久的力量,必须坚持中国特色社会主义文化发展道路,增强实现中华民族伟大复兴的精神力量。江山就是人民,人民就是江山,必须坚持以人民为中心的发展思想,让现代化建设成果更多更公平惠及全体人民。尊重自然、顺应自然、保护自然是全面建设社会主义现代化国家的内在要求,必须牢固树立和践行绿水青山就是金山银山的理念,推动绿色发展,促进人与自然和谐共生。国家安全是民族复兴的根基,社会稳定是国家强盛的前提,必须坚定不移贯彻总体国家安全观,把维护国家安全贯穿党和国家工作各方面全过程,确保国家安全和社会稳定。如期实现建军一百年奋斗目标,加快把人民军队建成世界一流军队,是全面建设社会主义现代化国家的战略要求,必须贯彻新时代党的强军思想,贯彻新时代军事战略方针,坚持党对人民军队的绝对领导,有效履行新时代人民军队使命任务。"一国两制"是中国特色社会主义的伟大创举,必须长期坚持,坚定不移推进祖国统一大业。

习近平总书记在二十届中共中央政治局第一次集体学习时强调:"贯彻落实党的二十大精神要有计划、有部署,在把握总目标、总方向、总要求的前提下,对各项目标和任务进行细化,有针对性地拿出落实的具体方案,制定明确的时间表、施工图,扎扎实实向前推进。"党的二十大确定的目标任务有近期的,有中期的,也有长期的,要分清轻重缓急,既要全面推进,又要突出重点;既要狠抓当前,又要着眼长远,多办打基础、利长远的事,防止搞形式主义、官僚主义。各地区各部门要结合自身实际,把党中央提出的战略部署转化为本地区本部门的工作任务。要牢固树立全国一盘棋思想,谋划和推动本地区本部门工作要以贯彻党中央决策部署为前提,创造性开展工作,做到既为一域增光又为全局添彩。

(六)同世界人民携手开创人类更加美好的未来

在党的二十大报告中,习近平总书记强调:"中国始终坚持维护世界和平、促进共同发展的外交政策宗旨,致力于推动构建人类命运共同体",郑重宣示:"中国人民愿同世界人民携手开创人类更加美好的未来!"

党的十八大以来,我们全面推进中国特色大国外交,推动构建人类命运共同体,坚定维护国际公平正义,倡导践行真正的多边主义,旗帜鲜明反对一切霸权主义和强权政治,毫不动摇反对任何单边主义、保护主义、霸凌行径;我们完善外交总体布局,积极建设覆盖全球的伙伴关系网络,推动构建新型国际关系;我们展现负责任大国担当,积极参与全球治理体系改革和建设。这十年,我国外交在世界大变局中开创新局、在世界乱局中化危为机,我国国际影响力、感召力、塑造力显著提升,构建人类命运共同体成为引领时代潮流和人类前进方向的鲜明旗帜。我国外交之所以能够在复杂严峻的国际形势中攻坚克难、砥砺前行,取得全方位、开创性历史成就,根本在于习近平总书记掌舵领航,根本在于习近平新时代中国特色社会主义思想特别是习近平外交思想科学指引。

当前,世界之变、时代之变、历史之变正以前所未有的方式展开。一方面,和平、发展、合作、共赢的历史潮流不可阻挡,人心所向、大势所趋决定了人类前途终归光明。另一方面,恃强凌弱、巧取豪夺、零和博弈等霸权霸道霸凌行径危害深重,和平赤字、发展赤字、安全赤字、治理赤字加重,人类社会面临前所未有的挑战。习近平总书记在党的二十大报告中深入分析国际形势,鲜明指出:"世界又一次站在历史的十字路口,何去何从取决于各国人民的抉择。"如何回答时代课题,作出正确的历史抉择,关乎各国利益,关乎人类前途命运。

"大道之行,天下为公。"中国共产党坚持胸怀天下,始终以世界眼光关注人类前途命运,从人类发展大潮流、世界变化大格局、中国发展大历史正确认识和处理同外部世界的关系,坚持开放、不搞封闭,坚持互利共赢、不搞零和博弈,坚持主持公道、伸张正义,站在历史正确的一边,站在人类进步的一边。中国坚定奉行独立自主的和平外交政策,始终根据事情本身的是非曲直决定自己的立场和政策,维护国际关系基本准则,维护国际公平正义。中国坚持在和平共处五项原则基础上同各国发展友好合作,推动构建新型国际关系,深化拓展平等、开放、合作的全球伙伴关系,致力于扩大同各国利益的汇合点。中国坚持对外开放的基本国策,坚定奉行互利共赢的开放战略,不断以中国新发展为世界提供新机遇,推动建设开放型世界经济,更好惠及各国人民。中国积极参与全球治理体系改革和建设,践行共商共建共享的全球治理观,坚持真正的多边主义,推进国际关系民主化,推动全球治理朝着更加公正合理的方向发展。在二十届中共中央政治局常委同中外记者见面时,习近平总书记强调:"我们将同各国人民一道,弘扬和平、发展、公平、正义、民主、自由的全人类共同价值,维护世界和平、促进世界发展,持续推动构建人类命运共同体。"

构建人类命运共同体是世界各国人民前途所在。只要共行天下大道,各国就能够和睦相处、合作共赢,携手创造世界的美好未来。中国提出了全球发展倡议、全球安全倡议,愿同国际社会一道努力落实。中国坚持对话协商,推动建设一个持久和平的世界;坚持共建共享,推动建设一个普遍安全的世界;坚持合作共赢,推动建设一个共同繁荣的世界;坚持交流互鉴,推动建设一个开放包容的世界;坚持绿色低碳,推动建设一个清洁美丽的世界。习近平总书记在党的二十大报告中强调:"我们真诚呼吁,世界各国弘扬和平、发展、公平、正义、民主、自由的全人类共同价值,促进各国人民相知相亲,尊重世界文明多样性,以文明交流超越文明隔阂、文明互鉴超越文明冲突、文明共存超越文明优越,共同应对各种全球性挑战。"

(七)以党的自我革命引领社会革命

习近平总书记在党的二十大报告中强调:"全党必须牢记,全面从严治党永远在路上,党的自我革命永远在路上,决不能有松劲歇脚、疲劳厌战的情绪,必须持之以恒推进全面从严治党,深入推进新时代党的建设新的伟大工程,以党的自我革命引领社会革命。"

全面从严治党是新时代党的自我革命的伟大实践,开辟了百年大党自我革命的新境界。党的十八大以来,以习近平同志为核心的党中央以前所未有的勇气和定力深入推进全面从严治党,以"得罪千百人,不负十四亿"的使命担当推进史无前例的反腐败斗争,打出一套自我革命的"组合拳"。"十年磨一剑",全面从严治党取得了历史性、开创性成就,产生了全方位、深层次影响,刹住了一些多年未刹住的歪风邪气,解决了许多长期没有解决的顽瘴痼疾,消除了党、国家、军队内部存在的严重隐患,自我净化、自我完善、自我革新、自我提高能力显著增强,管党治党宽松软状况得到根本扭转,风清气正的党内政治生态不断形成和发展。经过不懈努力,党找到了自我革命这一跳出治乱兴衰历史周期率的第二个答案,赢得了保持同人民群众的血肉联系、人民衷心拥护的历史主动,赢得了全党高度团结统一、走在时代前列、带领人民实现中华民族伟大复兴的历史主动。

党的二十大报告指出:"中国共产党作为世界上最大的马克思主义执政党,要始终赢得人民拥护、巩固长期执政地位,必须时刻保持解决大党独有难题的清醒和坚定。"经过党的十八大以来全面从严治党,我们解决了党内许多突出问题,但党面临的"四大考验"将长期存在,"四种危险"将长期存在。在新的历史条件下,要永葆党的马克思主义政党本色,关键还得靠中国共产党自己。在二十届中共中央政治局常委同中外记者见面时,习近平总书记郑重宣示,"新征程上,我们要始终推进党的自我革命",强调:"面对新征程上的新挑战新考验,我们必须高度警醒,永远保持赶考的清醒和谨慎,驰而不息推进全面从严治党,使百年大党在自我革命中不断焕发蓬勃生机,始终成为中国人民最可靠、最坚强的主心骨。"

党的二十大作出坚定不移全面从严治党、深入推进新时代党的建设新的伟大工程的重大部署。我们要把思想和行动统一到党的二十大精神上来,认真贯彻落实新时代党的建设总要求,健全全面从严治党体系,全面推进党的自我净化、自我完善、自我革新、自我提高,坚持和加强党中央集中统一领导,坚持不懈用习近平新时代中国特色社会主义思想凝心铸魂,完善党的自我革命制度规范体系,建设堪当民族复兴重任的高素质干部队伍,增强党组织政治功能和组织功能,坚持以严的基调强化正风肃纪,坚决打赢反腐败斗争攻坚战持久战。前进道路上,只要大力弘扬伟大建党精神,不忘初心使命,勇于自我革命,不断清除一切损害党的先进性和纯洁性的有害因素,不断清除一切侵蚀党的健康肌体的病原体,我们就一定能够确保党永远不变质、不变色、不变味,确保党在新时代坚持和发展中国特色社会主义的历史进程中始终成为坚强领导核心。

(八)倍加珍惜始终坚持"五个必由之路"

习近平总书记在党的二十大报告中要求全党必须牢记"五个必由之路",强调"这是我们在长期实践中得出的至关紧要的规律性认识,必须倍加珍惜、始终坚持,咬定青山不放松,引领和保障中国特色社会主义巍巍巨轮乘风破浪、行稳致远"。

新时代的十年,是党和国家发展进程中极不寻常、极不平凡的十年。面对影响党长期执政、国家长治久安、人民幸福安康的突出矛盾和问题,以习近平同志为核心的党中央团结带领全党全军全国各族人民义无反顾进行具有许多新的历史特点的伟大斗争,创造了新时代的伟大成就,推动我国迈上全面建设社会主义现代化国家新征程。

十年砥砺奋进,我们全面加强党的领导,坚持党中央集中统一领导是最高政治原则,确保党中央权威和集中统一领导,确保党发挥总揽全局、协调各方的领导核心作用,党的政治领导力、思想引领力、群众组织力、社会号召力显著增强,科学社会主义在 21 世纪的中国焕发出新的蓬勃生机,在世界上高高举起了中国特色社会主义伟大旗帜。

十年砥砺奋进,我们坚持和发展中国特色社会主义,推动物质文明、政治文明、精神文明、社会文明、生态文明协调发展,成功推进和拓展了中国式现代化,不断丰富和发展了人类文明新形态,为人类实现现代化提供了新的选择,实现中华民族伟大复兴进入了不可逆转的历史进程。

十年砥砺奋进,我们稳经济、促发展,战贫困、建小康,控疫情、抗大灾,应变局、化危机,攻克了一个个看似不可攻克的难关险阻,创造了一个个令人刮目相看的人间奇迹,中国人民的前进动力更加强大、奋斗精神更加昂扬、必胜信念更加坚定,焕发出更为强烈的历史自觉和主动精神。

十年砥砺奋进，我们提出并贯彻新发展理念，着力推进高质量发展，推动构建新发展格局，实施供给侧结构性改革，制定一系列具有全局性意义的区域重大战略，我国经济实力实现历史性跃升，书写了经济快速发展和社会长期稳定两大奇迹新篇章，我国发展具备了更为坚实的物质基础、更为完善的制度保证。

十年砥砺奋进，我们以"十年磨一剑"的定力推进全面从严治党，以"得罪千百人，不负十四亿"的使命担当推进史无前例的反腐败斗争，打出一套自我革命的"组合拳"。我党找到了自我革命这一跳出治乱兴衰历史周期率的答案，自我净化、自我完善、自我革新、自我提高能力显著增强，管党治党宽松软状况得到根本扭转，党在革命性锻造中更加坚强有力、更加充满活力。

"五个必由之路"这一至关紧要的规律性认识，是中国共产党团结带领人民在长期奋斗实践中得出的，是对共产党执政规律、社会主义建设规律、人类社会发展规律认识的进一步深化。回顾新时代党和人民的奋进历程，正是始终坚持"五个必由之路"，党和国家事业才能取得历史性成就、发生历史性变革。在新时代新征程上把握历史主动、赢得更加伟大的胜利和荣光，必须倍加珍惜、始终坚持"五个必由之路"。要深刻认识到，只有坚持和加强党的全面领导，把党的领导落实到党和国家事业各领域各方面各环节，才能确保我国社会主义现代化建设正确方向；只有坚持中国特色社会主义道路，坚持道不变、志不改，把国家和民族发展放在自己力量的基点上，才能把中国发展进步的命运牢牢掌握在自己手中；只有牢牢把握团结奋斗的时代要求，在党的旗帜下团结成"一块坚硬的钢铁"，心往一处想、劲往一处使，才能形成同心共圆中国梦的强大合力；只有完整、准确、全面贯彻新发展理念，实现更高质量、更有效率、更加公平、更可持续、更为安全的发展，才能为全面建成社会主义现代化强国提供更为坚实的物质技术基础；只有持之以恒推进全面从严治党，以党的自我革命引领社会革命，才能使中国共产党始终成为中国特色社会主义事业的坚强领导核心。

当前，世界百年未有之大变局加速演进，我国发展进入战略机遇和风险挑战并存、不确定难预料因素增多的时期。前进道路上，面对风高浪急甚至惊涛骇浪的重大考验，只要坚定不移坚持党的全面领导、维护党中央权威和集中统一领导，使党始终成为风雨来袭时全体人民最可靠的主心骨，我们就一定能确保拥有团结奋斗的强大政治凝聚力、发展自信心，集聚起万众一心、共克时艰的磅礴力量；只要始终不渝走中国特色社会主义道路，坚持以人民为中心的发展思想，让现代化建设成果更多更公平惠及全体人民，我们就一定能够不断实现人民对美好生活的向往，不断推进全体人民共同富裕；只要在党的领导下全国各族人民团结一心、众志成城，敢于斗争、善于斗争，增强志气、骨气、底气，全力战胜前进道路上各种困难和挑战，我们就一定能够依靠顽强斗争打开事业发展新天地，在新时代新征程创造令世人刮目相看的新的更大奇迹；只要完整、准确、全面贯彻新发展理念，加快构建新发展格局，推动高质量发展，加快实现高水平科技自立自强，我们就一定能够不断提高我国发展的竞争力和持续力，在日趋激烈的国际竞争中把握主动、赢得未来；只要大力弘扬伟大建党精神，坚守初心使命，勇于自我革命，不断清除一切损害党的先进性和纯洁性的有害因素,不断清除一切侵蚀党的健康肌体的病原体,我们就一定能够使百年大党不断焕发蓬勃生机,确保党永远不变质、不变色、不变味。

(九)形成同心共圆中国梦的强大合力

在党的二十大报告中,习近平总书记特别强调"全面建设社会主义现代化国家,必须充分发挥亿万人民的创造伟力",要求"不断巩固全国各族人民大团结,加强海内外中华儿女大团结,形成同心共圆中国梦的强大合力",号召"为全面建设社会主义现代化国家、全面推进中华民族伟大复兴而团结奋斗"。

在百年奋斗历程中,中国共产党始终坚持大团结大联合,团结一切可以团结的力量,调动一切可以调动的积极因素,最大限度凝聚起共同奋斗的力量,带领中国人民在中华民族发展史和人类社会进步史上写下了壮丽篇章。百年来,党和人民取得的一切成就都是团结奋斗的结果,团结奋斗是中国共产党和中国人民最显著的精神标识。特别是进入新时代,党和国家面临的形势之复杂、斗争之严峻、改革发展稳定任务之艰巨世所罕见、史所罕见。十年来,我们经受住来自政治、经济、意识形态、自然界等方面的风险挑战考验,党和国家事业实现一系列突破性进展,取得一系列标志性成果。新时代十年的伟大变革,是在以习近平同志为核心的党中央坚强领导下、在习近平新时代中国特色社会主义思想指引下全党全国各族人民团结奋斗取得的。十年来,党中央权威和集中统一领导得到有力保证,党总揽全局、协调各方的领导核心作用得到进一步发挥,全党思想上更加统一、政治上更加团结、行动上更加一致,党的政治领导力、思想引领力、群众组织力、社会号召力显著增强,党始终成为风雨来袭时全体人民最可靠的主心骨,为沉着应对各种重大风险挑战提供了根本政治保证。在中国共产党的坚强领导下,中国人民更加自信、自立、自强,积极性、主动性、创造性进一步激发,志气、骨气、底气空前增强,党心军心民心昂扬振奋,我国发展具备了更为坚实的物质基础、更为完善的制度保证,实现中华民族伟大复兴进入了不可逆转的历史进程。

党的二十大就新时代新征程党和国家事业发展制定了大政方针和战略部署,确定了到2035年我国发展的总体目标和未来五年的主要目标任务,擘画了以中国式现代化全面推进中华民族伟大复兴的宏伟蓝图。在新征程上向着新的奋斗目标出发,准备经受风高浪急甚至惊涛骇浪的重大考验,坚定不移把党的二十大提出的目标任务落到实处,我们要更加深刻地认识到:党的团结统一是党和人民前途和命运所系,是全国各族人民根本利益所在,在任何时候任何情况下都不能含糊、不能动摇;全党全国各族人民只有在党的旗帜下团结成"一块坚硬的钢铁",万众一心、众志成城,才能汇聚起实现民族复兴的磅礴伟力。

在二十届中共中央政治局常委同中外记者见面时,习近平总书记强调:"新征程上,我们要始终坚持一切为了人民、一切依靠人民。"人民是历史的创造者,是决定党和国家前途命运的根本力量。一路走来,中国共产党紧紧依靠人民交出了一份又一份载入史册的答卷。前进道路上,无论是风高浪急还是惊涛骇浪,人民永远是中国共产党最坚实的依托、最强大的底气。全党要坚持全心全意为人民服务的根本宗旨,坚持以人民为中心的发展思想,铸牢群众观点,贯彻群众路线,尊重人民首创精神,坚持一切为了人民、一切依靠人民,从群众中来、到群众中去,始终保持同人民群众的血肉联系,始终接受人民批评和监督,始终同人民同呼吸、共命运、心连心,想人民之所想,行人民之所嘱,不断把人民对美好生活的向往变为现实。实现中华民族伟大复兴的中国梦,需要广泛汇聚团结奋斗的正能量。要最大限度把各阶层各方面的智慧和力量凝聚起来,最大限度把全社会全民族的积极性、主动性、创造性发挥出来,共同为全面建设社会主义现代化国家、全面推进中华民族伟大复兴而团结奋斗。只要我们不断巩固和发展各民族大团结、全国人民大团结、全体中华儿女大团结,铸牢中华民族共同体意识,动员全体中华儿女围绕实现中华民族伟大复兴中国梦一起来想、一起来干,就一定能够形成同心共圆中国梦的强大合力。

团结是铁,团结是钢,团结就是力量。团结是中国人民和中华民族战胜前进道路上一切风险挑战、不断从胜利走向新的胜利的重要保证。全面建成社会主义现代化强国,总的战略安排是分两步走:从 2020 年到 2035 年基本实现社会主义现代化;从 2035 年到本世纪中叶把我国建成富强民主文明和谐美丽的社会主义现代化强国。这是中国人民和中华民族奋进新征程、书写中华文明新的辉煌篇章的伟大时代!中国人民的每一分子,中华民族的每一分子,都应该为处在这样一个伟大时代感到骄傲、感到自豪!新的伟大征程上,在以习近平同志为核心的党中央坚强领导下,坚定历史自信,增强历史主动,保持战略定力,团结一心、艰苦奋斗,风雨无阻向前行,我们一定能谱写习近平新时代中国特色社会主义更加绚丽的华章,在人类的伟大时间历史中创造中华民族的伟大历史时间!

三、新时代新征程中国共产党的历史使命

习近平总书记在党的二十大报告中指出:"从现在起,中国共产党的中心任务就是团结带领全国各族人民全面建成社会主义现代化强国、实现第二个百年奋斗目标,以中国式现代化全面推进中华民族伟大复兴。"习近平总书记在学习贯彻党的二十大精神研讨班开班式上强调:"要守好中国式现代化的本和源、根和魂,毫不动摇坚持中国式现代化的中国特色、本质要求、重大原则,确保中国式现代化的正确方向。"

(一)新时代中国共产党成功推进和拓展了中国式现代化

历史长河虽然大浪淘沙,但也昭示历史担当者的风采。近代,面对西方列强入侵带来的生存危机和发展压力,中国的仁人志士对如何在中国实现现代化不断探索、孜孜以求,然而都以失败告终。只有当中国共产党成立后,在中国共产党的领导下,中国的现代化才走上了正确的道路。新民主主义革命的胜利,为中国实现现代化创造了根本社会条件。新中国成立后,中国共产党提出"四个现代化"的发展目标,在一穷二白的基础上建立起独立的比较完整的工业体系和国民经济体系。党的十一届三中全会后,邓小平同志从国情出发提出"在中国建立一个小康社会。这个小康社会,叫做中国式的现代化",对现代化建设作出"三步走"战略安排。此后,中国共产党不断结合新的发展阶段作出新的战略安排,持续推进我的现代化进程。经过几代人接续奋斗特别是新时代的创造性、

开拓性发展,中国式现代化的理论愈益成熟、实践愈益拓展。党的二十大报告提出:"在新中国成立特别是改革开放以来长期探索和实践基础上,经过党的十八大以来在理论和实践上的创新突破,中国共产党成功推进和拓展了中国式现代化。"历史和现实充分证明,中国式现代化具有坚实的基础、科学的依据和可靠的保障,走得通、行得稳,是强国建设、民族复兴的唯一正确道路。

从理论上看,习近平总书记围绕中国式现代化作出一系列重要论述,进一步深化对中国式现代化的内涵和本质的认识,概括形成中国式现代化的中国特色、本质要求和重大原则,初步构建中国式现代化的理论体系,使中国式现代化更加清晰、更加科学、更加可感可行。习近平总书记阐明:"世界上既不存在定于一尊的现代化模式,也不存在放之四海而皆准的现代化标准"。习近平总书记强调,我们推进的现代化,要"坚持把国家和民族发展放在自己力量的基点上,把中国发展进步的命运牢牢掌握在自己手中",阐明了中国式现代化的自主性。在党的十九届五中全会上,习近平总书记梳理中国式现代化的中国特色。党的二十大报告系统总结新时代中国共产党推进现代化的宝贵经验,鲜明提出中国式现代化的中国特色、本质要求、重大原则。习近平总书记在新进中央委员会的委员、候补委员和省部级主要领导干部学习贯彻习近平新时代中国特色社会主义思想和党的二十大精神研讨班开班式上的重要讲话,深刻阐述了中国式现代化的一系列重大理论和实践问题,是对中国式现代化理论的极大丰富和发展。

从实践上看,新时代十年,以习近平同志为核心的党中央在采取一系列战略性举措、推进一系列变革性实践、实现一系列突破性进展、取得一系列标志性成果的过程中,不断推进和拓展中国式现代化。新时代十年的生动实践和伟大变革,丰富了中国式现代化的科学内涵,彰显了中国式现代化的中国特色,明确了中国式现代化的本质要求,拓宽了中国式现代化的前进道路。十年来,党在革命性锻造中更加坚强有力,为推进和拓展中国式现代化提供了最为可靠的政治保证;打赢脱贫攻坚战,历史性地解决了绝对贫困问题,为推进全体人民共同富裕的现代化奠定了坚实基础;确立"五位一体"总体布局和"四个全面"战略布局,对习近平新时代中国特色社会主义作出科学完整的战略规划和部署,极大拓宽了中国式现代化的发展路径;推动构建人类命运共同体,弘扬全人类共同价值,引领人类进步潮流,走出一条和平发展的现代化道路;等等。同时,中国共产党带领人民勇于进行具有许多新的历史特点的伟大斗争,有效防范和化解各类风险挑战,不断破解改革与稳定、公平与效率、发展与安全、开放与自主等人类现代化诸多难题,具有重大战略性、全局性意义。

(二)新时代中国共产党深刻认识新时代新征程的战略安排和目标任务

立足党和国家事业发展所处历史方位,对奋斗目标接续作出战略规划和安排,并坚持抓好落实,是中国共产党成功领导和推进现代化进程的重要经验。党的十八大着重对全面建成小康社会、实现第一个百年奋斗目标进行谋划;党的十九大对第二个百年奋斗目标作出分两个阶段推进的战略安排;党的二十大进一步对全面建成社会主义现代化强国两步走战略安排进行宏观擘画,提出到2035年我国发展的总体目标,展望到本世纪中叶把我国建设成为综合国力和国际影响力领先的社会主义现代化强国的目标,同时明确了未来五年的主要目标任务。这一系列战略安排,细化了全面建成社会主义现代化强国的时间表、路线图,展现了中华民族伟大复兴的光明前景。

深刻认识和把握党的二十大对于发展目标的战略性谋划,重在把握"全面性"。党的二十大在战略目标设定上的"全面性",同贯穿于"全面建设社会主义现代化国家""全面建成社会主义现代化强国""全面推进中华民族伟大复兴"中的"全面"要求是内在统一的。这种"全面性"体现为目标涵盖领域的广泛性,其中不仅包括"五位一体"总体布局的内容,而且包括国家安全、国防和军队建设、综合国力和国际地位等方面的目标,每个领域都有相应的发展任务;这种"全面性"体现为现代化标识的系统性,到2035年我国发展的总体目标包括基本实现新型工业化、信息化、城镇化、农业现代化以及国家治理体系和治理能力现代化、国防和军队现代化等具有标识性的现代化目标,要求建成教育强国、科技强国、人才强国、文化强国、体育强国、健康中国,美丽中国目标基本实现等,这些目标对整体推进中国式现代化发挥着重要引领作用;这种"全面性"还体现为实现目标过程的渐进性,明确了在基本实现现代化基础上到本世纪中叶把我国建设成为综合国力和国际影响力领先的社会主义现代化强国的宏伟蓝图。

党的二十大既放眼长远,又立足当前,指出未来五年是全面建设社会主义现代化国家开局起步的关键时期,提出未来五年的主要目标任务,体现了由远及近、以近启远、远近呼应的周密部署,在未来五年目标任务和2035年我国发展的总体目标的设定上,既保持连续性,又体现发展性。比如,未来五年构建新发展格局和建设现代化经济体系取得重大进展,2035年建成现代化经济体系,形成新发展格局;未来五年科技自立自强能力显著提升,2035年实现高水平科技自立自强;未来五年国家治理体系和治理能力现代化深入推进,2035年基本实现国家治理体系和治理能力现代化;未来五年中国特色社会主义法治体系更加完善,2035年基本建成法治国家、法治政府、法治社会;未来五年基本公共服务均等化水平明显提升,2035年基本公共服务实现均等化;未来五年美丽中国建设成效显著,2035年美丽中国目标基本实现;等等。这种战略安排和目标设定上的一体化、递进式特点,体现了中国共产党治国理政的鲜明特点。只要坚持一张蓝图绘到底、一棒接着一棒跑,全面建成社会主义现代化强国的宏伟蓝图必将一步一步变成现实。

(三)新时代中国共产党深刻领会前进道路上必须牢牢把握的重大原则

习近平总书记在十九大报告中强调:"中华民族伟大复兴,绝不是轻轻松松、敲锣打鼓就能实现的。"立足中华民族伟大复兴战略全局和世界百年未有之大变局,党的二十大科学判断时与势,辩证把握危与机,鲜明提出前进道路上必须牢牢把握的五条重大原则,即坚持和加强党的全面领导、坚持中国特色社会主义道路、坚持以人民为中心的发展思想、坚持深化改革开放、坚持发扬斗争精神。这是中国共产党总结百年奋斗历史经验、把握我国发展时代特征和战略安排提出的重大原则,是党团结带领人民在新征程上有效应对各种风险挑战、创造新的历史伟业的根本遵循。

把握这些重大原则,要深刻认识"五个坚持"重大原则与习近平总书记关于"五个必由之路"的重要论述是内在一致、有机贯通的。"五个坚持"重大原则和"五个必由之路"，共同体现了党在百年奋斗实践特别是习近平新时代中国特色社会主义伟大实践中得出的至关紧要的规律性认识，对于新时代党和国家事业发展具有根本性意义，必须牢牢把握、长期坚持。同时，"五个坚持"重大原则与党的十九大、党的十九届六中全会提出的"十个明确""十四个坚持""十三个方面成就"以及"十个方面历史经验"也具有紧密的内在联系，抓住了党的创新理论成果、实践成果、历史经验中的重点和关键，体现了中国共产党对共产党执政规律、社会主义建设规律、人类社会发展规律的深刻认识和准确把握。

"五个坚持"重大原则具有深刻的理论内涵和明确的实践要求。坚持和加强党的全面领导，为全面建设社会主义现代化国家提供根本政治保证；坚持中国特色社会主义道路，郑重宣示新征程上举什么旗、走什么路；坚持以人民为中心的发展思想，才能推动实现全体人民共同富裕的现代化；坚持深化改革开放，为现代化建设提供源源不断的动力和活力；坚持发扬斗争精神，锻造战胜前进道路上一切风险挑战的强大精神力量和坚强意志品质。把握好、落实好这些重大原则，要联系正在发生深刻变化的国际环境，联系新时代极不寻常、极不平凡的奋斗历程和伟大变革，联系党的二十大报告作出的十二个方面的战略部署，全面提升党员领导干部的政治能力、担当精神、专业素养、斗争本领，以守正创新的历史自觉、踔厉奋发的历史主动踏上实现第二个百年奋斗目标新征程。

总之，以中国式现代化全面推进中华民族伟大复兴，充分彰显党的初心使命，深刻展现中国共产党人的宏大战略谋划和强烈历史担当。习近平总书记关于中国式现代化的重要论述是习近平新时代中国特色社会主义思想的重要组成部分，是马克思主义中国化时代化的重要成果，也是对世界现代化理论的重大创新突破。中国式现代化不仅是实现中华民族伟大复兴的正确道路，而且创造了人类文明新形态，开辟了发展中国家走向现代化的新路径，不断为开创人类更加美好的未来贡献中国智慧、中国方案、中国力量。

思考题

1. 党的二十大报告主题是什么？
2. 新时代新征程中国共产党的历史使命是什么？
3. 国家发展新质生产力的内容有哪些？

2025 年两会精神的核心要义

> 新时代新征程,必须深刻把握中国式现代化对教育、科技、人才的需求,强化教育对科技和人才的支撑作用,进一步形成人才辈出、人尽其才、才尽其用的生动局面。
>
> ——习近平在看望参加全国政协十四届三次会议的民盟、民进、教育界委员并参加联组会时的重要讲话

2025 年全国两会在我国发展的关键节点召开,会议所传达出的精神为我国下一阶段的发展指明了方向,蕴含着关乎国家长远利益和人民幸福生活的核心要义。在国内外形势复杂多变的当下,深刻领会并贯彻落实两会精神,对于我国积极应对各种挑战,把握发展机遇,扎实推进中国式现代化建设进程,具有不可替代的重要作用。

一、高质量发展与民生保障的政策导向

(一)高质量发展的内涵与重要性

1.高质量发展的多维解读

高质量发展是一种全面、协调、可持续的发展理念,它超越了传统单纯追求经济增长

速度的模式,更加注重发展的质量和效益。

从经济层面来看,意味着从粗放型向集约型转变,依靠创新驱动、提高全要素生产率,实现产业结构的优化升级,提高产品和服务的附加值。例如,传统制造业通过引入先进的数字化技术,实现智能化生产,降低成本的同时提升产品质量,增强市场竞争力。

从社会层面来看,高质量发展强调社会的公平与和谐,致力于创造更多高质量的就业机会,让不同群体都能在发展中受益,同时完善社会保障体系,提升公共服务的均等化水平,增进人民群众的获得感、幸福感和安全感。近年,我国大力推进教育公平,通过城乡教师交流轮岗、教育资源共享等举措,缩小城乡教育差距,使更多孩子能享受到优质教育资源。

从生态层面来看,高质量发展要求与自然环境和谐共生,遵循绿色发展原则,减少对环境的破坏,加强资源的循环利用,积极应对气候变化,实现经济发展与生态保护的双赢。例如,一些城市大力发展公共交通、推广新能源汽车,减少汽车尾气排放,改善空气质量。

2.高质量发展在当前阶段的重要意义

当前,全球经济格局面临深刻调整,贸易保护主义抬头,科技竞争日益激烈。我国正处于经济结构转型的关键时期,传统发展模式面临诸多挑战,如资源环境约束加剧、产业竞争力不足等。高质量发展成为应对这些挑战,提升我国经济韧性和国际竞争力的必然选择。同时,高质量发展也是满足人民对美好生活的向往的内在要求,只有实现高质量发展,才能提供更优质的就业、更好的教育医疗、更舒适的居住环境等,推动社会全面进步。

(二)高质量发展的具体政策导向

1.推动经济结构优化升级

(1)培育壮大新兴产业。

人工智能领域:政府持续加大对人工智能基础研究的资金投入,引导高校、科研机构与企业建立紧密合作。例如,清华大学、中国科学院等与百度、科大讯飞等企业联合开展科研项目,聚焦人工智能算法优化、模型训练等关键技术环节。同时,出台产业扶持政策,鼓励人工智能在多行业的应用拓展。在医疗领域,人工智能辅助诊断系统能够快速准确地分析医学影像,辅助医生发现早期病变,提高诊断效率;在交通行业,智能交通管理系统利用人工智能技术实现交通流量实时监测与调控,缓解拥堵状况,提升出行效率。

商业航天方面:降低民营企业准入门槛,通过税收优惠、项目补贴等方式吸引众多创新型企业参与。例如,星河动力的"谷神星一号"火箭多次成功发射,为我国商业卫星组网奠定基础。截至2025年,我国计划构建多个低轨卫星星座,提供全球通信、高精度导航定位、地球观测等多样化服务,不仅拓展我国航天产业的商业版图,也在国际航天市场中占据重要地位。

低空经济领域:各地积极规划低空飞行区域,完善空域管理机制,建设低空飞行服务站。以深圳为例,开展无人机物流配送试点,利用无人机在城市复杂环境中灵活穿梭的优势,实现小件物品的快速配送,提高物流效率,降低人力成本,同时探索空中游览、应急救援等多元化应用场景。

（2）传统产业智能化改造。

工业领域：通过财政补贴、税收减免等政策鼓励企业进行智能化改造。海尔卡奥斯工业互联网平台作为典型代表，已接入数万家企业，为其提供设备联网、生产管理、供应链协同等一站式解决方案。中小企业借助该平台，实现生产流程数字化，生产效率大幅提高，生产成本显著降低。在钢铁行业，大型企业如宝钢、鞍钢利用大数据、物联网技术，对炼铁、炼钢、轧钢等生产环节精准控制，优化工艺流程，实现节能减排，产品质量也达到国际先进水平，提升了我国钢铁产业在全球市场的竞争力。

消费品行业：众多企业开展个性化定制服务，如家电企业根据消费者在线提交的个性化需求，利用柔性生产系统实现定制化生产。服装企业通过3D虚拟试衣等技术，让消费者提前看到试穿效果，再进行定制生产，提高了消费者满意度，增加了产品附加值，推动产业从传统大规模生产向定制化、差异化方向转型。

（3）强化区域协调发展。

京津冀协同发展：北京加快疏解非首都功能，将一般性制造业、区域性专业市场等有序向周边地区转移。雄安新区高标准建设持续推进，承接北京的高校、科研机构、央企总部等资源，打造绿色创新智能的现代化城市样板。天津依托港口优势和制造业基础，加强与北京、雄安在产业协同、科技创新、生态环保等领域合作，形成优势互补、协同共进的发展格局。例如，天津滨海新区与北京中关村合作建设科技园区，促进科技成果转化与产业化。

长三角一体化：上海发挥龙头带动作用，提升金融、贸易、航运等领域的国际化水平，加强与江苏、浙江、安徽的产业协同创新。在集成电路产业，上海拥有先进的芯片设计和制造企业，江苏在半导体材料、封装测试环节优势明显，安徽积极布局相关产业，通过区域内产业链上下游协同合作，打造完整的集成电路产业集群。同时，长三角生态绿色一体化发展示范区积极推进公共服务一体化，居民可跨区域享受优质教育、医疗资源，区域内生态环境得到统一治理保护，河流湖泊水质不断改善。

粤港澳大湾区建设：香港、澳门与珠三角九市深度融合，香港凭借国际金融、贸易、航运中心地位，为大湾区企业提供国际化金融服务和贸易通道；澳门发挥旅游休闲、会展等优势，打造世界旅游休闲中心。珠三角地区在科技创新、高端制造方面发力，深圳涌现出华为、腾讯等高科技企业，广州在汽车制造、生物医药等领域基础深厚，通过资源要素自由流动和优化配置，大湾区正成为全球科技创新高地和现代化产业集群。例如，深港科技创新合作区搭建跨境科研合作平台，促进科研人员、资金、技术等要素跨境流动，加速科技创新成果产出。

成渝双城经济圈：成渝地区双城经济圈加快交通基础设施建设，成渝中线高铁等重大项目有序推进，构建起内畅外联的交通网络。围绕智能网联新能源汽车、电子信息、高端装备制造等产业协同发展，联合打造多个产业园区。例如，重庆的长安汽车与成都相关零部件企业紧密合作，共同研发生产新能源汽车，带动上下游产业集聚，提升区域产业竞争力，成为西部地区高质量发展的重要增长极。

（4）绿色低碳转型。

碳排放权交易市场扩容：将钢铁、水泥、化工等重点碳排放行业逐步纳入全国碳排放权交易市场，通过市场机制激励企业节能减排。企业为了减少碳排放配额购买成本，积极投入资金进行节能改造，采用清洁能源替代传统能源，研发应用低碳生产技术。例如，部分钢铁企业安装高效节能设备，利用余热余压发电，提高能源利用效率，减少二氧化碳排放，同时也推动了相关节能技术和设备制造产业的发展。

新能源产业发展：在"沙戈荒"地区大规模布局新能源基地，利用广袤土地和丰富的风能、太阳能资源，建设集中式光伏电站、风力发电场等。青海、甘肃等地的"沙戈荒"新能源项目不断增多，所产生的清洁能源通过特高压输电线路输送到东部用电负荷中心，优化了全国能源布局。海上风电也向深远海拓展，广东、福建、江苏等沿海省份不断研发应用更大单机容量、更高效率的海上风机，提高海上风电发电量，减少对传统化石能源的依赖，助力海洋经济绿色发展。

循环经济模式推广：在城市层面，完善垃圾分类回收体系，建设现代化垃圾焚烧发电厂、再生资源回收处理中心等。上海通过精细化的垃圾分类，实现垃圾减量化、资源化、无害化处理，可回收物经加工再生成新产品重新进入市场，厨余垃圾转化为有机肥料用于农业生产，有害垃圾得到安全处置。在工业领域，企业加强废弃物循环利用，电子企业对废旧电子产品拆解回收贵金属等有价值材料，化工企业对废气、废水进行回收处理再利用，降低生产成本，提高资源利用效率，实现绿色可持续发展。

（5）数字经济赋能实体经济。

制造业数字化转型：数字孪生技术在制造业广泛应用，企业构建虚拟工厂模型，对生产流程、设备运行等进行实时模拟和优化。例如，三一重工的智能工厂借助数字孪生技术，实现设备远程监控、故障预警和智能维护，提高设备利用率和生产效率，产品质量稳定性也得到增强。同时，工业互联网平台促进产业链上下游企业间的协同生产、供应链优化，提高产业整体竞争力。

农业智慧化发展：通过在农田安装传感器等设备，实现对土壤、水分、病虫害等情况的实时监测。农民依据监测数据精准施肥、灌溉、喷洒农药，提高农产品产量和质量。一些大型农业企业利用大数据分析市场需求，进行精准种植和养殖，实现农产品的精准销售，降低市场风险，推动农业现代化发展。

服务业新业态涌现：电商行业持续创新发展，直播电商、社交电商等新模式兴起，拓宽了农产品、特色手工艺品等销售渠道，促进了消费升级。在线教育打破时空限制，让优质教育资源能够覆盖更广泛的人群，满足不同群体的学习需求。远程医疗使患者在基层医疗机构就能获得大城市专家的诊疗服务，缓解了医疗资源分布不均的问题，提升了医疗服务的可及性和效率。

2. 提升开放型经济水平

稳外贸政策持续发力：加大对出口企业的支持力度，通过出口退税政策调整、贸易便利化措施等，帮助企业降低成本，提高出口竞争力。例如，提高部分高新技术产品的出口退税率，鼓励企业扩大高新技术产品出口；优化海关通关流程，推行"单一窗口"申报，实现货物快速通关,减少企业物流时间和成本。同时,加强与"一带一路"沿线国家和地区的贸易合作,拓展新兴市场,降低对传统欧美市场的依赖,构建多元化的国际市场格局。

稳外资举措不断完善:进一步优化外商投资环境,放宽外资准入限制,在金融、电信、医疗等服务业领域扩大开放试点。例如,允许更多外资银行在国内设立分支机构,开展人民币业务;鼓励外资企业参与我国医疗养老服务设施建设,引进先进的管理经验和医疗技术。加强知识产权保护,完善外资投诉协调机制,保障外资企业合法权益,吸引更多全球优质资本、技术和人才流入我国,提升我国在全球产业链、供应链中的地位。

推动自由贸易试验区高质量发展:各自由贸易试验区积极开展制度创新试验,探索贸易投资自由化便利化新举措。上海自贸试验区在金融开放创新方面先行先试,推出跨境人民币双向资金池、自由贸易账户等创新业务,为企业跨境投资、融资提供便利;海南自贸试验区在贸易、投资、跨境资金流动、人员进出等方面实施更加开放的政策,打造具有国际竞争力的税收制度,建设高水平的中国特色自由贸易港,发挥对外开放的窗口和试验田作用,为全国开放型经济发展积累经验。

3.深化重点领域改革

要素市场化配置改革:推进土地、劳动力、资本、技术、数据等要素市场化改革,建立健全统一开放、竞争有序的要素市场体系。在土地要素方面,探索农村集体经营性建设用地入市改革,提高土地资源利用效率,增加农民财产性收入。劳动力要素方面,打破户籍、地域等限制,完善劳动力市场供求信息发布机制,促进劳动力合理流动和高效配置。资本要素方面,深化资本市场改革,完善多层次资本市场体系,提高直接融资比重,拓宽企业融资渠道,降低企业杠杆率。技术要素方面,加快建设全国技术交易市场,完善技术转移转化机制,促进科技成果转化为现实生产力。数据要素方面,加强数据资源的开发利用和保护,探索数据要素市场的交易规则和定价机制,推动数据要素参与分配,释放数据要素的价值。

国资国企改革:优化国有经济布局和优化结构调整,推动国有资本向重要行业和关键领域集中,增强国有经济的控制力、影响力和抗风险能力。加快国有企业混合所有制改革步伐,鼓励民营企业、外资企业等通过多种方式参与国有企业改革,实现不同所有制资本取长补短、相互促进、共同发展。完善国有企业现代公司治理结构,建立健全市场化经营机制,提高国有企业的运营效率和创新能力,使其更好地发挥在国民经济中的主导作用。

财税体制改革:完善财政预算管理制度,提高财政资金使用效益,加强财政绩效管理,对财政资金的分配、使用和效果进行全过程跟踪评价。优化税收制度,推进增值税、消费税等税种改革,完善个人所得税制度,加强税收征管信息化建设,提高税收征管效率,营造公平竞争的税收环境,为经济社会发展提供稳定的财政保障。

(三)民生保障的政策导向与实践路径

1.就业优先战略的扎实推进

(1)稳定和扩大就业规模。

针对高校毕业生:教育部、人社部等多部门联合开展"高校毕业生就业促进专项行动",举办大规模线上线下招聘会,搭建就业服务平台,汇聚海量企业岗位信息,通过智能匹配算法,为毕业生精准推送就业岗位。同时,提供就业指导课程,涵盖职业规划、简历制作、面试技巧等内容,帮助毕业生提升就业能力。例如,每年举办的"春风行动"招聘会,吸引众多知名企业参与,提供从制造业到服务业、从传统行业到新兴产业的各类岗位,满足不同专业毕业生的就业需求。

针对退役军人:建立完善的就业安置和培训体系,各地设立退役军人就业创业服务中心,根据市场需求和个人特长,为退役军人提供免费的职业技能培训,开设汽车维修、电子商务、烹饪等实用技能培训课程,帮助他们掌握一技之长。举办退役军人专场招聘会,邀请各类企业参与,提供优先录用退役军人的岗位,同时,政府部门还通过政策引导,鼓励企业吸纳退役军人就业,保障退役军人顺利融入社会就业。

针对农民工群体:加强劳务输出地与输入地的对接,开展"点对点"劳务输送服务,在春节等农民工集中返岗时期,组织专车、专列等,保障农民工按时、安全返岗就业。在城市中,规范企业用工行为,保障农民工劳动权益,督促企业按时足额支付工资,合理安排劳动时间,改善劳动条件,同时鼓励企业吸纳农民工就业,拓宽农民工就业渠道,提高农民工就业质量。

(2)提升就业质量与优化就业结构。

职业技能培训体系优化:构建覆盖全民、贯穿终身的职业技能培训体系,推行"1+X"证书制度,鼓励劳动者在获得学历证书的同时,考取多个职业技能等级证书,增强就业竞争力。职业院校与企业深度合作,将企业岗位技能要求融入课程教学,学生在校期间可参加相关职业技能鉴定考试,获取如电工、钳工、计算机编程等技能证书,毕业后能更快适应工作岗位需求。利用互联网技术搭建线上职业技能培训平台,整合丰富的课程资源,劳动者可根据自身时间和需求,随时随地学习,打破传统培训的时空限制,提高培训的覆盖面和效率。

灵活就业保障机制健全:随着数字经济发展,灵活就业群体规模不断扩大,包括网约车司机、外卖骑手、网络主播等。为保障其权益,国家出台政策明确平台企业与灵活就业人员之间的劳动关系认定标准,规范平台企业用工行为,要求平台企业为灵活就业人员提供必要的劳动保障,如购买工伤保险等。各地建设"劳动者港湾""骑手之家"等服务站点,为灵活就业人员提供休息、充电、饮水等便利服务,改善工作环境,同时,加强对灵活就业人员的就业服务指导,帮助他们更好地规划职业生涯,提高收入水平。

2.社会保障体系的完善与拓展

养老保险制度深化改革:持续提高城乡居民基础养老金最低标准,建立与物价、工资增长挂钩的动态调整机制,确保老年人基本生活水平随经济社会发展同步提高。进一步完善企业年金、职业年金制度,鼓励企业和职工积极参与,通过税收优惠等政策引导,提高企业年金覆盖率,增强职工养老保障的补充性收入。推进个人税收递延型商业养老保险试点工作,扩大试点范围,增加产品种类,为居民提供更多养老选择,满足不同群体多样化的养老需求。

医疗保障体系持续优化:医保目录动态调整更加频繁,将更多疗效好、价格合理的新药纳入报销范围,通过医保谈判机制,降低药品价格,减轻患者用药负担。例如,部分抗癌靶向药经过医保谈判后价格大幅下降,并纳入医保报销,使众多癌症患者能够用得起药、看得起病。深化医保支付方式改革,全面推行按病种付费、按疾病诊断相关分组(DRG)付费、按床日付费等多元复合式医保支付方式,激励医疗机构控制医疗成本。

3.住房保障工作的扎实开展

加大保障性租赁住房供给:各地积极探索多种途径增加保障性租赁住房房源,一方面利用集体经营性建设用地、闲置厂房、商业办公用房等非居住存量房屋进行改建,另一方面通过新建等方式,重点解决新市民、青年人等群体的住房困难问题。例如,在一些大城市的产业园区周边,将闲置的工业厂房改造为保障性租赁住房,按照小户型、低租金的标准进行设计和出租,方便园区内职工居住,大大缩短了通勤时间,降低了生活成本。同时,政府根据不同地区的市场情况制定合理的租金标准,一般按照同地段市场租金的一定比例收取,确保租金水平在保障对象可承受范围之内,让他们能够安居乐业。

推进老旧小区改造:老旧小区改造工作全面铺开,不仅对房屋外立面、道路、管网等基础设施进行更新改造,还注重完善小区的养老、托育、健身、停车等配套服务设施。通过加装电梯,解决了老年人上下楼不便的问题;建设社区养老服务中心,为老年人提供日间照料、健康护理等服务;打造社区托育点,满足年轻家庭的育儿需求;增加停车位数量,缓解居民停车难的困扰;设置健身器材和休闲广场,丰富居民的业余生活。这些改造举措让老旧小区焕发出新的生机与活力,提升了居民的居住品质和幸福感。

4.教育公平与质量提升的协同推进

基础教育均衡发展:持续加大对农村、偏远地区和薄弱学校的支持力度,实施"特岗教师计划""城乡教师交流轮岗"等措施,优化师资配置。每年选派大量优秀的应届毕业生和骨干教师到农村学校任教,他们带去了先进的教学理念、教学方法和教学资源,同时,通过开展线上线下的教师培训、教学研讨等活动,提升农村教师的专业素养和教学水平。此外,还加强了教育信息化建设,通过"互联网+教育"模式,实现优质教育资源的共享,让农村孩子也能同步享受到城市优质学校的课程、讲座等教育资源,缩小城乡、区域和校际的教育差距,为每个孩子提供公平而有质量的教育起点。

高等教育内涵式发展:高校积极优化专业设置,根据市场需求和国家战略发展需要,建立专业动态调整机制,对那些就业前景不佳、与社会发展脱节的专业进行调整或淘汰,同时加大对新兴学科、交叉学科的建设力度。例如,随着人工智能、大数据、生物医药等领域的快速发展,众多高校纷纷开设相关专业,并与企业深度合作,共建实验室、实习基地,开展产学研联合培养项目,让学生在学习理论知识的同时,能够参与到实际的科研项目和企业实践中,提高他们的实践动手能力、创新思维能力和就业竞争力,培养出适应时代发展需求的高素质创新型人才,提升我国高等教育的整体实力和国际影响力。

5.健康中国行动的深入落实

加强基层医疗卫生服务体系建设:加大对乡镇卫生院、社区卫生服务中心等基层医疗机构的投入,改善医疗设施设备条件,配备先进的诊疗仪器,建设标准化的病房、诊室等。充实基层医疗卫生人才队伍,通过实施"定向医学生培养计划"等方式,吸引更多优秀医学人才到基层工作,为他们提供良好的职业发展空间、优惠的政策待遇,如提高基层工作补贴、优先职称评定等。同时,加强基层医务人员的培训,提升他们的医疗服务水平,使基层医疗机构能够更好地为居民提供基本医疗和公共卫生服务,实现小病在基层、大病到医院的合理就医格局,缓解大医院的就医压力。

强化公共卫生体系建设:完善疾病预防控制体系,加强传染病监测预警、应急处置等能力建设,建立健全分级分层分流的重大疫情救治机制。在全国范围内建设更多的生物安全实验室,提高对传染病病原体的检测、研究能力;储备充足的应急医疗物资,包括口罩、防护服、疫苗、药品等,确保在突发公共卫生事件发生时能够迅速调配使用;加强公共卫生信息化建设,实现疫情信息的实时监测、分析和共享,提高应对突发公共卫生事件的响应速度和处置效率。例如,在新冠肺炎疫情防控过程中,我国不断总结经验教训,进一步完善公共卫生相关制度和机制,加强疫苗研发、生产和接种工作,筑牢群体免疫屏障,保障人民群众的生命健康安全。

二、科技创新与产业升级的顶层设计

(一)科技创新的时代使命与战略价值

1.科技创新驱动经济发展的核心作用

在当今全球经济竞争日益激烈、科技革命加速演进的时代背景下,科技创新已然成为推动经济发展的核心动力。它能够催生新的产业形态,创造全新的经济增长点,引领产业结构向高端化、智能化、绿色化方向转型升级。以信息技术领域为例,互联网的诞生和普及催生出了电子商务、数字金融、在线教育、远程办公等一系列新兴产业,彻底改变了传统的商业模式和人们的生活方式,同时也带动了物流、支付、云计算等相关产业的蓬勃发展,创造了巨大的经济效益。再如,新能源技术的不断创新使得太阳能、风能等清洁能源的利用成本逐渐降低,应用范围日益广泛,推动了能源产业的绿色转型,为全球应对气候变化和实现可持续发展提供了有力支撑。

2.科技创新保障国家安全的关键意义

科技创新对于维护国家安全同样具有至关重要的作用。在军事领域,先进的武器装备研发、军事通信技术、卫星导航系统等都依赖于科技创新,这些技术的突破能够增强国家的国防实力,确保国家在复杂的国际安全环境中具备足够的战略威慑力。在信息安全方面,随着数字化程度的不断提高,网络攻击、数据泄露等安全威胁日益严峻,自主研发的网络安全技术、加密算法以及国产操作系统、芯片等关键技术产品,能够有效抵御外部的技术渗透和信息窃取,保障国家的信息主权和关键基础设施安全。此外,在生物安全、资源安全等领域,科技创新也在疾病防控、资源勘探开发与高效利用等方面发挥着不可替代的作用。

3.科技创新改善民生福祉的重要体现

科技创新为提升人民群众的生活质量带来了诸多便利和福祉。在医疗健康领域,基因检测技术能够提前发现潜在的遗传疾病风险,精准医疗借助靶向治疗药物和个性化的治疗方案,大大提高了疾病的治愈率;智能医疗器械如可穿戴健康监测设备,可以实时跟踪人们的健康状况,为疾病预防和早期诊断提供依据。在交通出行方面,自动驾驶技术的发展有望提高交通安全性和通行效率,高铁技术的不断创新让人们的出行更加快捷舒适。智能家居系统让人们能够通过手机等终端设备远程控制家电、照明、安防等设备,打造更加便捷、舒适、智能化的生活环境,这些都充分彰显了科技创新对民生改善的积极影响。

(二)国家战略科技力量的布局与强化

1.重大科技基础设施建设的加速推进

我国高度重视重大科技基础设施建设,将其作为提升原始创新能力的重要支撑。"十四五"期间及2025年前后,一批标志性的重大科技基础设施陆续建成并投入使用。例如,位于贵州的"中国天眼"(FAST)射电望远镜,凭借其超大口径和高灵敏度,在探索宇宙起源、寻找外星生命迹象、观测脉冲星等方面发挥着独特作用,已经取得了众多重大科研成果,为我国乃至全球的天文学研究提供了强大的观测平台。

上海的硬X射线自由电子激光装置,能够产生高亮度、短脉冲的X射线,为材料科学、生命科学、物理学等多学科领域的研究提供了前所未有的高精度探测手段,科学家可以利用它观察物质内部的微观结构和动态变化过程,有助于突破诸多学科前沿问题,催生新的科学发现和技术创新。

同时,在量子信息领域,我国正在建设多个量子科学实验平台,如量子通信骨干网、量子计算实验平台等,旨在实现远距离、高安全的量子通信以及可实用化的量子计算能力,推动量子技术在金融、政务、国防等关键领域的应用,抢占全球量子科技竞争的制高点。

2.基础研究投入的持续加大与优化

认识到基础研究是科技创新的源头活水,我国不断加大对基础研究的投入力度,2025年基础研究经费投入占研发经费比重目标进一步提高,旨在夯实科技创新的根基。政府通过设立各类基础研究专项基金,如国家自然科学基金、国家重点基础研究发展计划(973计划)等,引导高校、科研机构以及企业聚焦量子计算、脑科学、基因编辑、新材料等前沿基础领域开展深入研究。

高校作为基础研究的重要力量,积极优化学科布局,加强对数学、物理、化学等基础学科的建设,鼓励教师开展自由探索式的科研工作,培养基础研究人才。例如,北京大学、清华大学等顶尖高校在数学基础理论研究方面汇聚了一批顶尖学者,他们在代数几何、数论等领域取得了一系列国际领先的研究成果,为我国相关应用学科的发展提供了坚实的理论支撑。

科研机构则围绕国家重大战略需求,集中力量攻克关键基础科学问题。中国科学院在生命科学领域开展了大规模的基因组学、蛋白质组学等基础研究项目,为我国生物医药产业的创新发展奠定了基础;在物理学领域,对高温超导、量子物理等前沿问题的研究不断取得突破,推动了我国在能源、通信等相关产业的技术进步。

企业也日益重视基础研究,一些大型科技企业如华为、阿里巴巴等纷纷设立基础研究实验室,投入大量资金吸引全球顶尖科研人才,开展与自身业务相关的基础技术研究。华为的 2012 实验室聚焦于通信技术、人工智能、芯片等基础领域的研究,为其在 5G 通信、智能手机等产品的核心竞争力提升提供了有力的技术支持,同时也在一定程度上推动了我国相关产业的整体发展。

3. 产学研协同创新机制的完善与深化

为了加速科技成果从实验室向市场的转化,我国不断完善产学研协同创新机制,促进高校、科研机构与企业之间的深度合作。政府通过出台政策引导,建立了多种形式的产学研合作平台,如产业技术创新联盟、协同创新中心等。

以新能源汽车产业为例,清华大学、同济大学等高校在电池技术、自动驾驶算法等方面有着深厚的科研积累,它们与比亚迪、蔚来、小鹏等企业紧密合作,共同开展科研项目攻关。高校为企业提供前沿的技术理论支持,企业则将实际生产和市场需求反馈给高校,双方联合培养专业人才,实现人才培养与产业需求的精准对接。通过这种协同创新模式,我国新能源汽车产业在电池续航里程、智能驾驶功能等关键技术指标上取得了显著进步,产品在全球市场的竞争力不断增强。

在生物医药领域,中国药科大学、上海药物研究所等高校和科研机构与恒瑞医药、药明康德等企业建立了长期合作关系,共同进行新药研发。科研机构负责药物靶点的发现、药物分子设计等基础研究工作,企业则承担药物的临床试验、生产和市场推广等环节,大大缩短了新药研发周期,提高了研发成功率,推动我国生物医药产业不断创新发展,为保障人民群众的健康提供了更多优质的药物选择。

(三)产业升级的路径与策略

1. 传统产业改造升级的实践探索

制造业智能化改造:我国制造业正加速向智能化迈进,通过引入工业互联网、大数据、人工智能等新一代信息技术,对传统生产流程进行全方位改造。例如,在机械制造行业,沈阳机床集团利用工业互联网平台,实现了机床设备的联网监控和远程运维,能够实时收集设备运行数据,通过大数据分析提前预测设备故障,进行精准维护,有效提高了设备的利用率和生产效率。同时,利用人工智能技术对生产工艺进行优化,实现了零部件加工精度的大幅提升,产品质量更加稳定可靠,使得我国高端机床产品在国际市场上的竞争力不断增强。

传统能源产业绿色转型:面对全球应对气候变化的大趋势,传统能源产业积极探索绿色转型之路。煤炭行业加快推进煤炭清洁高效利用技术研发与应用,通过煤炭洗选、配煤、煤炭气化等技术手段,降低煤炭燃烧过程中的污染物排放,提高煤炭的能源利用效率。同时,大力发展煤制油、煤制气等现代煤化工产业,将煤炭转化为清洁的液体燃料和合成气,拓展煤炭的应用领域,减少对传统化石能源的依赖。石油石化行业则加强对二氧化碳捕集、利用与封存(CCUS)技术的研发与应用,在炼油、化工生产过程中捕集二氧化碳,并将其用于驱油、生产化工产品等,实现二氧化碳的资源化利用,降低产业的碳排放强度,助力我国实现碳达峰碳中和目标。

传统服务业数字化升级:传统服务业在数字经济的浪潮下焕发出新的活力,实现了数字化转型。以商贸流通业为例,传统零售企业纷纷开展线上线下融合的新零售模式,通过搭建电商平台、利用大数据分析消费者购物行为,实现精准营销、个性化推荐等服务,同时优化线下门店布局和购物体验,打造全渠道的购物模式。在金融服务业,各大银行加速数字化转型,推出手机银行、网上银行等数字化服务渠道,利用人工智能技术开展智能客服、风险防控等业务,提高金融服务的效率和便捷性,降低运营成本,拓展服务范围,更好地满足了不同客户群体的金融需求。

2.新兴产业培育与发展的战略举措

人工智能产业拓展应用场景:我国人工智能产业在技术研发取得突破的基础上,积极拓展应用场景,实现产业规模的快速扩张。在工业制造领域,人工智能被广泛应用于质量检测环节,通过图像识别、深度学习等技术,能够快速准确地检测出产品表面的瑕疵、尺寸偏差等质量问题,替代了传统人工检测方式,提高了检测效率和精度,降低了人力成本。在医疗领域,人工智能辅助诊断系统不断升级,除了对常见疾病的影像诊断外,还在疾病预测、治疗方案推荐等方面发挥作用,例如,利用患者的病历数据、基因数据等进行综合分析,为医生提供更科学合理的治疗决策参考,提高医疗服务质量。在城市管理方面,智能交通系统利用人工智能技术实现交通流量实时监测、信号灯智能调控、拥堵路段动态疏导等功能,有效缓解城市交通拥堵问题,提升城市运行效率。

生物经济产业创新发展:生物经济作为新兴产业呈现出蓬勃发展的态势,在生物医药、生物农业、生物制造等多个领域取得了显著成果。在生物医药领域,我国加快创新药研发步伐,以免疫治疗、基因治疗等为代表的前沿疗法不断涌现,越来越多的国产创新药进入临床试验阶段并获批上市,为癌症、罕见病等疑难病症的治疗提供了新的解决方案。在生物农业方面,通过基因编辑技术培育出具有抗病虫害、高产、优质等优良性状的农作物新品种,提高了农业生产效率和农产品质量,减少了农药、化肥的使用量,实现了绿色可持续发展。在生物制造领域,利用微生物发酵、生物合成等技术生产生物基材料、生物燃料等产品,替代传统的石油基产品,降低对化石资源的依赖,推动产业向绿色低碳方向转型。

数字经济产业构建生态体系:我国数字经济产业持续快速发展,围绕数字产业化和产业数字化两条主线构建起完善的生态体系。在数字产业化方面,芯片、操作系统、数据库等基础软件和硬件产业不断取得突破,华为海思、中芯国际等企业在芯片设计和制造领域加大研发投入,提升国产芯片的性能和自给率;麒麟操作系统、统信UOS操作系统等国产操作系统逐步在政务、金融等关键领域推广应用,打破国外操作系统的垄断。在产业数字化方面,各行各业积极开展数字化转型,工业互联网平台成为制造业数字化转型的关键支撑,汇聚了海量的工业数据和应用服务,实现了产业链上下游企业间的协同创新和资源共享;农业数字化平台为农产品生产、销售、物流等环节提供全程数字化服务,提高了农业产业的整体效益;服务业数字化平台涵盖了电商、在线教育、远程医疗等多个领域,丰富了服务供给,提升了服务质量和效率。

3.未来产业前瞻布局与抢占先机

量子科技产业谋篇布局:量子科技作为极具潜力的未来产业,我国已在多个方面进行了积极的谋篇布局。在量子计算领域,我国科研团队不断攻克技术难题,研发出具有更高性能的量子计算机原型机,如合肥本源量子发布的多比特超导量子计算机,其计算能力在某些特定问题上已远超传统计算机,有望在密码学、材料科学、药物研发等复杂计算领域带来革命性突破。在量子通信方面,我国构建了全球首个星地一体的广域量子通信网络"京沪干线",并开展了多项量子保密通信应用试点,为金融、政务等领域提供了高安全等级的通信保障,未来还将进一步拓展量子通信网络覆盖范围,实现全球量子通信组网,抢占量子通信产业的国际制高点。

商业航天产业加速崛起:商业航天产业在我国呈现出加速崛起的态势,众多民营企业纷纷涌入这一领域,推动了我国航天产业的多元化发展。民营火箭公司如蓝箭航天、星际荣耀等在液氧甲烷发动机、固体火箭等关键技术领域取得重要突破,研发的火箭产品具备低成本、高可靠性等特点,逐步实现了商业卫星的自主发射能力。同时,卫星应用产业蓬勃发展,高分辨率遥感卫星、通信卫星等为国土资源监测、气象预报、广播电视、互联网接入等领域提供了更加精准高效的服务,随着卫星星座组网计划的推进,我国商业航天产业有望在全球市场中占据重要份额,形成万亿级的产业规模。

氢能与储能产业积极培育:面对能源转型的需求,我国积极培育氢能与储能产业。在氢能方面,加快氢能产业链的布局,从制氢、储氢、运氢到加氢站建设以及氢燃料电池汽车的研发推广等环节全面发力。通过利用可再生能源电解水制氢等绿色制氢方式,提高氢能的清洁性;研发高性能的储氢材料和容器,解决氢气的安全高效储存问题;建设加氢站网络,保障氢燃料电池汽车的加氢需求。在储能产业,加大对锂电池、液流电池、飞轮储能等多种储能技术的研发和应用推广力度,提高电力系统的灵活性和稳定性,实现可再生能源的平滑接入和消纳,为构建新型电力系统提供关键支撑,推动我国能源产业向绿色、低碳、可持续方向发展。

(四)科技成果转化的关键环节与促进措施

1.完善技术转移转化服务体系

为了打通科技成果转化的"最后一公里",我国着力构建完善的技术转移转化服务体系。一方面,加快建设国家技术转移机构网络,在各地设立了众多专业化的技术转移中心、生产力促进中心等,这些机构汇聚了大量的技术经纪人、专利代理人等专业人才,他们具备深厚的技术背景和市场洞察力,能够在科研机构、高校与企业之间牵线搭桥,促进科技成果的供需对接。例如,中关村技术转移中心凭借其在首都地区丰富的高校和科研资源优势,每年促成数百项高新技术成果从实验室走向市场,涉及电子信息、生物医药、新材料等多个领域,为企业的技术升级和创新创业提供了有力支撑。

同时,积极搭建线上技术交易平台,整合全国范围内的科技成果、专利技术、企业技术需求等信息资源,通过大数据分析和智能匹配算法,提高技术交易的效率和精准度。

像科易网等知名的线上技术交易平台,已汇聚了海量的科技项目和技术服务资源,覆盖了全国各地不同行业的企业和科研机构,为它们提供了便捷的技术展示、交易洽谈、合同签订等一站式服务,有效降低了技术交易的成本和信息不对称性。

2.加强中试熟化平台建设

中试环节是科技成果从实验室走向产业化应用的关键过渡阶段,我国高度重视中试熟化平台的建设。在重点产业领域和科技创新聚集区,布局建设了一批高水平的中试基地,配备了先进的中试生产设备、检测仪器以及专业的技术团队,为科技成果的放大试验、工艺优化、产品定型等提供了良好的条件。

以生物医药产业为例,上海张江药谷的中试基地汇聚了各类先进的制药设备,涵盖了从药物合成、细胞培养、制剂生产到质量检测等全流程的中试服务,能够帮助科研团队将实验室研发的新药候选化合物快速转化为符合药品生产质量管理规范(GMP)要求的临床样品,大大缩短了新药研发周期,提高了新药研发成功率。在新材料领域,北京怀柔综合性国家科学中心建设的新材料中试平台,为新型高性能复合材料、半导体材料等的中试研发提供了专业的环境,通过模拟实际生产工艺条件,对材料的性能、稳定性等进行反复测试和优化,加速了这些新材料从实验室成果向产业化产品的转化进程。

3.强化科技金融对成果转化的支持

科技金融在推动科技成果转化过程中发挥着不可或缺的作用,我国通过多种举措强化科技金融对这一过程的支持力度。首先,设立了各类科技成果转化专项基金,政府引导金融机构、社会资本等共同参与,重点投向处于种子期、初创期的科技型中小企业,为这些企业的科技成果转化项目提供资金支持。例如,国家中小企业发展基金通过参股子基金等方式,将资金投向了众多具有创新潜力但缺乏资金的科技企业,助力它们将研发成果转化为实际产品推向市场,其中不少企业在获得资金支持后实现了快速发展,成为行业内的新兴力量。

同时,完善资本市场对科技企业的融资服务功能,科创板、创业板等资本市场板块不断优化制度安排,放宽对科技企业的盈利要求等上市条件,为处于不同发展阶段的科技企业提供了多元化的直接融资渠道。像中芯国际等集成电路领域的高科技企业通过在科创板上市,募集了大量资金用于先进制程芯片的研发和生产线建设,推动了我国集成电路产业的技术进步和产业升级;众多生物医药企业也借助资本市场的力量,加快了新药研发和产业化进程,为解决人民群众的医疗健康问题贡献了力量。

此外,鼓励金融机构创新金融产品和服务模式,开展知识产权质押贷款、科技保险等业务,帮助科技企业盘活无形资产,降低科技成果转化过程中的风险。例如,一些银行针对拥有自主知识产权的科技企业推出了知识产权质押贷款产品,以企业的专利、商标等知识产权作为质押物,为企业提供信贷资金支持,解决了企业在成果转化阶段面临的资金瓶颈问题;科技保险则为科技企业在研发、生产、销售等环节面临的技术风险、市场风险等提供了保障,增强了企业开展科技成果转化的信心和动力。

三、青年发展与教育改革的重点举措

(一)青年发展在国家建设中的重要地位与作用

1.青年是推动经济社会发展的有生力量

青年群体具有创新思维活跃、学习能力强、对新事物接受度高等特点,在当今快速发展的时代背景下,他们成了推动经济社会持续发展的重要力量。在科技创新领域,众多青年科技人才凭借扎实的专业知识和敢于突破的创新精神,在人工智能、量子计算、生物医药等前沿科技领域崭露头角,成为科研团队中的核心力量,为我国抢占全球科技竞争制高点贡献着智慧和力量。例如,在一些高校和科研机构的人工智能实验室里,年轻的研究人员主导开发了先进的算法模型,应用于图像识别、自然语言处理等方面,取得了显著的科研成果,并推动相关技术在安防、智能客服、智能交通等众多行业的应用,创造了巨大的经济价值。

在创新创业方面,青年更是主力军。随着"大众创业、万众创新"政策的深入推进,越来越多的青年怀揣创业梦想,投身到各类新兴产业和传统产业的创新升级中。他们凭借敏锐的市场洞察力,发现新的商业机会,利用互联网、大数据等新技术,打造出一个个具有创新性的商业模式和产品。例如,许多青年创业者创办的电商直播公司,通过直播带货的形式,拓宽了农产品、手工艺品等特色产品的销售渠道,不仅助力了乡村振兴,也带动了就业和消费,为经济发展注入了新的活力。

2.青年是传承和弘扬优秀文化的关键群体

青年作为社会中最具活力和创造力的群体,在传承和弘扬中华优秀传统文化以及社会主义先进文化方面发挥着关键作用。他们通过各种创新的方式,让传统文化在新时代焕发出新的生机与活力。在文化创意产业领域,青年创意人才将传统文化元素与现代设计理念相结合,开发出了一系列深受大众喜爱的文创产品,如故宫博物院推出的以故宫文物为灵感的文创周边,包括文具、服饰、饰品等,这些产品不仅在国内市场广受欢迎,还走向了国际舞台,传播了中华优秀传统文化。

同时,青年也是网络文化传播的主体力量,他们借助社交媒体、短视频平台等网络新媒体,积极传播正能量的文化内容,讲好中国故事,展现中国的发展成就和文化魅力。例如,一些青年博主通过制作精美的短视频,介绍中国的传统节日、民俗风情、历史古迹等,吸引了大量国内外网友的关注和点赞,提升了中华文化的影响力和传播力。

3.青年是参与社会治理与建设和谐社会的积极参与者

青年具有强烈的社会责任感和参与意识,积极投身到社会治理的各个环节中,为构建和谐社会贡献力量。在社区建设方面,越来越多的青年志愿者参与到社区服务活动中,他们为老年人提供生活照料、健康关怀等服务,组织开展青少年课外辅导、文化娱乐等社区公益活动,增强了社区的凝聚力和居民的归属感。例如,在一些城市的老旧小区改造过程中,青年志愿者积极参与意见征集、宣传动员等工作,协调居民之间的利益关系,助力改造工作顺利推进,提升了小区居民的生活品质。

在环境保护、公益慈善等社会领域,青年同样发挥着重要作用。许多青年环保组织积极开展垃圾分类宣传、植树造林、河流保护等环保活动,倡导绿色生活方式,提高公众的环保意识;青年公益团体通过网络众筹、公益项目策划等方式,为贫困地区的儿童教育、医疗救助等筹集善款和物资,传递爱心,帮助弱势群体,促进了社会的公平与和谐。

(二)教育改革的总体思路与目标导向

1.适应时代需求,培养全面发展的高素质人才

当今时代,科技发展日新月异,社会对人才的需求也发生了深刻变化。教育改革的首要目标就是要适应这种变化,培养出具备创新精神、实践能力、社会责任感以及良好人文素养和身心健康的全面发展的高素质人才。在基础教育阶段,注重培养学生的综合素质,通过课程改革,将科学、艺术、体育等课程与语文、数学等主科课程并重,引导学生广泛涉猎不同领域的知识,激发他们的学习兴趣和创造力。例如,一些学校开展了丰富多彩的校本课程和社团活动,涵盖机器人编程、书法绘画、足球篮球等多种项目,让学生在兴趣中学习,在实践中锻炼能力,促进学生的全面发展。

在高等教育阶段,强调培养学生的创新思维和实践动手能力。高校不断优化课程体系,增加实践教学环节的比重,鼓励学生参与科研项目、学科竞赛、创新创业实践等活动。比如,许多高校设立了大学生创新创业训练计划项目,支持学生开展自主创业实践,学生们在项目中锻炼了团队协作能力、问题解决能力,将所学理论知识应用到实际中,提高了自身的综合素质,为将来步入社会、投身工作或继续深造打下坚实的基础。

2.促进教育公平,缩小城乡、区域和校际差距

教育公平是社会公平的重要基础,我国教育改革始终将促进教育公平作为重要目标之一。为了缩小城乡、区域和校际的教育差距,政府采取了一系列有力措施。在师资配置方面,持续实施"特岗教师计划""城乡教师交流轮岗"等政策,鼓励优秀教师到农村、偏远地区和薄弱学校任教,同时加强对这些地区教师的培训,提升教师整体素质。例如,每年有大量的应届毕业生通过"特岗教师计划"投身到乡村教育事业中,他们带去了先进的教学理念和方法,改善了乡村学校的教学质量,让农村孩子也能享受到优质的教育资源。

在教育资源配置上,加大对农村、贫困地区学校的投入,改善办学条件,加强教育信息化建设。通过"互联网＋教育"模式,实现优质教育资源的共享,让偏远地区的学生可以通过网络同步学习名校的课程、观看优秀教师的教学视频等。例如,一些在线教育平台免费为贫困地区学校提供课程资源,开展远程教学辅导,使这些地区的学生能够跨越地域限制,接触到更广泛、更优质的学习内容,在一定程度上弥补了教育资源的差距。

3.服务国家战略,优化学科专业布局

教育改革紧密围绕国家战略需求,对学科专业布局进行动态优化调整。随着我国加快推进科技创新、产业升级以及应对全球性挑战等战略任务,高校和职业院校不断加强对新兴学科、交叉学科以及紧缺专业的建设。在科技创新领域,加大对人工智能、量子计算、基因编辑等前沿学科的投入,培养相关专业人才,为我国在这些关键技术领域的突破

提供人才支撑。例如,多所高校设立了人工智能学院,开设了人工智能相关专业课程,与企业合作建立实习基地,培养出了一批既懂理论又能实践的人工智能专业人才,满足了行业快速发展对人才的需求。

在产业升级方面,根据制造业智能化改造、新能源产业发展、数字经济等产业趋势,调整和增设相应的专业。如开设工业互联网工程、新能源材料与器件、大数据管理与应用等专业,使培养出的学生能够直接对接产业岗位需求,促进产学研深度融合,提高人才培养的针对性和实用性,为国家产业高质量发展提供有力的人力保障。

(三)青年发展的重点支持举措

1.完善青年就业创业服务体系

就业服务精准化与个性化:为了帮助青年更好地就业,各地人社部门和就业服务机构不断完善就业服务体系,实现服务的精准化与个性化。通过建立青年人才数据库,详细记录青年的学历、专业、技能、就业意向等信息,利用大数据分析技术,为青年精准推送符合其需求的岗位信息。同时,提供一对一的就业指导服务,包括职业规划咨询、简历修改、面试技巧培训等,帮助青年提升就业竞争力。例如,一些城市的青年就业服务中心为高校毕业生开设了"就业直通车"服务,根据毕业生所学专业和就业期望,直接对接相关企业的招聘需求,安排面试机会,并在面试前后提供专业的指导和建议,提高毕业生的就业成功率。

创业扶持全方位助力:针对青年创业群体,政府出台了一系列全方位的扶持政策。设立了专门的青年创业基金,为有创业想法但缺乏资金的青年提供低息或无息贷款,缓解创业初期的资金压力。例如,"中国青年创业就业基金会"每年都会向众多青年创业项目提供资金支持,助力他们迈出创业的第一步。同时,建设了一批青年创业园区和众创空间,为青年创业者提供免费或低成本的办公场地、设备设施等创业硬件条件,还配套提供创业辅导、项目孵化、政策咨询等一站式服务。例如,中关村创业大街汇聚了众多创新创业服务机构,每年孵化出大量由青年创办的高科技企业,成为青年创业的热门聚集地。

搭建青年就业创业交流平台:积极搭建各类青年就业创业交流平台,促进青年之间以及青年与企业、专家之间的信息共享和经验交流。定期举办青年就业创业论坛、项目路演、招聘会等活动,让青年能够了解最新的就业形势、行业动态和市场需求,同时展示自己的创业项目,寻找投资合作机会。例如,"创青春"中国青年创新创业大赛已成为全国知名的青年创业赛事,吸引了众多青年创业团队参与,通过比赛不仅为青年创业者提供了展示平台,还促进了创业项目与资本、市场的对接,推动了优秀创业项目的落地实施。

2.加强青年心理健康与思想道德建设

心理健康关怀与干预机制:随着社会竞争压力的增大,青年群体面临的心理健康问题日益凸显,对此,我国高度重视青年心理健康工作,构建了完善的心理健康关怀与干预机制。在学校层面,大中小学普遍设立了心理健康教育中心,配备专业的心理健康教师,按照一定比例配备心理辅导室等设施,为学生提供心理咨询、心理测评、心理健康课程等服务。例如,一些高校的心理健康教育中心定期开展心理健康普查,及时发现存在心理问题的学生,并为他们提供一对一的心理咨询和辅导,必要时进行心理危机干预,保障学生的心理健康。

思想道德教育与时俱进:加强青年思想道德建设是培养社会主义建设者和接班人的重要环节,我国不断推进思想道德教育与时俱进,创新教育方式方法。通过将社会主义核心价值观融入课堂教学、社会实践、校园文化等各个环节,引导青年树立正确的世界观、人生观、价值观。例如,在中小学开展主题班会、红色故事演讲比赛等活动,让学生在参与中深入理解社会主义核心价值观的内涵;在高校组织学生参观爱国主义教育基地、开展志愿服务等社会实践活动,增强学生的社会责任感和爱国情怀,使思想道德教育更加贴近青年实际,富有感染力和实效性。

3. 助力青年社会融入与参与社会治理

促进青年社会融入的多元途径:为了帮助青年更好地融入社会,各地采取了多种途径和措施。在城市建设中,注重打造青年友好型城市空间,建设了一批集文化、娱乐、社交、学习等功能于一体的青年活动中心、城市书房、青年驿站等场所,为青年提供了丰富多样的社交和休闲活动空间,满足青年的精神文化需求,增强青年对城市的归属感和认同感。例如,杭州的"运河青年公园"设有电竞馆、攀岩墙、共享办公空间等,吸引了大量青年前来参与活动,成为青年社交互动的热门场所。

鼓励青年参与社会治理的创新举措:积极鼓励青年参与社会治理,通过多种创新举措为青年提供参与平台。一些地方推行"青年议事厅"制度,邀请青年代表参与社区事务讨论、城市规划决策等,听取青年的意见和建议,发挥青年的智慧和力量。例如,在老旧小区加装电梯的过程中,通过"青年议事厅"组织青年居民与其他居民共同协商解决方案,青年们利用自己的专业知识和创新思维,提出了许多合理且可行的建议,推动了加装电梯工作的顺利进行,同时也提升了青年参与社会治理的积极性和责任感。

(四)教育改革的具体实践路径

1. 深化基础教育课程改革

优化课程设置与内容更新:基础教育课程改革聚焦于优化课程设置,使其更加符合学生的成长规律和时代发展需求。一方面,加强了综合课程的建设,将不同学科知识进行有机整合,培养学生的综合思维能力。例如,在小学阶段开设科学综合课程,将物理、化学、生物等基础知识融合在一起,通过有趣的实验、观察等活动,让学生在轻松愉快的氛围中学习科学知识,提高科学素养。另一方面,及时更新课程内容,将最新的科技成果、社会热点问题等融入教材,使学生所学知识与现实生活紧密联系。比如,在初中道德与法治教材中增加了关于网络文明、环境保护等当下热点话题的内容,引导学生关注社会、培养正确的价值观。

教学方法创新与评价体系改革:积极推进教学方法创新,倡导启发式、探究式、讨论式、参与式教学,改变传统的"满堂灌"教学模式,激发学生的学习兴趣和主动性。教师在课堂上更多地引导学生自主思考、提出问题、合作探究,培养学生的创新思维和实践能力。例如,在语文课堂上,教师组织学生分组讨论经典文学作品中的人物形象和主题思想,让学生各抒己见,然后进行总结归纳,使学生对作品的理解更加深入。同时,改革教学评价体系,建立多元化的评价方式,除了传统的考试成绩外,更加注重学生的学习过程、实践能力、创新精神等方面的评价。例如,通过学生的课堂表现、作业完成情况、小组项目参与度等多维度进行综合评价,全面、客观地反映学生的学习效果,促进学生的全面发展。

2. 推进职业教育产教融合发展

专业设置与产业需求对接:职业教育紧密围绕产业需求进行专业设置,建立了产业、行业、企业、职业、专业"五业联动"的动态调整机制。通过深入调研市场需求和产业发展趋势,及时调整和优化专业设置,淘汰落后专业,新增与新兴产业、紧缺岗位匹配的专业。例如,随着智能制造产业的快速发展,职业院校纷纷开设工业机器人技术、智能控制技术等相关专业,培养出大量适应产业智能化升级需求的技能型人才。同时,与企业合作开展专业共建,共同制定专业人才培养方案、课程标准等,确保专业教学内容与企业实际工作岗位要求紧密结合。例如,某职业院校与当地一家汽车制造企业合作共建汽车检测与维修专业,根据企业提供的岗位技能清单,在课程中融入了企业最新的汽车检测技术、故障诊断方法以及维修工艺流程等内容,使学生所学知识技能与企业实际需求实现"无缝对接"。

(1)实训基地建设与实践教学强化。

大力加强实训基地建设,打造校内校外相结合的实践教学平台。在校内,投入大量资金建设高标准的实训中心,配备先进的生产性实训设备,模拟真实的企业生产环境,让学生在校园内就能进行实际操作训练。例如,一些机电类职业院校的实训中心引进了工业级的数控机床、自动化生产线等设备,学生可以在这里进行零件加工、设备调试等实操练习,熟悉企业生产流程和操作规范。在校外,与众多行业龙头企业、优质中小企业建立紧密的校企合作关系,共建校外实训基地,安排学生进行顶岗实习,让学生在真实的工作场景中积累实践经验,提高职业技能和职业素养。如酒店管理专业的学生到五星级酒店进行顶岗实习,参与酒店的客房服务、餐饮接待等实际工作,将课堂所学知识运用到实际工作中,同时也能了解酒店行业的最新服务理念和管理模式,毕业后能够快速适应工作岗位要求。

(2)"双师型"教师队伍培养与引进。

高度重视"双师型"教师队伍建设,通过多种途径培养和引进既具备扎实理论知识又拥有丰富实践经验的教师。一方面,鼓励在职教师参加企业实践锻炼,定期安排教师到企业挂职锻炼,参与企业的生产、研发、管理等工作,了解行业最新技术和企业实际用人需求,回校后将实践经验融入教学过程中。例如,某职业院校每年都会选派一批骨干教师到合作企业进行为期半年的挂职锻炼,教师们在企业参与新产品研发项目,掌握了前沿技术,回来后及时更新教学内容,改进教学方法,提高了教学质量。另一方面,积极从企业引进技术骨干、能工巧匠担任兼职教师,充实教师队伍。这些兼职教师将企业一线的实际案例、操作技巧等带入课堂,为学生传授最实用的专业技能和职场经验,使教学更加贴近实际工作需求,增强了职业教育的针对性和实用性。

3.推动高等教育内涵式发展

(1)学科建设与特色发展。

高等教育注重学科建设的质量和特色,各高校根据自身的历史传承、学科优势以及区域发展需求,确定重点建设学科,打造学科特色和品牌。在"双一流"建设背景下,高校通过整合资源、汇聚人才、加强科研平台建设等方式,提升学科的整体实力和核心竞争力。例如,某综合性大学凭借其在基础学科领域深厚的积淀,重点建设数学、物理、化学等优势学科,加大对学科领军人才的引进力度,建设高水平的实验室和科研创新平台,在基础研究方面取得了一系列国际领先的科研成果,提升了学校在国内外学术界的影响力。同时,一些行业特色型高校围绕自身所处行业领域,优化学科布局,突出行业特色学科优势。例如,某石油类高校聚焦石油与天然气工程学科,在油气勘探、开采、储运等方面开展深入研究,与国内外石油企业紧密合作,为行业培养了大量高素质专业人才,成为我国石油行业人才培养和技术创新的重要基地。

(2)人才培养模式创新与质量提升。

不断创新人才培养模式,以适应社会对多样化、高素质人才的需求。推行大类招生培养模式,学生入学后先进行宽口径的基础课程学习,然后根据个人兴趣、专业特长以及市场需求,在大类范围内选择具体专业方向进行深入学习,拓宽了学生的专业选择空间,有利于培养复合型人才。例如,某高校的工科试验班按照大类招生,涵盖了机械工程、电子信息工程、自动化等多个专业方向,学生在大一、大二阶段学习公共基础课程和工科大类基础课程,到大三时再根据自己的意愿和成绩选择具体专业,这样学生可以更好地了解不同专业的特点和发展前景,做出更合适的专业选择。此外,加强实践教学环节,构建从课程实验、课程设计、实习实训到毕业设计等多层次的实践教学体系,提高学生的实践动手能力和创新思维能力。许多高校与企业建立了产学研合作育人机制,通过共建实习基地、联合培养研究生、开展科研项目合作等方式,让学生在实践中锻炼成长,提升人才培养质量。

(3)科研创新与社会服务能力增强。

高校积极发挥科研创新优势,聚焦国家重大战略需求和国际前沿科学问题,开展高水平的科研工作。鼓励教师和科研团队承担国家重点研发计划、国家自然科学基金等重大科研项目,加强攻关关键核心技术,努力产出具有重大影响力的科研成果。例如,在芯片制造领域,一些高校科研团队与企业联合开展科研攻关,攻克了芯片设计、制造工艺等方面的部分关键技术难题,为我国集成电路产业的自主可控发展提供了技术支持。同时,高校强化社会服务意识,积极推动科研成果转化与应用,为地方经济社会发展提供智力支持和技术服务。通过与地方政府、企业合作建立产业技术研究院、科技成果转化中心等平台,将高校的科研成果在企业中进行转化推广,实现科技与经济的深度融合。例如,某农业高校将其研发的农作物新品种、高效种植技术等成果推广到周边农村地区,帮助农民提高农业生产效益,助力乡村振兴,充分发挥了高校在服务社会方面的重要作用。

四、三大核心要义之间的内在联系与协同发展

(一)高质量发展与民生保障的相互促进

1. 高质量发展为民生保障奠定坚实基础

高质量发展所带来的经济增长和产业升级,能够创造更多高质量的就业岗位,提高居民收入水平。例如,随着新兴产业如人工智能、生物医药等的蓬勃发展,吸纳了大量高技能、高素质人才就业,不仅拓宽了就业渠道,还使得从业者的薪资待遇普遍较高。同时,高质量发展推动了财政收入的增加,政府有更多的资金投入到社会保障、教育、医疗等民生领域,改善民生保障水平。像在一些经济发达地区,由于产业发展良好,地方财政充裕,能够加大对老旧小区改造、保障性住房建设的投入,提升居民的居住条件;也可以提高教育资源配置的标准,建设更多优质学校,为学生提供更好的教育环境。

而且,高质量发展注重绿色低碳转型,改善了生态环境质量,这直接关乎人民群众的生活品质和健康福祉。例如,城市中新能源汽车的推广使用、工业企业的绿色改造等举措,使得空气质量得到提升,减少了环境污染对居民身体健康的负面影响,让人们能够享受到更加宜居的生活环境。

2. 民生保障为高质量发展提供动力支撑

完善的民生保障体系能够让劳动者没有后顾之忧,安心投入工作和创新创业中,从而提高劳动生产率,促进经济发展。例如,良好的医疗保障可以使劳动者在生病时得到及时有效的治疗,尽快恢复健康并返回工作岗位;健全的养老保障制度让人们对未来的老年生活有信心,能够更积极地参与当下的经济活动。

教育公平和质量提升是民生保障的重要内容,它为高质量发展培养了大量高素质的人才。从基础教育阶段培养出具有扎实基础知识和良好综合素质的学生,到高等教育、职业教育为产业发展输送专业技能人才和创新型人才,为科技创新、产业升级等高质量发展的关键环节提供了坚实的人力基础。例如,职业院校培养出的熟练技术工人满足了制造业智能化改造过程中对一线操作工人的技能要求;高校培养的科研人才推动了前沿科技领域的研究突破,助力新兴产业的崛起。

(二)科技创新与产业升级的良性互动

1. 科技创新驱动产业升级

科技创新通过研发新技术、新产品、新服务,能够催生新的产业形态,推动传统产业向高端化、智能化、绿色化方向转型升级。例如,互联网技术的发展催生了电子商务、数字金融等新兴产业,改变了传统的商业模式和消费方式;人工智能技术在制造业中的应用,实现了生产过程的智能化控制、质量检测的自动化,提升了制造业的生产效率和产品质量,推动传统制造业向智能制造迈进。

同时,科技创新能够提高产业的核心竞争力,帮助企业在全球产业链中占据更有利

的位置。例如,我国在5G通信技术方面的创新突破,使得国内相关通信企业在全球5G设备市场中拥有较大的市场份额,带动了上下游产业的协同发展,提升了整个通信产业的国际竞争力。

2.产业升级倒逼科技创新

产业升级过程中,企业面临着日益激烈的市场竞争和不断提高的生产经营要求,这就促使它们加大对科技创新的投入,寻求技术突破来解决生产中的实际问题、满足市场需求。例如,随着消费者对新能源汽车续航里程、充电速度等性能要求的不断提高,汽车企业纷纷加大在电池技术、自动驾驶技术等方面的研发投入,与科研机构、高校合作开展联合攻关,推动了新能源汽车相关技术的快速发展。

产业升级还会引导科技创新的方向,使科研资源更加聚焦于产业发展的关键技术和核心环节。例如,在高端装备制造产业升级过程中,对于高精度加工技术、高性能材料等方面的需求迫切,这就吸引了大量科研力量围绕这些方向开展研究,加速了相关技术的创新和突破,进而又进一步推动产业向更高水平升级。

(三)青年发展与教育改革、高质量发展、科技创新的有机融合

1.教育改革为青年发展提供成长路径

教育改革通过优化课程设置、创新教学方法、完善评价体系等举措,致力于培养全面发展、适应时代需求的高素质青年人才。在基础教育阶段,注重培养青年的基础知识、创新思维和综合素质,为他们后续的学习和发展奠定坚实基础。例如,丰富多样的校本课程和社团活动让青年学生能够发现自己的兴趣爱好,锻炼各种能力。

高等教育和职业教育的改革则为青年提供了不同的发展方向和职业选择。高等教育培养青年的学术研究能力和创新精神,为他们进入科研领域、从事高端专业技术工作等创造条件;职业教育注重培养青年的实践动手能力和职业技能,使他们能够快速适应产业岗位需求,成为各行各业的技术骨干。例如,职业院校的学生通过产教融合的培养模式,毕业后能够直接进入对应的企业工作,实现从学校到职场的顺利过渡。

2.青年发展助力高质量发展、科技创新与产业升级

青年凭借其创新思维、学习能力和勇于探索的精神,成为高质量发展、科技创新与产业升级的重要推动力量。在高质量发展的各个领域,青年积极参与创新创业,创造出新的商业模式和产品,带动就业和消费,促进经济增长。例如,许多青年创业者在互联网、文化创意等领域打造出具有创新性的项目,为经济发展注入新的活力。

在科技创新方面,青年科技人才是科研团队中的主力军,他们在前沿科技领域不断钻研、勇于突破,为我国攻克关键核心技术、提升自主创新能力贡献力量。像在人工智能、量子计算等领域,众多年轻的科研人员取得了显著的科研成果,推动了这些领域的快速发展。

同时,青年也是产业升级的积极参与者,他们带着新的理念和技能进入传统产业或新兴产业,促进产业的数字化、智能化转型。例如,在制造业中,青年工人更容易掌握智能化生产设备的操作和维护技术,推动企业生产效率提升和产业升级换代。

思考题

1.企业怎样借助国家战略科技力量布局实现自身产业升级？谈谈见解。

2.青年从自身角度,怎样通过实践提升在国家建设多方面的能力与影响力?

3.面对协同发展挑战,从政策、资源分配、个体参与层面应采取哪些保障措施?

专题四　Chapter 4

中国经济行稳致远

> 高质量发展，就是能够很好满足人民日益增长的美好生活需要的发展，是体现新发展理念的发展。
>
> ——习近平《推动我国经济高质量发展》

2024 年以来，中国经济总体平稳、稳中有进，高质量发展扎实推进，主要目标任务顺利实现，中国式现代化迈出新的坚实步伐。在全球经济增长动能不足的背景下，中国经济在战胜挑战中发展，在风雨洗礼中成长，在历经考验中壮大，成为世界经济版图中的一道独特风景，发展成绩令人鼓舞，社会信心有效提振。

▌一、筑牢中国经济行稳致远的信心根基

2024 年，中国经济答卷来之不易。尽管存在一些周期性和结构性挑战，但我国经济顶住压力、克服困难，特别是 9 月国家部署一揽子增量政策实施以来，经济持续向好态势不断巩固，沿着高质量发展大道前行的步伐更加坚实。

1.高质量发展扎实推进

(1)经济发展势头足。

读懂大国经济，既要看形，更要看势。看增量，2024 年国内生产总值增速为 5.0%。

对于中国这样规模的经济体来说，相当于一年增长一个中等经济体。拉长时间轴看，2024年中国国内生产总值134.9万亿元，首次突破130万亿元，约为2014年的2倍，约为2004年的8倍。从其他宏观指标来看，就业形势总体稳定，居民消费价格总体平稳，居民收入继续增加，城镇化率继续提高，货物进出口较快增长，工业生产增势较好。全年粮食总产量首次迈上1.4万亿斤新台阶，快递年业务量首次突破1700亿件，全国铁路年度旅客发送量首次突破43亿人次大关……一个个"首次"振奋人心，彰显着中国经济的旺盛活力和巨大潜力。

（2）经济发展亮点多。

我国新质生产力稳步发展，高技术产业投资和高技术制造业增加值增速大幅领先整体水平，集成电路、太阳能电池等产品产量保持两位数增长。2024年我国在全球的创新指数排名跃升至第11位，是拥有全球百强科技创新集群最多的国家。全国各地推进创新发展取得新进展：在深圳，科技赋能"低空经济"；在青岛，创新助力"海上粮仓"；在上海，银发族跨越"数字鸿沟"；在宁夏，数字化塑造乡村新貌。我们又迎来19个崭新职业的诞生：云网智能运维员、智能网联汽车测试员等来自数字经济的蓬勃发展；储能电站运维管理员、电能质量管理员等来自绿色转型的全面加速；滑雪巡救员、文创产品策划运营师等来自文旅事业的活力奔涌……每一个新职业背后，都是一池活水、一方新天。

（3）经济发展贡献大。

中国坚定不移办好自己的事，推动经济持续回升向好，向着中国式现代化广阔前景奋力前行，并以"同舟共济"的精神，为实现和平发展、互利合作、共同繁荣的世界各国现代化作出贡献。在世界经济增速连续放缓的背景下，中国经济增速在世界主要经济体中名列前茅，也继续是世界经济增长的重要动力源。2024年以来，中国全面取消制造业领域外资准入限制措施，首次在全国范围内对跨境服务贸易建立负面清单管理制度，共建"一带一路"连山接海，广交会、进博会、服贸会际会风云，开放指数升幅位居全球前列（见图4-1）。

中国是150多个国家和地区的主要贸易伙伴，长期保持全球第二大外资流入国地位。一项项扩大开放的务实举措中，"中国开放的大门不会关闭，只会越开越大"的趋势更加清晰。

图4-1　第七届中国国际进口博览会

2.困难与挑战积极应对

经济向上向好的同时,我国发展面临的复杂性、挑战性和严峻性多年未有。

(1)外部压力加大。

全球仍面临不确定因素,对于2025年全球经济增速,国际货币基金组织预测为3.2%,联合国贸易和发展组织预计为2.7%。少数国家搞"脱钩断链""小院高墙",保护主义、单边主义、霸权主义持续抬头,并与地缘政治冲突交织,加大了世界经济运行的不确定性。如果全球贸易限制持续增加,进口价格将被推高,进一步增加企业生产成本。此外,中东地区冲突一旦升级将威胁石油供应安全,导致油价上涨并推高通胀。

(2)内部困难增多。

我国经济正处在转变发展方式、优化经济结构、转换增长动力的关键期,生产结构、需求结构、产品结构、商业模式等正在进行深度调整,这一过程必然带来阵痛。例如,由于竞争激烈,不少企业通过价格优势来保持现有规模优势,尽可能提高效率、降低成本,给资金链的稳定、供应链的高效运转带来不少考验。国际政治经济形势复杂严峻、国内有效需求不足等因素影响,一些企业订单不足。又如,随着产业升级持续推进,新旧动能转换带来的挤压难以避免。一方面,新兴产业的发展对传统产业造成一定冲击和替代,部分传统产业市场规模在缩小;另一方面,技术变革加速,企业既面临调整的阵痛,又必须投身创新的竞速。当前我国经济所面临的困难,是前进中的问题、发展中的烦恼,是我国跃上更高台阶必然要经历的过程。针对这些问题,党中央坚持从国情出发,提出新战略,实施新举措,不断在解决困扰中国经济长期增长的困难挑战方面取得重要突破。

3.支撑性优势唱响信心

难走的是上坡路。虽然当前中国经济形势错综复杂,但综合来看,经济长期向好的支撑条件和基本趋势没有变。我国经济基础稳、优势多、韧性强、潜能大,深刻把握并利用好、巩固好、发展好这些重要条件和趋势,是我国经济有效应对各种挑战、基本面长期向好的关键和保障。

(1)基础稳。

主要是经济发展的底盘稳。我国是超大规模经济体,拥有巨大的经济体量、市场容量和产业配套能力,内部经济和外向经济可实现良性互动的双循环,这是我国经济行稳致远的重要保证。例如,县域经济承担着经济大循环承上启下的重要作用,是中国经济增长潜力最大的底盘。新时代以来,县域经济蓬勃发展,中国经济增长的底盘越来越厚实。2022年,中国县域经济总量达46.7万亿元。2023年,江苏昆山GDP超过5 000亿元,电子信息产业发达;浙江义乌被誉为"世界超市",人均可支配收入接近8.4万元;河南鹿邑化妆品产业占据全国"半壁江山"。随着县域经济快速发展,农民工就地就近流向县域就业创业的趋势愈发明显,2012年到2022年底,全国返乡入乡创业人员累计达1 220万人,带动乡村就业超过3 400万人。

(2)优势多。

主要是我国既有大国经济共有的规模优势、市场优势、人才优势、创新优势,又有党的领导和社会主义市场经济体制的独特制度优势。这些优势是我国经济具有较强综合实力和国际竞争力的原因所在。例如,2024 年我国 16~59 岁劳动年龄人口平均受教育年限已提升至 11.21 年,人才资源总量、科技人力资源总量、研发人员总量均居全球首位。我国每年 STEM(即科学、技术、工程、数学)专业的毕业生数量超 500 万名,全球领先。尤其是,社会主义市场经济体制坚持中国共产党的领导和社会主义制度,有效发挥国家战略规划的作用,促进有效市场和有为政府更好结合,从长远战略上考虑经济发展问题,有效克服市场调节的自发性、盲目性、滞后性。

(3)韧性强。

主要是我国企业产业体系完备,经营主体类型多样,适应环境变化的能力强。我国居民储蓄率高、适应经济波动的能力也较强。这是我国拥有强大抗风险能力的根源所在。例如,经过新中国成立以来尤其是改革开放 40 多年的发展,我国拥有了比较健全的基础工业体系,形成了全球最为齐全的工业门类,成为拥有 41 个工业大类、207 个中类、666 个小类的全世界唯一拥有联合国产业分类中全部工业门类的国家。我国产业门类齐全,各地处于不同发展阶段,支柱产业不尽相同,回旋余地大,经济发展稳定性更强。

(4)潜能大。

主要是我国仍是发展中国家,发展不平衡、不充分,这是我国拥有更大发展空间的潜力和动力所在。许多短板主要是成长中的短板、发展中的问题,常常积蓄着"后发优势",具有潜在的增长空间。例如,我国汽车产业抓住电动化、智能化、绿色化转型的历史机遇,率先改换赛道,发展新能源汽车,十年磨一剑,形成了国际竞争新优势,把短板补成长板(见图 4-2)。又如,我国城镇化还有巨大升级潜力,2024 年我国城镇化率达 67.00%。比照国际经验和发展规律,我国城镇化率仍会继续提高,这将进一步释放巨大需求潜力,促进产业结构升级,推进区域协调发展。

图 4-2　比亚迪在江苏盐城的超级工厂

二、中国经济迎难而上的底气

自觉探索和运用规律,是在复杂多变的环境中坚定信心、赢得主动、争取胜利的重要前提。牢牢把握新时代做好经济工作的规律性认识,既是应对当前困难挑战、巩固经济回升向好态势的重要着力点,也是促进经济结构转型升级、推动高质量发展的科学方法论。

1.党中央集中统一领导是做好经济工作的根本保证

中国共产党领导是中国特色社会主义最本质的特征,坚持党的领导,发挥党总揽全局、协调各方的领导核心作用,是我国社会主义市场经济体制的一个重要特征。党的十八大以来,在世界经济持续低迷、中国经济增长面临下行压力的情况下,党中央敏锐认识到速度变化、结构优化、动力转换三大变化,明确指出中国经济进入发展新常态,科学判断中国经济正在进入新的发展阶段,提出了稳中求进的工作总基调,着力推动中国经济逐步从数量快速扩张阶段转向高质量发展阶段,进而提出新发展理念,为全面建成小康社会后接续全面建设社会主义现代化国家做了充分的准备;提出和推动供给侧结构性改革,推动实施以京津冀协同发展、长江经济带发展、粤港澳大湾区建设等为标志的区域发展战略,有效应对美国对中国发起的"关税战""贸易战""科技战""产业战",加快构建新发展格局,发展新质生产力……一系列实践充分证明,党中央集中统一领导是做好经济工作的根本保证,确保我国经济航船乘风破浪、行稳致远。

2.统筹好有效市场和有为政府的关系

在市场经济条件下,经济活动的一个根本问题,就是如何有效配置资源。其中起作用的主要有两种手段:一个是市场,被称为"看不见的手";另一个是政府,被称为"看得见的手"。这两只手的关系一直是市场经济的核心问题,西方国家搞了几百年也没有很好地解决,古典自由主义、凯恩斯主义、新自由主义轮番登场,都没有从根本上处理好。

社会主义制度和市场经济的结合是一个伟大创造,马克思主义经典作家没有讲过,西方经济学家也认为不可能。但我们很好地把"看不见的手"和"看得见的手"结合起来,对政府和市场关系的认识实现了重大突破,既让市场这只手充分施展,推动资源配置实现效益最大化、效率最优化,又让政府这只手收放自如,不缺位、不越位。

过去在具体实践中,我国存在政府与市场的关系尚未完全理顺的情况,政府越位、缺位、错位仍有发生,对市场机制发挥决定性作用构成制约,亟待优化与完善。2024年中央经济工作会议明确作出"综合整治'内卷式'竞争,规范地方政府和企业行为""开展规范涉企执法专项行动"等工作部署,就是要进一步理顺政府和市场的关系,使市场在资源配置中起决定性作用,更好发挥政府作用,既"放得活"又"管得住",创造更加公平、更有活力的市场环境,激发全社会内生动力和创新活力,实现资源配置效率最优化和效益最大化。

3.统筹好总供给和总需求的关系

在市场经济体制中,总供给和总需求是构成国民经济总量的两个基本方面,都不可偏废。如果二者关系失衡,会导致资源的错配和浪费,并导致价格较大的波动。例如,当总供给大于总需求时,会出现"内卷",导致资源闲置和浪费,严重时会出现通货紧缩,企业利润下降、投资减少，进一步加剧经济下行压力；而当总需求大于总供给时，会出现供不应求的局面，导致资源过度集中在某些领域，影响其他领域的发展，严重时会出现通货膨胀。畅通国民经济循环，意味着要确保生产、分配、流通、消费各个环节的顺畅，避免资源浪费和循环不畅。只有统筹好总供给和总需求的关系，才能更好保持价格水平的稳定和畅通国民经济循环。

党的十八大以来，习近平总书记围绕统筹总供给和总需求关系提出一系列新的理论，特别是根据总供给和总需求矛盾运动过程中矛盾主要方面的变化，创造性地提出我国虽然有周期性、总量性问题，但结构性问题最突出。当前，我国经济运行面临的主要矛盾是国内需求不足。为更好统筹总供给和总需求的关系，必须立足需求侧，加强需求侧管理，通过全方位扩大国内需求拓展供给空间，以高效畅通的国内大循环带动国内国际双循环，建设强大而有韧性的国民经济循环体系。

4. 统筹好培育新动能和更新旧动能的关系

经济发展到一定阶段，需要实现动能的转换，这是经济保持一定增速且实现健康发展的内在要求。实现新旧动能转换，必须科学把握"稳"与"进"、"立"与"破"的辩证关系。传统产业在吸纳就业、稳定产业链供应链等方面扮演着重要角色，新旧动能转换不能忽视或激进淘汰传统产业，"不能把手里吃饭的家伙先扔了"；传统产业中，相当一部分不仅不会因为新兴产业的出现而消失，还可以成为新质生产力的载体和沃土。因此，既要培育壮大新兴产业、布局未来产业，也要加快运用先进技术改造提升传统产业，形成拉动经济增长的强大动力。

例如，浙江省海宁市是我国传统产业大市，当地皮革、经编、家纺产量分别占全国55％、20％、30％左右，八大传统优势行业贡献了全市 2/3 左右的税收。近两年，海宁传统产业和新兴产业双向发力。一方面，因新中式服装大受欢迎和"露营经济"成为新风口，海宁的窗帘布艺产业转型生产马面裙布料，经编产业转型生产露营装备材料，爆款频频。另一方面，海宁积极构建清洁低碳、安全高效的现代能源体系，提出力争在 2025 年建成 1 万户居民住房屋顶光伏项目。以现有已安装光伏设备的居民住房为例，如面积 40 平方米，装机容量 4 千瓦，居民一年可免费用电约 960 千瓦，每年可节省约 516 元，大大实现互利共赢，推动区域绿色低碳发展。既做得了"绣花""织布"的"细活"，也干得了高精尖科技的成果转化，在新旧动能转换之间，海宁走出一条县域新质生产力发展的独特路径。

5. 统筹好做优增量和盘活存量的关系

存量，是指某一时点上的总量或积累量。增量，是指某一时期内新增的数量或增长的速度。做优增量意味着积极培育新的经济增长点，如大力发展新质生产力的人工智能、新能源、生物医药等前沿领域；盘活存量则是对现有资源如闲置土地、厂房、低效运营的企业资产等进行重新整合、改造、优化利用。过去，我们习惯于做增量发展、注重规模扩张，但在盘活存量、挖潜增效上做得不够。进入高质量发展阶段，要由过去强调要素投入的粗放式发展向创新驱动的内涵式发展转变，统筹做优增量和盘活存量，这是贯彻新发展理念、破解资源瓶颈的必然选择。

例如，湖南省宁乡市就在以盘活存量带动增量上进行了不少尝试，"799 星空小院"田园综合体就是典型例子。在这里,游客于山林、田野和湖泊间,搭一顶天幕,煮一壶清茶,从阳光正好,聊到暮色沉沉。就是这样一个宛如桃源的好地方,在半年前还是一处闲置资产。原来的农庄因生意没落关闭,当地就对外招商,为这60亩优质地块寻找新的出路。巧合的是,一位"70后"和两位"90后"伙伴正怀揣着民宿梦,到处奔波选址,最终在宁乡发现了这个宝藏地。就这样,优质地块流转起来,"799"组合开始打造集星空小院、露营烧烤、休闲垂钓、亲子游玩、旅游团建及新概念研学于一体的田园综合体项目,游客持续增多。据测算,我国仅基础设施存量规模就超过100万亿元,如能有效盘活这些存量资产,不仅可以化解地方政府债务,还可以筹集到更多建设资金,有效促进稳投资稳增长。

6.统筹好提升质量和做大总量的关系

经济发展既要看质,也要看量。质表现为经济发展的动力、结构、效益、持续性和安全性等;量表现为经济发展的规模、速度、范围等。量和质相互统一,量的合理增长为质的有效提升创造条件,质的有效提升为量的合理增长提供动力。我国要从一个发展中国家跻身发达国家,必须通过转型升级完成质变,实现高质量发展,同时也要完成量变,推动我国从中等收入国家迈进高收入国家。

党的十八大以来,以习近平同志为核心的党中央把握新发展阶段、贯彻新发展理念、构建新发展格局,我国经济实力实现历史性跃升。2013—2023年,中国经济年均增速超过6%,位居世界主要经济体前列,对世界经济增长的年均贡献率超过30%,2023年占世界经济的比重达到18%左右;同期,人均国内生产总值从0.6万美元提升到1.27万美元……这些实实在在的变化就是通过不断积累,实现在高质量发展基础上国民财富量的充分扩张,从而切实有效地夯实中国式现代化的物质基础。

三、中国经济奋发有为的践行路线

牢牢把握经济向好之势,充分运用经济工作规律,前进中的问题,都能够在发展中得到解决。我们要保持战略定力和坚定信心,既要正视眼下的困难,又要看到光明的前景,不围于一时的波动,不困于一时的得失,朝着既定的方向稳步前进。

1.宏观调控是内在要求

党的二十届三中全会明确指出,科学的宏观调控、有效的政府治理是发挥社会主义市场经济体制优势的内在要求。2024年以来,我国经济能够保持稳定运行,与有力有效的宏观调控密不可分。2025年,面对经济下行压力,还需要进一步迎难而上、积极作为,加大逆周期调节力度。实施更加积极有为的宏观政策是当前经济形势下的必然选择,也是应对全球性挑战的有力武器。

财政政策和货币政策是宏观调控的两大政策工具。实施更加积极有为的宏观政策,主要是指实施更加积极的财政政策和适度宽松的货币政策。财政政策工具主要包括国债、财政支出、税收等,重点是在政策力度上提高财政赤字率,增加发行超长期特别国债和地方政府专项债券,加大财政支出强度,确保对经济增长形成强有力拉动。历史上看,我国的货币政策基调有从紧、适度从紧、稳健、支持性、适度宽松等。2024年底,我国14

年来首次将货币政策基调由"稳健"调整为"适度宽松",这意味着合理的货币供应量、低位的利率水平、相对宽松的货币信贷环境等,目的是保持流动性充裕,使社会综合融资成本下降,有效解决企业融资难、融资贵问题,加快信贷增长。同时,持续加大对实体经济支持力度,引导更多资金投向科技创新、民生消费等领域,促消费、扩投资,更好激发全社会内生动力和创新活力。

2. 扩大内需是战略之举

坚定实施扩大内需战略、培育完整内需体系,是加快构建新发展格局的必然选择,是促进我国长远发展和长治久安的战略决策。美国、德国、英国等在人均 GDP 突破 2 万美元时经济结构均表现出"内需主导、消费引领"的特征。2024 年以来,我国把扩大内需作为加快构建新发展格局的关键着力点。特别是"两新"(大规模设备更新和消费品以旧换新政策)(见图 4-3)"两重"(国家重大战略和重点领域的安全能力建设)政策实施成效明显,促进消费持续回暖、国内需求不断扩大,有力支撑了全年经济增长。

大力提振消费、提高投资效益,全方位扩大国内需求,是未来应对外部冲击、稳定经济运行的有效途径,也是满足人民对美好生活向往的现实需要。促消费方面,在增强消费能力、提升消费意愿上下功夫是根本之策。通过加大财政对终端消费直接投入、提升社会保障水平等方式,提高居民可支配收入,让居民敢于消费、愿意消费。同时,在适应消费结构变化、增强供需适配性上做文章。"创新多元化消费场景,扩大服务消费""积极发展首发经济、冰雪经济、银发经济",继续大力培育具有创新、跨界等特点的新型融合消费业态。促投资方面,加大基础设施投资力度的同时,避免低水平重复建设,将资金更多投向工业互联网、新能源等新型基础设施领域,以及教育、医疗、养老等民生短板领域,鼓励和引导社会资本参与重大项目建设和公共服务项目,通过政府和社会资本合作等模式,拓宽融资渠道,提高投资效率。

图 4-3　河北省家电焕新潮

3.科技创新是必由之路

根据现代竞争力理论,竞争力是以产业作为度量单位的,国家和地区竞争力表现为产业竞争力。其中,科技创新是建设现代化产业体系的核心支撑,产业体系现代化本质上就是科学技术的现代化。科技创新能催生新产业、新模式、新动能,是发展新质生产力的核心要素,也是现代化产业体系建设的根本动力。历史上,每一次科技革命和产业变革都极大提升了生产效率,催生新产业新赛道,重塑生产方式,重构产业体系。在全球新一轮科技革命和产业变革中,关键核心技术的创新能力成为决定全球产业竞争的关键变量。科技创新通过补齐技术短板、拉长优势长板、锻造未来新板,推动产业创新,引领现代化产业体系建设。

建设现代化产业体系要以先进制造业为主攻方向。先进制造业是科技创新的主要载体,是实体经济发展的主战场,也是现代化产业体系的基础支撑。我国已基本形成规模大、体系全、竞争力较强的制造业体系,制造业总体规模连续 15 年稳居世界第一位。未来,加强基础研究和关键核心技术攻关,超前布局重大科技项目,开展新技术新产品新场景大规模应用示范行动。进一步发展壮大新兴产业,积极发展新一代信息技术、人工智能等战略性新兴产业,打造生物制造、商业航天、低空经济等新增长引擎。前瞻布局未来产业,培育人形机器人、脑机接口、6G、原子级制造等新赛道。唯有坚持以科技创新推动产业创新,充分发挥先进制造业支撑作用,打造自主可控、安全可靠、竞争力强的现代化产业体系,才能夯实现代化建设的物质基础,为推进中国式现代化提供强大动能。

4.改革开放是重要法宝

改革越深入,对开放的水平要求就越高;开放水平越高,对改革的促进作用就越大。以自贸试验区为例,作为中国对外开放的新高地、全面深化改革的"排头兵"和高质量发展的增长极,自贸试验区在引领我国高水平对外开放、推动经济高质量发展方面扮演着重要角色。1995 年至 2014 年的 20 年间,全球贸易增速是全球 GDP 增速的 2 倍多,但是在过去 10 年,全球贸易增速低于全球 GDP 增速。在这种背景下,中国外贸发展整体保持质升量稳势头。2024 年上半年,我国 22 个自贸试验区实际使用外资达 1 039.6 亿元,进出口总额达 4.1 万亿元,以不到千分之四的国土面积,实现了占全国 20.8% 的外商投资和 19.5% 的进出口,开放型经济迈上新台阶,改革开放创新红利不断惠及世界。未来,我国将适应开放重点从制造领域拓展至服务领域的发展趋势以及数字经济和数字贸易发展新形势,进一步扩大高水平对外开放,稳外贸、稳外资,部署"有序扩大自主开放和单边开放""积极发展服务贸易、绿色贸易、数字贸易""持续打造'投资中国'品牌""稳步推进服务业开放"等具体举措,发挥外贸发展和吸引外资的创新优势,进一步激发增长潜能。同时,进一步倒逼国内制度改革与创新,以高水平对外开放的制度建设推动改革向体制机制的"深水区""无人区"迈进。

5.兜牢底线是民生所需

抓改革、促发展,归根到底就是为了让人民过上更好的日子。未来,为群众排忧解难、为企业纾困减负仍是经济工作的鲜明导向。例如,2025 年需要就业的高校毕业生等重点群体规模很大,由于当前我国经济运行仍面临不少困难和挑战,群众面临就业压力。

国家把稳就业摆在更加突出的位置,明确"保持就业、物价总体稳定""促进居民收入增长和经济增长同步"的发展目标,提出实施重点领域、重点行业、城乡基层和中小微企业就业支持计划,促进重点群体就业,加强灵活就业和新就业形态劳动者权益保障等政策举措。此外,从打通中长期资金入市卡点堵点,到因地制宜推动兴业、强县、富民一体发展,千方百计拓宽农民增收渠道;从持续用力推动房地产市场止跌回稳,到营造绿色低碳产业健康发展生态,培育绿色建筑等新增长点,国家积极谋篇布局,必将进一步夯实民生保障的基础,推动经济发展与民生改善的良性循环,让改革发展成果更多更公平惠及全体人民。

四、扎实推动中国经济高质量发展

习近平总书记在2023年中央经济工作会议上提出:"必须把坚持高质量发展作为新时代的硬道理。"我们要聚焦经济建设这一中心工作和高质量发展这一首要任务,按照中央经济工作会议确定的经济工作总体要求、主要目标和重点任务,不折不扣、雷厉风行、求真务实、敢作善为抓好落实,坚持"稳中求进、以进促稳、先立后破",加大宏观调控力度,持续推动经济实现质的有效提升和量的合理增长,为以中国式现代化全面推进强国建设、民族复兴伟业作出新的更大贡献。重点应做好以下工作:

一是推动各项宏观政策持续落地见效,不断巩固经济稳中向好的基础。加强财政、货币、就业、产业、区域、科技、环保等政策协调配合,把非经济性政策纳入宏观政策取向一致性评估,确保同向发力、形成合力。推动居民收入增长与经济增长同步,有效提高居民消费能力,培育更多消费新业态新热点。做好增发国债项目实施各项工作,加快推进保障性住房建设、"平急两用"公共基础设施建设、城中村改造。

二是大力推进高水平科技自立自强,开辟发展新领域新赛道。坚决打赢关键核心技术攻坚战,完善新型举国体制,实施制造业重点产业链高质量发展行动,加快新能源、人工智能、生物制造、绿色低碳、量子计算等前沿技术研发和应用推广。强化国家战略科技力量,推进国家实验室高质量建设运行,加快推进"东数西算"工程。

三是加快建设现代化产业体系,发展新质生产力。大力推进新型工业化,以科技创新推动产业创新,打造一批具有国际竞争力的战略性新兴产业集群,加快发展数字经济,布局一批未来产业。推动传统产业改造升级,持续实施制造业核心竞争力提升行动计划。推动绿色低碳发展,积极稳妥推进碳达峰碳中和,有计划分步骤实施好"碳达峰十大行动"。

四是持续深化重点领域改革,构建完善高水平社会主义市场经济体制。不断完善落实"两个毫不动摇"的体制机制,深入实施国企改革深化提升行动,落实好促进民营经济发展壮大的意见。持续推进关键环节改革,在产权保护、公平竞争、社会信用等领域强化制度建设和监管。加快建设全国统一大市场,深化要素市场化改革。

五是推进高水平对外开放,加快建设更高水平开放型经济新体制。落实高质量共建"一带一路"八项行动。促进外贸稳规模优结构,拓展中间品贸易、服务贸易、数字贸易、跨境电商出口,推进自贸试验区高质量发展,加快建设海南自由贸易港。持续加力吸引和利用外资,落实好全面取消制造业领域外资准入限制措施,持续推进服务业领域扩大开放。

六是深入推动城乡融合和区域协调发展,不断提升发展协调性平衡性。推进乡村全面振兴,稳步推进新型城镇化。深入实施区域重大战略和区域协调发展战略,扎实推进京津冀协同发展,推动长江经济带生态环境保护和绿色发展,加快粤港澳大湾区重大合作平台建设,促进长三角一体化发展,加快黄河流域生态保护和高质量发展先行区建设。

七是统筹好发展和安全,防范化解重大风险隐患。强化粮食、能源资源、产业链供应链、数据安全保障,提高高标准农田建设投入标准,加强能源供应保障能力建设,不断提升战略性资源供应保障能力,建立健全数据安全治理体系。防范重点领域风险。

八是不断提升民生福祉,兜住、兜准、兜牢民生底线。更加突出就业优先导向,持续促进居民增收,扩大中等收入群体。健全分层分类社会救助体系,发展养老事业和养老产业,完善生育支持政策体系。加强生态系统保护和修复,持续深入打好蓝天、碧水、净土保卫战。

五、向新质生产力要增长新动能

高质量发展是新时代的硬道理,需要新的生产力理论来指导。习近平总书记在主持二十届中央政治局第十一次集体学习时强调:"发展新质生产力是推动高质量发展的内在要求和重要着力点。""新质生产力已经在实践中形成并展示出对高质量发展的强劲推动力、支撑力。"习近平总书记的重要论述,丰富发展了马克思主义生产力理论,深化了对生产力发展规律的认识,进一步丰富了习近平新时代中国特色社会主义经济思想的内涵,为开辟发展新领域新赛道、塑造发展新动能新优势提供了科学指引。加快发展新质生产力,是新时代新征程解放和发展生产力的客观要求,是推动生产力迭代升级、实现现代化的必然选择。

(一)深刻认识新质生产力的基本内涵

新质生产力代表先进生产力的演进方向,是由技术革命性突破、生产要素创新性配置、产业深度转型升级而催生的先进生产力质态。新质生产力以劳动者、劳动资料、劳动对象及其优化组合的跃升为基本内涵,具有强大发展动能,能够引领创造新的社会生产时代。

更高素质的劳动者是新质生产力的第一要素。人是生产力中最活跃、最具决定意义的因素,新质生产力对劳动者的知识和技能提出更高要求。发展新质生产力,需要能够创造新质生产力的战略人才,他们引领世界科技前沿、创新创造新型生产工具,包括在颠覆性科学认识和技术创造方面作出重大突破的顶尖科技人才,在基础研究和关键核心技术领域作出突出贡献的一流科技领军人才和青年科技人才;需要能够熟练掌握新质生产资料的应用型人才,他们具备多维知识结构、熟练掌握新型生产工具,包括以卓越工程师为代表的工程技术人才和以大国工匠为代表的技术工人。

更高技术含量的劳动资料是新质生产力的动力源泉。生产工具的科技属性强弱是辨别新质生产力和传统生产力的显著标志。新一代信息技术、先进制造技术、新材料技术等融合应用,孕育出一大批更智能、更高效、更低碳、更安全的新型生产工具,进一步解放了劳动者,削弱了自然条件对生产活动的限制,极大拓展了生产空间,为形成新质生产力提供了物质条件。特别是工业互联网、工业软件等非实体形态生产工具的广泛应用,极大丰富了生产工具的表现形态,促进制造流程走向智能化、制造范式从规模生产转向规模定制,推动生产力跃上新台阶。

更广范围的劳动对象是新质生产力的物质基础。劳动对象是生产活动的基础和前提。得益于科技创新的广度延伸、深度拓展、精度提高和速度加快,劳动对象的种类和形态大大拓展。一方面,人类从自然界获取物质和能量的手段更加先进,利用和改造自然的范围扩展至深空、深海、深地等;另一方面,人类通过劳动不断创造新的物质资料,并转化为劳动对象,大幅提高了生产率。比如,数据作为新型生产要素成为重要劳动对象,既直接创造社会价值,又通过与其他生产要素的结合、融合进一步放大价值创造效应。

劳动者、劳动资料、劳动对象和科学技术、管理等要素,都是生产力形成过程中不可或缺的。只有生产力诸要素实现高效协同,才能迸发出更强大的生产力。在一系列新技术驱动下,新质生产力引领带动生产主体、生产工具、生产对象和生产方式变革调整,推动劳动力、资本、土地、知识、技术、管理、数据等要素便捷化流动、网络化共享、系统化整合、协作化开发和高效化利用,能够有效降低交易成本,大幅提升资源配置效率和全要素生产率。

(二)深刻把握新质生产力的主要特征

与传统生产力形成鲜明对比,新质生产力在创新中起主导作用,是摆脱传统经济增长方式、生产力发展路径的先进生产力,具有高科技、高效能、高质量特征。

新质生产力以创新为第一动力,形成高科技的生产力。科技创新深刻重塑生产力基本要素,催生新产业新业态,推动生产力向更高级、更先进的质态演进。新质生产力是科技创新在其中发挥主导作用的生产力,要以重大科技创新为引领,推动创新链产业链资金链人才链深度融合,加快科技创新成果向现实生产力转化。近年来,我国科技创新能力稳步提高,在载人航天、量子信息、核电技术、大飞机制造等领域取得一系列重大成果,进入创新型国家行列,具备了加快发展新质生产力的基础条件。

新质生产力以战略性新兴产业和未来产业为主要载体,形成高效能的生产力。产业是生产力变革的具体表现形式,主导产业和支柱产业持续迭代升级是生产力跃迁的重要支撑。作为引领产业升级和未来发展的新支柱、新赛道,战略性新兴产业和未来产业的效能更高,具有创新活跃、技术密集、价值高端、前景广阔等特点,为新质生产力的发展壮大提供了巨大空间。近年来,我国战略性新兴产业蓬勃发展,2022年增加值占国内生产总值比重超过13%,在新能源汽车、锂电池、光伏产品等重点领域加快发展,在数字经济等新兴领域形成一定领先优势。我国前瞻谋划未来产业发展,促进技术创新、研发模式、生产方式、业务模式、组织结构等全面革新,发展新质生产力的产业基础不断夯实。

新质生产力以新供给与新需求高水平动态平衡为落脚点,形成高质量的生产力。供需有效匹配是社会大生产良性循环的重要标志。社会供给能力和需求实现程度受生产力发展状况制约,依托高水平的生产力才能实现高水平的供需动态平衡。当前,我国大部分领域"有没有"的问题基本解决,"好不好"的问题日益凸显,客观上要求形成需求牵引供给、供给创造需求的新平衡。一方面,新需求对供给升级提出更高要求,牵引和激发新供给,撬动生产力跃升;另一方面,基于新质生产力形成的新供给,能够提供更多高品质、高性能、高可靠性、高安全性、高环保性的产品和服务,更好满足和创造有效需求。加快发展新质生产力,符合高质量发展的要求,有助于实现国民经济良性循环,更好发挥超大规模市场优势,增强经济增长和社会发展的持续性。

(三)着力为发展新质生产力蓄势赋能

培育壮大新质生产力是一项长期任务和系统工程。我们要坚持系统观念,坚持以实体经济为根基,以科技创新为核心,以产业升级为方向,着力推动劳动者、劳动资料、劳动对象及其优化组合的跃升和质变。

正确处理新质生产力发展中的一系列重大关系。一是处理好生产关系和生产力之间的关系。形成适应新质生产力发展要求的新型生产关系,充分发挥市场在资源配置中的决定性作用,更好发挥政府作用,加快构建有利于新质生产力发展的体制机制。二是处理好新质生产力诸要素之间的关系。发挥科技创新的支撑引领作用,多管齐下培育新型劳动者、创造新型生产工具、拓展新的劳动对象,促进新质生产力诸要素实现高效协同匹配。三是处理好自主创新和开放创新之间的关系。坚持自主创新与开放创新协同共进,在开放环境下大力推进自主创新,用好全球创新资源,加快建设具有全球竞争力的开放创新生态。四是处理好新质生产力和传统生产力之间的关系。统筹推进二者发展,及时将科技创新成果应用于具体产业和产业链,一手抓培育壮大新兴产业和布局建设未来产业,一手抓改造提升传统产业,建设具有完整性、先进性、安全性的现代化产业体系。

培育新型劳动者队伍。推动教育、科技、人才有效贯通、融合发展,打造与新质生产力发展相匹配的新型劳动者队伍,激发劳动者的创造力和能动性。坚持教育优先发展,着力造就拔尖创新人才,培养造就更多战略科学家、一流科技领军人才以及具有国际竞争力的青年科技人才后备军。探索形成中国特色、世界水平的工程师培养体系,推进职普融通、产教融合、科教融汇,探索实行高校和企业联合培养高素质复合型工科人才的有效机制,源源不断培养高素质技术技能人才。实施更加积极、更加开放、更加有效的人才政策,探索建立与国际接轨的全球人才招聘制度,加大国家科技计划对外开放力度,鼓励在华外资企业、外籍科学技术人员等承担和参与科技计划项目,为全球各类人才搭建干事创业的平台。

创造和应用更高技术含量的劳动资料。深入实施创新驱动发展战略,牢牢扭住自主创新这个"牛鼻子",推动劳动资料迭代升级。充分发挥国家作为重大科技创新组织者的作用,以国家战略需求为导向,整合科技创新资源,集聚各方力量进行原创性、引领性科技攻关,打造更多引领新质生产力发展的"硬科技"。充分发挥企业作为研发应用新型生产工具主力军的作用,加强创新要素集成和科技成果转化,构建龙头企业牵头、高校院所支撑、各创新主体相互协同的创新联合体,加快科技成果向现实生产力转化。促进数字经济和实体经济深度融合,纵深推进产业数字化转型,加强人工智能、大数据、物联网、工业互联网等数字技术融合应用,大力推广应用数字化、网络化、智能化生产工具,加快建设数字化车间和智能制造示范工厂。

拓展更广范围的劳动对象。以培育壮大战略性新兴产业和未来产业为重点,拓展劳动对象的种类和形态,能够不断开辟生产活动的新领域新赛道,夯实发展新质生产力的物质基础。要深入实施国家战略性新兴产业集群发展工程,推动战略性新兴产业融合集群发展,着力打造新一代信息技术、人工智能、生物技术、新能源、新材料、高端装备、绿色环保等新增长引擎,强化我国战略性新兴产业在全球价值链的技术优势和产业优势。从国家战略层面加强对未来产业的统筹谋划,在类脑智能、量子信息、基因技术、未来网络、深海空天开发等前沿科技和产业变革领域,组织实施未来产业孵化与加速计划,对前沿技术、颠覆性技术进行多路径探索和交叉融合,做好生产力储备。

推动更高水平的生产力要素协同匹配。适应新质生产力发展要求,推动产业组织和产业形态变革调整,不断提升生产要素组合效率,提高全要素生产率。要做大做强一批产业关联度大、国际竞争力强的龙头骨干企业和具有产业链控制力的生态主导型企业,培育一批专精特新"小巨人"企业和"单项冠军"企业,鼓励龙头骨干企业发挥好产业链融通带动作用,实现大中小企业融通发展。依托生产要素的自由流动、协同共享和高效利用,推动生产组织方式向平台化、网络化和生态化转型,打造广泛参与、资源共享、精准匹配、紧密协作的产业生态圈,加速全产业链供应链的价值协同和价值共创。积极发挥数据要素的"融合剂"作用,推动现有业态和数字业态跨界融合,衍生叠加出新环节、新链条、新的活动形态,加快发展智能制造、数字贸易、智慧物流、智慧农业等新业态,促进精准供给和优质供给,更好满足和创造新需求。

思考题

1.中国经济的底气和信心源自哪里?

2.在实践中,我们党总结深化出哪些做好经济工作的规律性认识?

3.为什么说中国经济前进中的问题都能够在发展中得到解决?

Chapter 5

维护国家安全
建设美丽中国

> 国家安全是民族复兴的根基,社会稳定是国家强盛的前提。
> ——习近平在中国共产党第二十次全国代表大会上的报告

　　国家安全是民族复兴的根基,也是安邦定国的重要基石。习近平总书记明确对"推进国家安全体系和能力现代化,坚决维护国家安全和社会稳定"作出战略部署,为推进新时代新征程国家安全和社会稳定工作提供了根本遵循。建设美丽中国是全面建设社会主义现代化国家的重要目标。中国式现代化具有许多重要特征,其中之一就是我国现代化是人与自然和谐共生的现代化,注重同步推进物质文明建设和生态文明建设。国家安全有保障,美丽中国建设成果显著,人民才有实实在在的幸福感。

▍一、以新安全格局保障新发展格局

　　国家安全是指国家政权、主权、统一和领土完整、人民福祉、经济社会可持续发展和国家其他重大利益相对处在没有危险和不受内外威胁的状态,以及保障持续安全状态的能力。习近平总书记在首个全民国家安全教育日到来之际指出:"实现中华民族伟大复兴的中国梦,保证人民安居乐业,国家安全是头等大事。"面对更为复杂多变的国家安全形势,以习近平同志为核心的党中央创造性地提出并发展了总体国家安全观,坚持统筹发展和安全,加快构建统筹各领域安全的新安全格局,推进国家安全体系和能力现代化,为强国建设、民族复兴提供坚实安全保障。

(一)国家安全是民族复兴的根基

习近平总书记在党的二十大报告中指出:"国家安全是民族复兴的根基,社会稳定是国家强盛的前提。"这一重要论断,既是党的百年奋斗历程和新时代十年推动中国迈上全面建设社会主义现代化国家新征程带来的重要启示,也是顺应世界之变、时代之变、历史之变等复杂安全环境的客观需求。新时代新征程,中国共产党要以中国式现代化全面推进中华民族伟大复兴,就必须统筹发展和安全,坚定不移贯彻总体国家安全观。

1. 党的百年奋斗历程和新时代守正创新的重要启示

党的百年奋斗历程和新时代十年党和国家取得的历史性成就、发生的历史性变革反复证明,没有安全和稳定,一切都无从谈起。国家安全是安邦定国的重要基石,维护国家安全是全国各族人民根本利益所在。统筹发展和安全,才能更好推动中华民族伟大复兴进程。

中国共产党诞生于国家内忧外患、民族危难之时,对国家安全的重要性有着刻骨铭心的认识,始终高度重视国家安全工作。百年前,中国共产党带着"为中国人民谋幸福,为中华民族谋复兴"的初心使命启航,彼时的中国正处于半殖民地半封建社会,主权沦丧,山河破碎,列强在中华大地上肆意妄为。这样一个历史悠久、疆域辽阔、文明璀璨的国度,却陷入了国家蒙辱、人民蒙难、文明蒙尘的悲惨境地,中国人民和中华民族遭受了前所未有的劫难。中国近代史的惨痛教训表明,失去国家安全保障,中华民族就无法掌控自己的命运,发展和繁荣更无从谈起。

在这样的时代背景下诞生的中国共产党,与生俱来地担负起救亡图存的历史责任,担负起建立一个独立自主的现代化国家的历史责任。中国共产党带领中国人民经过28年浴血奋战,打败了日本帝国主义,推翻了国民党反动统治,完成了新民主主义革命,成立了中华人民共和国,彻底结束了半殖民地半封建社会的历史,彻底废除了列强强加给中国的一切不平等条约和帝国主义的一切特权,使中国真正成为一个独立自主的主权国家。

中华人民共和国成立后,中国共产党坚持独立自主、自力更生,坚定维护政治安全与主权安全,将保卫新生的人民民主政权,维护国家独立、主权和领土完整作为国家安全工作的首要任务,在一场场艰苦卓绝的军事与外交斗争中,战胜了帝国主义、霸权主义的侵略、破坏和武装挑衅;用"两弹一星"、独立完整的国防工业体系建设,奠定了中国屹立于世界民族之林的国家安全基础。在改革开放和社会主义现代化建设新时期,党始终把维护国家安全和社会安定作为党和国家的一项基础性工作,强调压倒一切的前提是稳定,进而作出和平与发展是当今时代主题的重大判断,明确国家主权和安全要始终放在第一位等战略思想;深刻论述世界多极化和经济全球化历史趋势,作出中国发展处于重要战略机遇期的科学判断，提出互信、互利、平等、协作的新安全观等战略思想；坚持走和平发展道路，提出实施互利共赢的开放战略等战略思想。改革开放以来，中国共产党毫不动摇坚持四项基本原则，坚决排除各种干扰，有力应对内外挑战，为改革开放和社会主义现代化建设创造了良好的安全环境。

党的十八大以来，以习近平同志为核心的党中央从新时代坚持和发展中国特色社会主义的战略高度，把马克思主义国家安全理论和当代中国安全实践、中华优秀传统战略文化结合起来，顺应时代发展大势，系统回答了新时代如何既解决好大国发展进程中面临的共性问题，又处理好中华民族伟大复兴关键阶段面临的特殊安全问题这个重大时代课题，创造性地提出了总体国家安全观。总体国家安全观是中国共产党历史上第一个被确立为国家安全工作指导思想的重大战略思想，是中国共产党和中国人民捍卫国家主权、安全和发展利益百年奋斗实践经验和集体智慧的结晶，为发展马克思主义国家安全理论作出了重大原创性贡献，是新时代国家安全工作的根本遵循和行动指南。

新时代十年，我们贯彻总体国家安全观，国家安全领导体制和法治体系、战略体系、政策体系不断完善，在原则问题上寸步不让，以坚定的意志品质维护国家主权、安全、发展利益，国家安全得到全面加强。全方位提升网络、大数据、人工智能、生物、太空、深海、极地等新型领域维护国家安全的能力，全面加强国家安全体系和能力建设，全面提升全民国家安全意识；顶住了外部势力讹诈、遏制、封锁和极限施压，牢牢掌握了我国发展和安全主动权；书写了经济快速发展和社会长期稳定两大奇迹新篇章，顺利实现第一个百年奋斗目标，实现中华民族伟大复兴进入了不可逆转的历史进程。

2. 应对百年未有之大变局的客观需求

习近平总书记在学习贯彻党的十九大精神研讨班开班式上强调："前进道路不可能一帆风顺，越是取得成绩的时候，越是要有如履薄冰的谨慎，越是要有居安思危的忧患，绝不能犯战略性、颠覆性错误。"在百年未有之大变局的大背景下，面对波谲云诡的国际形势、复杂敏感的周边环境、艰巨繁重的改革发展稳定任务，必须坚定推进国家安全体系和能力现代化，坚决维护国家安全和社会稳定。新时代新征程，维护国家安全在中华民族伟大复兴战略全局中的重要性与紧迫性愈发凸显，夯实国家安全和社会稳定的基层基础，更加成为实现中华民族伟大复兴的客观需求。

当前，世界之变、时代之变、历史之变加速演进，新一轮科技革命和产业变革深入发展，国际力量对比深刻调整，中国发展面临新的战略机遇。同时，逆全球化思潮抬头，单边主义、保护主义明显上升，世界经济复苏乏力，局部冲突和动荡频发，全球性问题加剧，世界进入新的动荡变革期，各种"黑天鹅""灰犀牛"事件随时可能发生。少数国家固守冷战对抗的旧思维，热衷于构建封闭排他的小圈子，借多边之名行单边之实，借民主之名行霸权之实，严重毒化国际关系氛围。全球通胀压力持续上升，能源、粮食、产业链供应链等各种危机接踵而至，少数国家假"国家安全"之名滥用单边制裁，为遏制他国科技发展而筑起"小院高墙"，严重破坏了世界经济秩序。我国的外部安全形势可谓"风高浪急"，甚至面临"惊涛骇浪"的重大考验。

中国已进入新发展阶段，当前和今后一个时期是中国各类矛盾和风险易发期，各种可以预见和难以预见的风险因素明显增多,传统安全和非传统安全威胁相互交织,内部安全和外部安全风险相互传导,各领域安全风险叠加共振,不断对国家安全提出更高要求。新一轮科技革命和产业变革加速演进,也为维护和塑造国家安全提出了许多新挑战和新问题。特别需要指出的是,当前安全问题的联动性更加突出,与政治、经济、文化、民族、宗教等问题紧密相关。

3.以中国式现代化全面推进中华民族伟大复兴的战略考量

党的二十大报告明确了新时代新征程中国共产党的使命任务,指出:"从现在起,中国共产党的中心任务就是团结带领全国各族人民全面建成社会主义现代化强国、实现第二个百年奋斗目标,以中国式现代化全面推进中华民族伟大复兴。"中国式现代化,是中国共产党领导的社会主义现代化,既有各国现代化的共同特征,更有基于自己国情的中国特色。其本质要求是,坚持中国共产党领导,坚持中国特色社会主义,实现高质量发展,发展全过程人民民主,丰富人民精神世界,实现全体人民共同富裕,促进人与自然和谐共生,推动构建人类命运共同体,创造人类文明新形态。

安全是发展的前提,发展是安全的保障。在以中国式现代化全面推进中华民族伟大复兴的新征程上,必须坚持统筹发展和安全两件大事,既要善于运用发展成果夯实国家安全的实力基础,又要善于塑造有利于经济社会发展的安全环境。党的二十大报告首次设专章论述国家安全问题,对推进国家安全体系和能力现代化、坚决维护国家安全和社会稳定作出了明确战略部署,充分体现了新时代新征程国家安全工作在党和国家事业全局中的极端重要性,是中国共产党与时俱进深化对国家安全工作的认识、全面加强国家安全工作的重要标志。

为以中国式现代化全面推进中华民族伟大复兴保驾护航,就必须按照党的二十大提出的战略部署,坚定不移贯彻总体国家安全观,把维护国家安全贯穿党和国家工作各方面全过程,确保国家安全和社会稳定。要坚持以人民安全为宗旨、以政治安全为根本、以经济安全为基础、以军事科技文化社会安全为保障、以促进国际安全为依托,统筹外部安全和内部安全、国土安全和国民安全、传统安全和非传统安全、自身安全和共同安全,统筹维护和塑造国家安全,夯实国家安全和社会稳定基层基础,完善参与全球安全治理机制,建设更高水平的平安中国,以新安全格局保障新发展格局。

新征程上,坚定不移贯彻总体国家安全观,坚持走中国特色国家安全道路,护航中国式现代化,必须健全国家安全体系,坚持党中央对国家安全工作的集中统一领导,完善高效权威的国家安全领导体制,强化国家安全工作协调机制,完善国家安全法治体系、战略体系、政策体系、风险监测预警体系、国家应急管理体系,构建全域联动、立体高效的国家安全防护体系;必须增强维护国家安全能力,坚定维护国家政权安全、制度安全、意识形态安全,加强重点领域安全能力建设,确保粮食、能源资源、重要产业链供应链安全,加强海外安全保障能力建设,维护我国公民、法人在海外合法权益,维护海洋权益,坚定捍卫国家主权、安全、发展利益;必须提高公共安全治理水平,坚持安全第一、预防为主,建立大安全大应急框架,完善公共安全体系,推动公共安全治理模式向事前预防转型;必须完善社会治理体系,健全共建共治共享的社会治理制度,提升社会治理效能,畅通和规范群众诉求表达、利益协调、权益保障通道,依法严惩群众反映强烈的各类违法犯罪活动,发展壮大群防群治力量,营造见义勇为社会氛围,建设人人有责、人人尽责、人人享有的社会治理共同体。

(二)构建统筹各领域安全的新安全格局

构建新安全格局是应对国家安全形势新变化新趋势的战略选择,是全面贯彻落实总体国家安全观的重大举措。要坚定不移走中国特色国家安全道路,统筹发展和安全,把维护政治安全放在首要位置,守好重点领域国家安全的主阵地、主战场,加快构建统筹各领域安全的新安全格局。

1.统筹发展和安全

统筹发展和安全,是党和国家的一项基础性工作,是我们党治国理政的一个重大原则。面对复杂多变的安全和发展环境,党的十九届五中全会首次把统筹发展和安全纳入"十四五"时期我国经济社会发展的指导思想,党的二十大强调"统筹发展和安全",并将其写入党章。以习近平同志为核心的党中央着眼统筹发展和安全、把握国家安全主动权,明确提出加快构建新安全格局。

发展和安全是两件大事。发展解决的是动力问题,是推动国家和民族赓续绵延的根本支撑;安全解决的是保障问题,是确保国家和民族行稳致远的坚强柱石。发展具有基础性、根本性,是解决安全问题的总钥匙,发展就是最大的安全。安全是发展的条件和保障,没有国家安全,发展只能是"镜花水月",取得的成果也可能毁于一旦。习近平总书记在首个全民国家安全教育日到来之际强调:"推动创新发展、协调发展、绿色发展、开放发展、共享发展,前提都是国家安全、社会稳定。没有安全和稳定,一切都无从谈起。"发展和安全是一体之两翼、驱动之双轮,必须同步推进。要坚持发展和安全并重,把国家安全同经济社会发展一起谋划、一起部署,既善于运用发展成果夯实国家安全的实力基础,又善于塑造有利于经济社会发展的安全环境,以发展促安全、以安全保发展,努力建久安之势、成长治之业。

以新安全格局保障新发展格局。牢牢守住安全发展这条底线是构建新发展格局的重要前提和保障。只有以新安全格局保障新发展格局,把国家发展建立在更加安全、更为可靠的基础之上,才能夯实我国经济发展的根基、增强发展的安全性稳定性,才能在各种可以预见和难以预见的风险挑战中增强我国的生存力、竞争力、发展力、持续力,确保中华民族伟大复兴进程不被迟滞甚至中断,顺利实现全面建成社会主义现代化强国目标。以新安全格局保障新发展格局,必须统筹维护国家安全各类要素、各个领域、各方资源、各种手段,主动塑造于我有利的外部安全环境,推动发展和安全深度融合,实现高质量发展和高水平安全的良性互动。

2.把维护政治安全放在首要位置

构建统筹各领域安全的新安全格局,必须把维护政治安全作为应对各领域安全风险挑战的首要任务。政治安全是国家安全的根本。政治安全涉及国家主权、政权、制度和意识形态的稳固,是一个国家最根本的需求,是一切国家生存和发展的基础条件。政治安全决定和影响着国家经济、军事、社会等各个领域的安全。形象地说,在国家安全这一肌体中,政治安全是心脏,心脏停止了跳动,再强壮的肌体也会失去生机。没有政治安全的保障,其他领域的安全就无从谈起,其他领域的安全问题最终也会反映到维护政治安全上来。

维护政权安全,就是要毫不动摇坚持和巩固党的领导和长期执政地位。我国是中国共产党执政,各民主党派参政,不搞三权分立、多党轮流坐庄那一套。我国宪法确认了中国共产党的领导地位,确认了党在国家政权结构中总揽全局、协调各方的核心地位。中国共产党是执政党,党的领导是做好党和国家各项工作的根本保证,是我国政治稳定、经济发展、民族团结、社会稳定的根本点。在坚持党的领导这个重大原则问题上,要始终把握正确政治方向,坚定政治立场和政治原则,绝不能犯战略性、颠覆性错误。

维护制度安全,就是要毫不动摇坚持和完善中国特色社会主义制度。制度稳则国家稳,社会主义制度是我国的根本制度,中国特色社会主义制度所具有的显著优势是抵御风险挑战、维护国家安全的根本保证。境内外敌对势力对我国的颠覆破坏,往往以颠覆我国政治制度特别是政党制度为目标,企图把西方的政治制度和政党制度植入我国,从而达到搞乱甚至控制我国的目的。我们要保持政治定力,坚定制度自信,确保中国特色社会主义制度安全。

维护意识形态安全,就是要毫不动摇坚持和发展马克思主义在意识形态领域的指导地位,不断巩固全党全国人民团结奋斗的共同思想基础。意识形态事关举什么旗、走什么路的重大问题。历史和现实反复证明,搞乱一个社会、颠覆一个政权,往往先从意识形态领域打开缺口,先从搞乱对方思想入手。思想防线被攻破了,其他防线就很难守住。要把维护意识形态安全摆在极端重要位置,落实意识形态工作责任制,把意识形态工作的领导权、管理权、话语权牢牢掌握在党的手中。要及时掌握意识形态形势和动态,对各种政治性、原则性、导向性问题,要敢抓敢管、敢于亮剑。

政治安全与人民安全、国家利益至上是有机统一的。政治安全是维护人民安全和国家利益的根本保证;人民安全居于中心地位,国家安全归根到底是保障人民利益;国家利益至上是实现政治安全和人民安全的要求和原则。要把政治安全、人民安全、国家利益至上三者统一起来,确保实现党的长期执政、人民安居乐业、国家长治久安。

3. 维护重点领域国家安全

构建统筹各领域安全的新安全格局,维护重点领域国家安全是主阵地、主战场。要聚焦重点、抓纲带目,统筹推进各重点领域国家安全工作。

维护国土安全。国土安全是立国之基,老祖宗留下来的领土一寸也不能丢,我们决不会坐视领土完整受到侵犯。我国既是陆地大国,也是海洋大国,拥有广泛的海洋战略利益。要提升维护国土安全能力,加强边防、海防、空防建设,坚决捍卫领土主权和海洋权益,有效遏制侵害我国国土安全的各种图谋和行为,筑牢国土安全的铜墙铁壁。坚决反对一切分裂祖国的活动,深入打击恐怖主义、分裂主义、极端主义"三股势力",坚决防范"藏独""东突",坚决粉碎任何"台独"分裂图谋,全力维护香港、澳门长期繁荣稳定。

维护经济安全。经济安全是国家安全的基础,在风云变幻的世界经济大潮中,能不能驾驭好我国经济这艘大船,是对我们党的重大考验。要保证基本经济制度安全,维护社会主义市场经济秩序,保障关系国民经济命脉的重要行业和关键领域安全。加快建设现代化经济体系,提升产业链供应链韧性和安全水平。加强金融、地方债务风险防控,守住不发生系统性风险的底线。保障经济社会发展所需的资源能源持续、可靠和有效供给。全方位夯实粮食安全根基,牢牢守住18亿亩耕地红线,强化农业科技和装备支撑,确保中国人的饭碗牢牢端在自己手中。加强自主创新能力建设,加快发展自主可控的战略高新技术和重要领域关键核心技术,保障重大技术和工程的安全。

维护社会安全。社会安全与人民群众切身利益关系最密切,是人民群众安全感的晴雨表,是社会安定的风向标。习近平总书记在2014年中央政法工作会议上指出:"平安是老百姓解决温饱后的第一需求,是极重要的民生,也是最基本的发展环境。"要着力防范管控各类社会风险,妥善处置影响国家安全的突发事件,确保社会安定有序。强化社会治安整体防控,编织全方位、立体化的公共安全网,推进扫黑除恶常态化,依法严惩群众反映强烈的各类违法犯罪活动,发展壮大群防群治力量,努力使人民群众安全感更有保障。

维护网络、人工智能、数据安全。习近平总书记在2018年全国网络安全和信息化工作会议上指出:"没有网络安全就没有国家安全,就没有经济社会稳定运行,广大人民群众利益也难以得到保障。"当今世界,围绕网络空间发展主导权、制网权的争夺日趋激烈,网络安全威胁和风险日益突出,要深化网络综合治理,形成从技术到内容、从日常安全到打击犯罪的网络治理合力,不断增强网络安全防御能力和威慑能力。人工智能发展可能带来改变就业结构、冲击法律和社会伦理、侵犯个人隐私、挑战国际准则等问题,要加快建立人工智能安全监管和评估体系,构建人工智能安全监测预警机制,确保人工智能安全、可靠、可控。数据对经济发展、社会治理、国家管理、人民生活有重要影响,要加强关键信息基础设施安全保护,强化国家关键数据资源保护能力,增强数据安全预警和溯源能力。

维护生物安全和公共卫生安全。生物安全问题已经成为全世界、全人类面临的重大生存和发展威胁之一,重大传染病和生物安全风险是事关国家安全和发展、事关社会大局稳定的重大风险挑战。要深刻认识新形势下加强生物安全建设的重要性和紧迫性,加强国家生物安全风险防控和治理体系建设,强化系统治理和全链条防控,织牢织密生物安全风险监测预警网络,提高国家生物安全治理能力,切实筑牢国家生物安全屏障。我国是一个有着14亿多人口的大国,防范化解重大疫情和重大突发公共卫生风险,始终是须臾不可放松的大事。要健全国家重大疫情监控网络,提高应对重大突发公共卫生事件的能力和水平,加快提高疫病防控和公共卫生领域的战略科技力量和战略储备能力。

维护外部安全。安全问题早已超越国界,任何一个国家的安全问题积累到一定程度,都可能外溢成为区域性甚至全球性安全问题。要推进国际共同安全,高举合作、创新、法治、共赢的旗帜,不断完善参与国际和区域安全合作的机制,推动建设有关领域安全治理新机制新规则,为全球安全治理贡献智慧和力量。切实维护我国海外利益安全,保护海外中国公民、组织和机构的安全和正当权益,努力形成强有力的海外利益安全保障体系。

(三)开创国家安全工作新局面

当前,世界百年未有之大变局加速演进,世界之变、时代之变、历史之变的特征更加明显,我们所面临的国家安全问题复杂程度、艰巨程度明显加大。加快推进国家安全体系和能力现代化,以新安全格局保障新发展格局,努力开创国家安全工作新局面,才能为实现中华民族伟大复兴中国梦提供坚实安全保障。

1.健全国家安全体系

坚持党的绝对领导是做好国家安全工作的根本原则。为了更好适应我国国家安全面临的新形势新任务,党的十八届三中全会决定成立中央国家安全委员会,建立集中统一、高效权威的国家安全领导体制。自中央国家安全委员会成立以来,我国坚持党的全面领导,初步构建了国家安全体系主体框架,解决了许多长期没有解决的难题,办成了许多事关长远的大事要事,国家安全工作得到全面加强。比如,在法律制度方面,以国家安全法为引领,国家情报法、反恐怖主义法、香港国安法等一系列国家安全法律法规制定出台,国家安全法律制度体系加紧构建形成。

推进国家安全体系和能力现代化,加快构建新安全格局,必须进一步健全国家安全体系,坚持党的领导,完善高效权威的国家安全领导体制。强化国家安全工作协调机制,完善国家安全法治体系、战略体系、政策体系、风险监测预警体系、国家应急管理体系,完善重点领域安全保障体系和重要专项协调指挥体系。健全反制裁、反干涉、反"长臂管辖"机制。完善国家安全力量布局,构建全域联动、立体高效的国家安全防护体系。

2.增强维护国家安全能力

新形势对维护国家安全能力提出了更高的要求。加大对维护国家安全能力所需的物质、技术、装备、人才、法律、机制等保障方面的能力建设,更加注重协同高效、法治思维、科技赋能、基层基础,全面提升国家安全能力,推进国家安全体系和能力现代化,才能更好适应国家安全工作的需要。特别是,科技从来没有像今天这样深刻影响国家安全和军事战略全局。能源安全、粮食安全、网络安全、生态安全、生物安全、国防安全等风险压力不断增加,需要依靠更多更好的科技创新保障国家安全。

国家安全一切为了人民、一切依靠人民,人民是国家安全的基础性力量。我国专门设立全民国家安全教育日,制定大中小学国家安全教育指导纲要,设立国家安全学一级学科……党的十八大以来,国家安全宣传教育实现了进机关、进学校、进企业、进乡村、进社区、进军营、进网络,人民群众国家安全意识显著增强,推动大安全理念深入人心。增强维护国家安全的能力,离不开全党全社会的共同努力,必须全面加强国家安全教育,增强全民国家安全意识和素养,筑牢国家安全人民防线。

3.提高公共安全治理水平

公共安全关乎人民群众的切实利益。公共安全事故,一头连着经济社会发展,一头连着千家万户,要警钟长鸣、常抓不懈。我国坚持人民至上、生命至上,坚决打赢抗疫战争,坚持以对人民极端负责的精神抓安全生产,严把从农田到餐桌、从实验室到医院的每一道防线,部署全国自然灾害综合风险普查等重点工作,实施重大决策社会稳定风险评估制度,最大限度地保障了公共安全、社会稳定和人民生命财产安全。

维护公共安全必须防患于未然,坚持安全第一、预防为主,建立大安全大应急框架,完善公共安全体系,推动公共安全治理模式向事前预防转型。加强科技应用的广度和深度,构建基于5G、大数据、区块链等技术的公共安全体系,通过预案体系建设和演练,进一步完善和推动安全风险评估机制、综合风险普查工作机制,织密筑牢公共安全网。

4.完善社会治理体系

当前,我国进入了社会矛盾多发期。完善社会治理体系,最重要的就是防控化解各类矛盾风险,确保矛盾风险不外溢不扩散、不升级不变异。党的十八大以来,我国加强党对社会治理的领导,维护政治安全取得战略成果,扫黑除恶夺取全面胜利,社会治安状况不断改善,社会矛盾总量稳中有降,服务人民群众取得显著成效。特别是,坚持和发展新时代"枫桥经验",党委领导、政府负责、群团助推、社会协同、公众参与的社会治理体制不断健全,共建共治共享的社会治理格局基本形成。

完善社会治理体系,加快推进社会治理现代化,是再创"中国之治"新辉煌的必然要求。一方面,畅通和规范群众诉求表达、利益协调、权益保障通道,依法严惩群众反映强烈的各类违法犯罪活动。另一方面,发展壮大群防群治力量,营造见义勇为社会氛围,建设人人有责、人人尽责、人人享有的社会治理共同体。确保政治安全、社会安定、人民安宁,为实现第二个百年奋斗目标和中华民族伟大复兴的中国梦创造良好社会环境。

前进路上,一道又一道沟坎被我们跨越,一个又一个挑战被我们战胜。新征程上,面对风高浪急甚至惊涛骇浪的风险挑战,我们要坚持底线思维和极限思维,树立战略自信、坚定必胜信心,充分看到自身优势和有利条件,坚持总体国家安全观,坚持走中国特色国家安全道路,铸造维护国家安全和发展的钢铁长城,努力建久安之势,成长治之业。

二、更好推进中国特色社会主义法治体系建设

新时代,党中央把全面依法治国摆到更加突出的位置,为法治中国建设开创新局面。全面依法治国,推进中国特色社会主义法治体系建设,必须始终坚持正确方向,坚定不移走中国特色社会主义法治道路。

(一)全面推进依法治国的总抓手

建设中国特色社会主义法治体系,是中国共产党提出的具有原创性、时代性的概念和理论。习近平总书记在党的十八届四中全会上指出:"全面推进依法治国涉及很多方面,在实际工作中必须有一个总揽全局、牵引各方的总抓手,这个总抓手就是建设中国特色社会主义法治体系。"依法治国各项工作都要围绕这个总抓手来谋划、来推进。

中国特色社会主义法治体系是中国特色社会主义制度的法律表现形式。古人云:"经国序民,正其制度。"意思是说,治理国家,使人民安然有序,就要健全各项制度。中国共产党领导人民不断探索实践,逐步形成了中国特色社会主义国家制度和法律制度,为当代中国发展进步提供了根本保障,也为新时代推进国家制度和法律制度建设提供了重

要经验。党的十八大以来,中国推进全面深化改革,健全党的领导体制机制,加强人民当家作主制度建设,完成宪法部分内容修改,推动社会主义协商民主广泛多层制度化发展,深化党和国家机构改革,深化经济体制改革,深化司法体制综合改革,深化生态文明体制改革,深化国防和军队改革,建立国家监察制度,中国特色社会主义制度日趋成熟定型,中国特色社会主义法治体系不断完善,为推动党和国家事业取得历史性成就、发生历史性变革发挥了重大作用。

建设中国特色社会主义法治体系、建设社会主义法治国家是坚持和发展中国特色社会主义的内在要求,是实现国家治理体系和治理能力现代化的必然要求,也是全面深化改革的必然要求,有利于在法治轨道上推进国家治理体系和治理能力现代化,有利于在全面深化改革总体框架内推进全面依法治国各项工作,有利于在法治轨道上不断深化改革。

必须抓住建设中国特色社会主义法治体系这个总抓手,不断开创全面依法治国新局面。要坚持依法治国、依法执政、依法行政共同推进,以法治国家、法治政府、法治社会一体建设,不断完善法律规范、法治实施、法治监督、法治保障和党内法规体系,汲取中华传统法律文化精华,吸收借鉴人类法治文明有益成果,坚决抵制西方错误思潮错误观点影响。坚持立法先行,坚持立改废释并举,加快完善法律、行政法规、地方性法规体系,完善包括市民公约、乡规民约、行业规章、团体章程在内的社会规范体系,为全面依法治国提供基本遵循。加快建设包括宪法实施和执法、司法、守法等方面的体制机制,坚持依法行政和公正司法,确保宪法法律全面有效实施。健全党和国家监督体系,以党内监督为主导,不断完善权力监督制度和执法执纪体系,与各种监督协调贯通,形成常态长效的监督合力。加强政治、组织、队伍、人才、科技、信息等保障,为全面依法治国提供重要支撑。完善党内法规制定体制机制,注重党内法规同国家法律的衔接和协调,构建以党章为根本、若干配套党内法规为支撑的党内法规制度体系,提高党内法规执行力。

(二)坚持依宪治国、依宪执政

宪法是国家根本法,是党和人民意志的集中体现,是国家各种制度和法律法规的总依据,具有最高的法律地位、法律权威、法律效力,在国家和社会生活中具有总括性、原则性、纲领性、方向性。

习近平总书记在党的二十大报告中指出:"坚持依法治国首先要坚持依宪治国,坚持依法执政首先要坚持依宪执政。"宪法以国家根本法的形式,确认了中国共产党领导人民进行革命、建设、改革的伟大斗争和根本成就,确立了国家的根本任务、指导思想、领导核心、发展道路、奋斗目标,规定了一系列基本政治制度和重要原则,规定了国家一系列大政方针,体现出鲜明的社会主义性质。特别是宪法确认了中国共产党领导,这是宪法最显著的特征,也是宪法得到全面贯彻实施的根本保证。

坚持依宪治国、依宪执政,必须坚持党的领导地位和我国国体、政体不动摇。我国宪法以国家根本法的形式,确认了中国共产党领导人民进行革命、建设、改革的伟大斗争和根本成就,确立了国家的根本任务、指导思想、领导核心、发展道路、奋斗目标,规定了一系列基本政治制度和重要原则,规定了国家一系列大政方针,体现出鲜明的社会主义性质。习近平总书记在 2020 年中央全面依法治国工作会议上指出:"我们讲依宪治国、依宪执政,同西方所谓'宪政'有着本质区别,不能把二者混为一谈。"坚持依宪治国、依宪执政,就必须坚持宪法确定的中国共产党领导地位不动摇,坚持宪法确定的人民民主专政的国体和人民代表大会制度的政体不动摇。我们已经成功开辟、坚持、拓展了中国特色社会主义政治发展道路和中国特色社会主义法治道路。当代中国宪法制度已经并将更好展现国家根本法的力量、更好发挥国家根本法的作用。

坚持依宪治国、依宪执政,必须全面贯彻实施宪法。加强宪法实施,必须坚持维护宪法权威和尊严。我们党首先要带头尊崇和执行宪法,全国各族人民、一切国家机关和武装力量、各政党和各社会团体、各企业事业组织,都必须以宪法为根本活动准则,都负有维护宪法尊严、保证宪法实施的职责。宪法的生命在于实施,宪法的权威也在于实施。要坚持和加强党对宪法工作的全面领导,更好发挥我国宪法制度的显著优势和重要作用;把宪法实施贯穿治国理政各方面全过程,不断提高党依宪治国、依宪执政的能力;加快完善以宪法为核心的中国特色社会主义法律体系,不断增强法律规范体系的全面性、系统性、协调性;健全保证宪法全面实施的制度体系,不断提高宪法实施和监督水平;加强宪法理论研究和宣传教育,不断提升中国宪法理论和实践的说服力、影响力。

(三)更好推进中国特色社会主义法治体系建设

法治体系是国家治理体系的骨干工程。更好推进中国特色社会主义法治体系建设,必须加快形成完备的法律规范体系、高效的法治实施体系、严密的法治监督体系、有力的法治保障体系,形成完善的党内法规体系。

加快形成完备的法律规范体系。法律规范体系是以宪法为核心,由部门齐全、结构严谨、内部协调、体例科学、调整有效的法律规范所构成的有机整体。"立善法于天下,则天下治;立善法于一国,则一国治。"全面依法治国,必须加快完善中国特色社会主义法律体系,使之更加科学完备、统一权威。要抓住立法质量这个关键,深入推进科学立法、民主立法、依法立法,统筹立改废释纂,提高立法效率,增强立法系统性、整体性、协同性、时效性。总结编纂民法典的经验,适时推动条件成熟的立法领域法典编纂工作。研究丰富立法形式,增强立法的针对性、适用性、可操作性。推进合宪性审查工作,对一切违反宪法法律的法规、规范性文件必须坚决予以纠正和撤销。同时,地方立法要有地方特色,关键是吃透党中央精神,从地方实际出发,解决突出问题。

加快形成高效的法治实施体系。法治实施体系包括执法、司法、守法等各个环节的协调高效运转。如果有了法律而不实施、束之高阁,或者实施不力、做表面文章,那制定再多法律也无济于事。各级国家行政机关、监察机关、审判机关、检察机关是法律实施的重要主体,必须担负法律实施的法定职责。执法者必须忠实于法律,既不能以权压法、以身试法,也不能法外开恩、徇情枉法。要把平等保护贯彻到立法、执法、司法、守法等各个环节,依法平等保护各类市场主体产权和合法权益。实施好民法典和相关法律法规,依法平等保护国有、民营、外资等各种所有制企业产权和自主经营权,完善各类市场主体公平竞争的法治环境。对滥用强制措施,把民事纠纷刑事化,搞选择性执法、偏向性司法的,要严肃追责问责。

加快形成严密的法治监督体系。法治监督体系以规范和约束公权力的运行为重点。要坚持有权必有责、用权受监督、违法必追究,坚决纠正有法不依、执法不严、违法不究行为,加强对权力运行的制约和监督。习近平总书记在十九届中央政治局第十一次集体学习时指出:"只要公权力存在,就必须有制约和监督。不关进笼子,公权力就会被滥用。"必须抓紧完善权力运行制约和监督机制,规范立法、执法、司法机关权力行使,构建党统一领导、全面覆盖、权威高效的法治监督体系。加强党对法治监督工作的集中统一领导,把法治监督作为党和国家监督体系的重要内容,保证行政权、监察权、审判权、检察权得到依法正确行使,保证公民、法人和其他组织合法权益得到切实保障。坚持以党内监督为主导,推动人大监督、民主监督、行政监督、司法监督、审计监督、财会监督、统计监督、群众监督、舆论监督有机贯通、相互协调。

加快形成有力的法治保障体系。法治保障体系包括政治、思想、组织、制度、队伍、科技等保障条件。习近平总书记在 2014 年中央政法工作会议上指出,各级党组织和领导干部要适应科学执政、民主执政、依法执政的要求,支持政法系统各单位依照宪法法律独立负责、协调一致开展工作。加强统筹谋划,完善法治人才培养体系,加快发展律师、公证、司法鉴定、仲裁、调解等法律服务队伍,着力建设一支忠于党、忠于国家、忠于人民、忠于法律的社会主义法治工作队伍。深化执法司法人员管理体制改革,加强法治专门队伍管理、教育和培养。充分运用大数据、云计算、人工智能等现代科技手段,全面建设"智慧法治",推进法治中国建设的数据化、网络化、智能化。

加快形成完善的党内法规体系。把党内法规体系纳入中国特色社会主义法治体系,是我国法治区别于其他国家法治的鲜明特征。党内法规体系是以党章为根本,以民主集中制为核心,以准则、条例等中央党内法规为主干,以部委党内法规、地方党内法规为重要组成部分,由各领域各层级党内法规组成的有机统一整体。全面依法治国,必须构建内容科学、程序严密、配套完备、运行有效的党内法规体系。要完善党内法规制定体制机制,提高党内法规制定质量。及时进行立、改、废,确保每项法规制度都立得住、行得通、管得了。加大党内法规制定力度,补齐制度短板。扭住提高质量这个关键,坚持问题导向,基础主干法规要补上,作出的规定要切实管用。把提高党内法规执行力摆在更加突出位置,把抓"关键少数"和管"绝大多数"统一起来,以各级领导机关和党员领导干部的示范作用带动全党遵规守纪。

(四)加快建设法治中国

加快建设法治中国,必须适应全面建设社会主义现代化国家的要求,牢牢把握经济社会发展和人民群众对法治建设的需要,坚持系统观念,全面推进科学立法、严格执法、公正司法、全民守法。

完善以宪法为核心的中国特色社会主义法律体系。习近平总书记在十八届中央政治局第四次集体学习时指出:"不是什么法都能治国,不是什么法都能治好国;越是强调法治,越是要提高立法质量。"要全面发挥宪法在立法中的核心地位功能,每一个立法环节都把好宪法关,努力使每一项立法都符合宪法精神、体现宪法权威、保证宪法实施。加强国家安全、科技创新、公共卫生、生物安全、生态文明、防范风险等重要领域,数字经济、互联网金融、人工智能、大数据、云计算等新兴领域,住房、就业、教育、卫生等民生领域,以及关系国家主权、安全、发展利益等涉外领域立法,补齐立法短板,以良法促进发展、保障善治。完善和加强备案审查制度,维护国家法制统一。坚持科学决策、民主决策、依法决策,全面落实重大决策程序制度。

扎实推进依法行政。构建职责明确、依法行政的政府治理体系,各级行政机关必须依法履行职责,实现政府各项工作法治化。转变政府职能,优化政府职责体系和组织结构,推进机构、职能、权限、程序、责任法定化,提高行政效率和公信力。深化事业单位改革,坚持优化协同高效。深化行政执法体制改革,全面推进严格规范公正文明执法,加大关系群众切身利益的重点领域执法力度,完善行政执法程序,健全行政裁量基准,细化量化行政裁量基准。强化行政执法监督机制和能力建设,严格落实行政执法责任制和责任追究制度。完善基层综合执法体制机制,探索推动在食品药品安全、工商质检、公共卫生、安全生产等领域实行跨领域跨部门综合执法。全面贯彻落实《法治政府建设实施纲要(2021—2025年)》,把法治作为行政决策、行政管理、行政监督的重要标尺,加快建设法治政府。

严格公正司法。公正司法是维护社会公平正义的最后一道防线。要深化司法体制综合配套改革,全面准确落实司法责任制,加快建设公正高效权威的社会主义司法制度。强化对司法活动的制约监督,规范司法权力运行,健全公安机关、检察机关、审判机关、司法行政机关各司其职、相互配合、相互制约的体制机制。深化司法权力运行机制改革,加快构建科学合理、规范有序、权责一致、监管有力的司法权运行机制,确保司法权行使严格精准、公正高效。加强检察机关法律监督工作,拓展监督领域,丰富监督手段,完善公益诉讼制度,提升监督精准性和有效性。

加快建设法治社会。法治社会建设需要形成守法光荣、违法可耻的社会氛围,培育办事依法、遇事找法、解决问题用法、化解矛盾靠法的法治环境。加快建设覆盖城乡、便捷高效、均等普惠的现代公共法律服务体系,统筹研究律师、公证、法律援助、司法鉴定、调解、仲裁等工作改革方案,让人民群众切实感受到法律服务更加便捷。推进多层次多领域依法治理,更好运用法治手段解决平安建设、社会治理的重点难点问题,努力把重大矛盾隐患防范化解在基层。弘扬社会主义法治精神,发掘和传承中华法律文化精华,建设社会主义法治文化。深入开展法治宣传教育,在全社会树立法治观念。深化领导干部学法用法工作,发挥示范带头作用,推动尊法学法守法用法在全社会蔚然成风。加强青少年法治教育,引导广大青少年做社会主义法治的忠实崇尚者、自觉遵守者、坚定捍卫者。

三、民法典开创法治新境界

民法典是指在采用成文法的国家中,用以规范平等主体之间私法关系的法典。民法典以条文的方式,以抽象的规则来规范各式法律行为、身份行为。有的民法典会酌情采取习惯法作为补充规范的方式,此外也多半规定以当事人间私法自治的方式弥补各种法规的不足。2020年5月28日,十三届全国人大三次会议表决通过了《中华人民共和国民法典》,2021年1月1日起施行。

(一)《中华人民共和国民法典》的主要内容及特色

1.《中华人民共和国民法典》的主要内容

《中华人民共和国民法典》(以下简称《民法典》)既不是全新的民事法律,也不是简单的法律汇编。我国《民法典》是由单行民法发展而来,其内容由"编"和"纂"组成,是对我国制定于不同时期的关于物权、合同、担保、婚姻、收养、继承、侵权责任和人格权等的民事法律规范进行全面系统性的整合、修改和完善,如进一步完善了产权保护制度、公平交易制度、婚姻家庭和继承制度,进一步完善了自然人和其他民事主体人身权、财产权、人格权的保护救济制度。我国《民法典》通过立法体系化、科学化整合,消除立法中的矛盾,使现行民法制度成为体例科学、结构严谨、规范合理、内容协调一致的法律系统。因此,我国的民法典既保持了现行法律的稳定性,也适应了新情况,进行了适当的立、改、废,是一项复杂的系统工程。

《民法典》总共7编,分别是总则编、物权编、合同编、人格权编、婚姻家庭编、继承编、侵权责任编,以及附则,总计10万余字,容纳了84章、1 260个条文,创下中华人民共和国立法史的新纪录。厚重的法典文本中,包含编、分编、章、节、条等,体例结构的"大树"枝繁叶茂。总则规定了民事活动必须遵循的基本原则和一般性规则,是对民法基本原则、主体制度、权利制度和法律行为制度的总括性规定,是整个民法制度共同的基本制度,共计206条,在民法典中起统领性作用;民法典分编包括六编,依次是物权编、合同编、人格权编、婚姻家庭编、继承编、侵权责任编,共1 034条,在总则的基础上对各项民事制度作出具体规定。具体如下:

总则编是《民法典》的总纲,规定了民事活动必须遵循的基本原则和一般性规则,统领民法典其他6个分编。总则编的主要内容有:关于《民法典》制定的目的、适用的范围、民事主体从事民事活动应当遵循的原则等基本规定;自然人的民事权利能力和民事行为能力、监护、宣告失踪和宣告死亡以及个体工商户和农村承包经营户等的内涵及权益;法人的一般规定以及营利法人、非营利法人和特别法人的规定;非法人组织的外延、权利和义务等;民事主体所享有的各种民事权利等;民事法律行为的一般规定、意思表示、民事法律行为的效力及民事法律行为的附条件和附期限;代理的一般规定、委托代理和代理终止;民事责任的承担方式、适用方式等;诉讼时效在不同情况下的期间等;期间的计算等。

物权关系到个人、集体和国家的利益。物权编的主要内容包括:规定了物权的设立、变更、转让、消灭和保护,其中涉及不动产的登记和动产的交付;对所有权作了一般规定,并区分了国家所有权和集体所有权、私人所有权、业主的建筑物区分所有权、相邻关系、共有权等不同所有权的权利和义务,也就所有权的取得作了特别规定;在用益物权中,主要界定了土地承包经营权、建设用地使用权、宅基地使用权、居住权和地役权等不同物权适用的主体和客体及其权益等;在担保物权方面,规定了抵押权(一般抵押权、最高额抵押权)、质权(动产质权、权利质权)和留置权的范围、期限等;物的合法和非法占有以及占有物状况的相关规定。

合同制度是市场经济的基本法律制度。为适应我国经济社会发展和全面深化改革的需要,落实党中央提出的完善市场经济基础制度的要求,借鉴国际立法经验,合同编进一步修改完善了合同制度。《民法典》合同编的主要内容包括:规定了合同订立的形式和要件、合同效力的认定、合同履行规则、合同的变更与转让规则、合同权利义务终止的情形及法律后果、违约责任的认定与追究方式;对买卖合同、供用电水气热力合同、赠与合同、借款合同、保证合同、租赁合同、融资租赁合同、保理合同、承揽合同、建设工程合同、运输合同(含客运、货运、多式联运)、技术合同(含技术开发、转让、许可、咨询和服务)、保管合同、仓储合同、委托合同、物业服务合同、行纪合同、中介合同和合伙合同等19类典型合同作出具体规范;同时明确了准合同中的无因管理和不当得利相关主体的权利义务。

人格权关系到每个人的人格尊严,是民事主体最基本、最重要的权利。人格权编对各种具体人格权作了较为详细的规定,为人格权保护提供了充分的民事请求权法律基础,主要内容包括:人体的生命权、身体权和健康权是人最基本的权利,对人体细胞、人体组织、人体器官、遗体等不得强迫捐献、买卖、试验,不得非法剥夺和限制人的行动自由;个人享有姓名权,法人、非法人组织享有名称权,有权依法决定、使用、变更或者许可他人使用,但不得违背相关规定;个人享有肖像权,有权依法制作、使用、公开或者许可他人使用自己的肖像,他人和组织不得侵害,未经肖像权人同意,不得制作、使用、公开肖像权人的肖像,但是法律另有规定的除外;声音权类似肖像权;民事主体享有名誉权和荣誉权,任何组织或者个人不得侮辱、诽谤、诋毁和贬损;个人享有隐私权,个人信息受法律保护,任何组织或者个人不得刺探、侵扰、泄露、公开,法律另有规定的除外。

婚姻家庭制度是规范夫妻关系和家庭关系的基本准则,关系到家家户户的利益。婚姻家庭编的主要内容有:规定了结婚的年龄、血亲限制、登记,在什么情况下婚姻无效、可以撤销婚姻关系以及损害赔偿;关于家庭关系,明确了夫妻关系的平等地位,参加生产、工作、学习和社会活动的自由以及对未成年子女抚养、教育和保护的权利,也规定了夫妻应该履行的义务,在财产方面的共有和分割等;规定了父母对子女的抚养和子女对父母的赡养,禁止继父母与继子女间的虐待或歧视,以及兄弟姐妹、祖辈、孙辈等之间的义务;离婚的条件和离婚后子女的抚养、财产和债务处理以及在一定情形下的赔偿等事项;另外,对收养关系的成立、收养的效力和收养关系的解除也进行了规定。

继承编的主要内容有:规定只有法定的遗产才能继承,而且在违法的情形下会丧失继承权;法定继承遗产的顺序(配偶、子女、父母的第一顺序和兄弟姐妹、祖父母、外祖父母的第二顺序)、代位继承、丧偶儿媳或者外丧偶女婿的继承权以及继承遗产的份额;遗嘱继承中自书遗嘱、代书遗嘱、打印遗嘱、以录音录像形式立的遗嘱、危急情况下的口头遗嘱遗赠和公证遗嘱应该遵循的事项,哪些人不得作为遗嘱见证人,遗嘱的效力范围,遗嘱继承人和受遗赠人的义务;遗产的处理方面,规定了遗产管理人的要件和职责、遗产的法定继承办理、遗产缴纳的税款和债务等情况。

侵权责任调整因侵害民事权益产生的民事关系,主要内容有:规定了哪些情况应该承担侵权责任、连带责任以及责任的大小;规定了损害赔偿中损害他人人身损害、精神、财产和知识产权等应当赔偿的项目及费用支付方式;对责任主体中无民事行为能力人和限制民事行为能力人及其监护人、完全民事行为能力人、用人单位、承揽人、网络用户、网络服务提供者、经营场所、公共场所的经营者、管理者或者群众性活动的组织者、幼儿园、学校等的特殊规定;产品的生产者、销售者、运输者、仓储者因产品缺陷造成他人损害应当承担的责任;在机动车交通事故中以租赁、借用、买卖、转让、挂靠、盗窃、抢劫、抢夺及事故后逃逸等方式应当明确的责任;在医疗中,因医疗机构或者其他医务人员有过错、未尽到义务的,由医疗机构承担赔偿责任;因药品、消毒产品、医疗器械的缺陷,或者输入不合格的血液造成患者损害的,相应的提供机构应当承担赔偿责任;规定了环境污染和生态破坏侵权人的责任及其大小;高度危险作业包括核设施、民用航空器、易燃、易爆、剧毒、高放射性、强腐蚀性、高致病性、高空、高压、地下挖掘活动或者使用高速轨道运输工具、遗失和抛弃高度危险物造成他人损害的责任;饲养的动物造成他人损害的,动物饲养人或者管理人应当承担侵权责任;建筑物、构筑物或者其他设施倒塌、塌陷造成他人损害的,由建设单位与施工单位、所有人、管理人、使用人或者第三人承担侵权责任;等等。

2.《民法典》的特色

《民法典》在内容上具有中国的特色,它延续了我国优秀的民族文化基因,以人本为底色,坚持实事求是,从实践出发,并紧跟时代,赋予自身以时代性,是一部具有中国特色、反映人民意愿、立足现实、富于前瞻、体现时代精神的现代化法典,是新时代中国特色社会主义的体现。

(1)民族特色。

《民法典》是国之大典大法,虽然具有相当的普适性,但在总体上与其所植根的政治、经济和社会土壤相适应,其本质仍是不同国家、民族的社会经济生活与文化传统。纵观历史,可以发现,凡是经久不衰、具有旺盛生命力的民法典无不深深扎根于民族土壤。《民法典》扎根中国大地,在合理借鉴和吸收世界先进的法治理论、人类法治文明建设有益成果的同时,注重从中国国情出发,聚焦中国问题,提出中国方案、探寻中国之道,彰显中国精神,是我们国家民族精神的体现及产物。《民法典》充分发掘我国自古以来形成的民法文化,融合了民族智慧,处处蕴含着中华民族优秀而丰富的传统文化思想,优良家风、夫妻互相关爱、家庭成员间敬老爱幼、见义勇为等伦理道德入典,不仅从文化方面延续中华民族延绵千年的人文基因,而且贯穿着德治和法治相结合的鲜明中国特色这条主线。强调法律规则的道德约束和道德规范的法律支撑,将传统文化融入民法体系,更符合我国人民的传统观念,有利于鼓励和促进人们对内在道德素质的修养,有利于提升社会的整体风气。我国《民法典》也是中国特色社会主义制度的集中表现,它坚持中国共产党的领导,充分体现中国特色社会主义的本质特征,对基本经济制度作了新规定,弘扬社会主义核心价值观,规定自愿、诚信的民法基本原则等。这部中国特色的《民法典》完成了一次中国国家精神和民族精神的立法表达,是制度自信、文化自信和大国担当的体现。

（2）实践特色。

实践的观点是马克思主义的首要的基本的观点,实践性是马克思主义的显著特征。我国《民法典》绝对不是闭门造车,绝不照搬外国的民法条文,更不照抄书本上的民法理论,而是来源于实践的积淀。《民法典》是中国法治建设伟大实践的成果,更是中国特色社会主义的伟大实践探索的成果。改革开放以来,我国各项建设为构建民法理论体系和话语体系奠定了坚实的实践基础。我国《民法典》着眼于中国的实践,始终坚持从我国的实际出发,积极回应实践需要,不断满足社会主义法治建设的需要,以建设中国特色社会主义法治体系、建设社会主义法治国家为目标,以解决我国现实问题为最终归宿,注重对司法实务现状的审视,积累和总结丰富的民事司法实践经验,将实践作为研究问题的重要来源,而其中的很多条文规定也的确源于生活实践,具有极强的实践品格。例如,中国裁判文书网中有几千万份民事裁判文书,既是理论研究的重要对象,也是理论研究的宝贵实践资源。《民法典》共 7 编,除人格权编外,其余各编都是在现行法律的基础上修改完善后形成的,是对改革开放以来我国民事立法经验的继承与发展。在《民法典》编纂工作中,全面梳理总结了民事司法实践经验,将行之有效的司法解释上升为法律规范。回应发展问题,其总则编中的绿色原则、物权编中规定三权分置、合同编中回应旅客霸座、人格权编中的性骚扰条款、婚姻家庭编中离婚冷静期、侵权责任编中高空抛物致人损害规则等,都体现出对社会现实问题的关切;强化弱者保护,完善有关格式条款的法律规制,就未成年人个人信息设置特殊保护规则,就监护制度确立"最有利于被监护人"和"尊重被监护人真实意愿"的原则,扩大遗产酌分请求的适用范围等。《民法典》还弘扬社会主义核心价值观,维护公序良俗;关注个人隐私、高铁霸座、未成年人充值等社会关切的问题;创新法人制度,增设特别法人;落实中央关于农村承包地三权分置改革的要求,对土地承包经营权的相关规定作了完善,助益我国农地制度改革。《民法典》中包含的这些内容都是民事法治实践的最新成果。总之,《民法典》体现了民事生活实践的最新理论成果,也为有效实施民法提供了更坚实的支撑。

（3）民本特色。

民法首先是"人"法,以确认和保护人的权利为根本任务。工业时代以前的民法典,注重人与物之间的关系,更多强调物的归属、利用和保护。与以往民法典"以物为本"的价值理念不同,新时代下的《民法典》改变了"重物轻人"的体系缺陷,超越了传统民法典以"财产权"为中心的思路,突出"以人为本"的价值取向。民为邦本、民意至上。作为保障个人权益的最重要法律之一,我国民法典"姓"民为民,鲜明地突出和彰显了"人民中心"思想,站在人民立场,尊重人民意愿,彰显了中国特色社会主义民法典的人民性。《民法典》诠释并确认了人民至上的价值取向和法治理念,体现了中国人民的精神风貌,回应了新时代的人民诉求,通篇贯彻"以人民为中心"的立法思想。《民法典》从出生到终老,从微观到宏观,着力于满足人民群众的实际需求,与人民群众的生活息息相关,是人民生活的反映。《民法典》用权利本位构建起人民至上的逻辑主线,开启依法维护和保障人民合法权益的新时代。在《民法典》编纂过程中,相关人员广泛征求各方面意见,先后 10 次在中国人大网公开征求意见,累计收到 42.5 万人提出的 102 万条意见和建议。这部镌刻和保护人民权利的法典是人民权利的"宣言书",以增进人民福祉为出发点与落脚点,以确认与保障民事权利为核心,直面人民生活的痛点难点问题,对大众的热点诉求作出明确具体的法制回应。这充分体现了"民有所呼,法有所应"的精神。正是因为坚持开门立法,了解人民群众的法治需求,才确保了《民法典》的制度设计符合社情、贴近民意。在立法目的上,《民法典》开宗明义地把反映人民愿望、体现人民利益、增进人民福祉、促进人的全面发展作为出发点和落脚点;在篇章结构上,《民法典》专设人格权编,系统规定生命权、健康权、名誉权、荣誉权等,使得人之为人的人性要素被扩张,集中表达了人本的发展思想;侵权责任编则在保护财产权和人身权的过程中使人的尊严得到强化;继承编则通过制度设计,为人类财富积累提供基本法律支柱。在制度设计上,《民法典》直面社会发展和人民生活的热点难点,建立完备的民事权益保护体系,平等保护财产权利,规定居住权制度等,有效回应了人民美好生活的需要。《民法典》对新时代我国民生问题、人民权益保护新诉求作出了积极回应,比如监护制度的规定、农村集体经济组织成员权的规定、对居住权的确认、保障业主权利的规则等,都体现了《民法典》注重解决人民群众最关心、最直接、最现实利益问题的特点。在《民法典》中,每一个老百姓都是民事主体,都享有民事权利能力和民事行为能力,都享有各项民事权利,如享有人格尊严、人身自由、身体权、姓名权、肖像权、隐私权、婚姻自主权,还有各种各样的财产权利等,织起了一张人民权益保护的大网。正是这些权利,保障了每一个老百姓在社会中的地位和尊严,如果这些权利受到损害,就要受到保护。《民法典》实现了法律形式与人民意志的统一,其基本精神深入人心,促使人民主动利用法律维护自身的合法权益,切实保证广大人民的根本利益,使个人的自由和尊严得以实现,促进社会的公平和正义。

(4)时代特色。

世界正处于百年未有之大变局,我国正处在实现中华民族伟大复兴的关键时期,中国特色社会主义进入新时代,方兴未艾的新一轮科技革命和产业变革给我们带来了前所未有的挑战和机遇。这也是一个信息爆炸的时代,大数据、互联网成了一把双刃剑,个人隐私受到了前所未有的威胁,信息泄露引发的电信诈骗,利用互联网侵犯公民名誉权等现象层出不穷。人民群众在民主、法治、公平、正义、安全、环境等方面的要求日益增长,人民群众希望对权利的保护更加充分、更加有效。《民法典》正是在这样一个历史的大幕之下制定并实施的,它既继承老祖宗传承下来的优秀法律文化,又注重发展创新,做到"苟日新,日日新,又日新",为21世纪全新的社会问题提供民法方案,因而具有很强的时代特色,更能对未来发挥较强的指引作用。《民法典》对新时代有充分的估计和认识,并作出了及时和全面的回应,与时俱进,永葆时代性,反映中国特色社会主义进入新时代的新需求,确认新型权利。例如,《民法典》顺应新技术发展的法治需求,对电子合同的订立和履行等作了详细规定,将个人信息权列入民事权利谱系,对网络虚拟财产、人工智能发展等作出规定;对从事基因编辑等医学和科研活动加以规范,对深度伪造技术带来的"换脸"和"换声"等问题予以回应,确保新的生物技术、信息技术更好地为人类发展服务。再如,随着科技的发展,医疗技术的进步,许多老人面临头脑清醒但双手无法活动,无法手书遗嘱的尴尬境地。继承编与时俱进,将打印遗嘱、录像遗嘱等列为法定的遗嘱形式,对打印遗嘱的效力作出界定,明确了打印遗嘱必须具备的形式,填补了立法空白。另外,《民法典》还增设一系列与互联网、大数据等高科技发展相配套的民事规范,引领信息时代的民事立法等适应了时代发展的需要,体现了先进性。

(二)《民法典》的重大创新和亮点

我国《民法典》是否可以展示中国的立法水平,固然是对中国传统法律文化的继承问题,更是对法学理论、民法制度和立法方法进行创新的发展问题。《民法典》的编纂尽管是在原来就有的数部民法单行法的基础上进行的,而非制定一部新的法律,但是,《民法典》并非对原有民法规范的简单汇编,而是适应不断发展变化的社会生活之需要,适时适度地对原有的民事法律规范进行编订修纂,对已经不适应现实情况的规定,进行了实际的修改和理论的创新,对经济社会生活中出现的新情况、新问题作出有针对性的新规定。目前在《民法典》的 1 260 个条文中,就有 613 个条文是对原有民法规范的创新和修改,处处体现着新规定、新概念和新精神,成为民法典的新规则。所以,我国《民法典》对具体规范的创新范围是非常大的,在一些重大制度和理论创新方面作出了积极努力。

1.首创人格权独立成编

我国《民法典》中最值得关注的创新和亮点是在编排体例上的一个重大创新——设立了独立的人格权编,这完全是新规则,是传统大陆法系如德国、法国、日本、瑞士等国家民法典中没有的。因此,这在世界民法典编纂体例上是史无前例的,是我国在立法上的独创和创新,是世界民法典的首创。人格权是社会和个体生存发展的基础之一,是法律体系中以人格自由和人格尊严为核心内容的重要基础性权利。新时代,人民对加强人格权保护的呼声很强,人民美好生活的需要、法治建设的进程、社会主义核心价值观的践行和弘扬等某种程度上都有赖于人格权保护。如果《民法典》中没有独立的人格权编,民法典立法就是对各个既有单行民法汇总,没有新的内容。没有人格权编,民法典立法的必要性大大降低,可能就不会有《民法典》。没有人格权编的中国《民法典》无异于大陆法系各民法典的复制品。《民法典》人格权编主要是从民事法律规范的角度规定自然人和其他民事主体人格权的内容、边界和保护方式,不涉及公民政治、社会等方面权利。我国《民法典》设立人格权编,对民事主体的生命权、身体权、健康权、姓名权、名称权、肖像权、声音权、名誉权、荣誉权、隐私权等权利,以及基于人身自由、人格尊严产生的其他权益进行确认和保障。人格权编置于总则编、物权编、合同编之后,为我国公民人格权益保障搭建了民法保护的制度框架,明确了公民人格权利的请求权基础。《民法典》人格权独立成编体现了民法典将人格尊严提到了一个新的高度,体现了以人为本的理念以及对个体的关怀,是以人为本的价值理念在我国民事法律中的精神投射,为我国公民人格权利的保障与维护织密防护网络,为进一步打击侵害人格权益的违法行为提供了明确的法律依据。同时,人格权独立成编后,将有一个更为宽敞的空间对人格权进行规定,可以写入更多的条款。从世界范围的民事立法来看,《民法典》所体现的公民人格全面受保护的思想是一个极大的创新,为世界民事立法提供了宝贵的中国智慧和中国方案,受到国际上的广泛赞誉,很多外国学者认为这是世界民法典立法史上具有里程碑意义的创举。

2.精神损害赔偿纳入违约责任范围

在此前,违约之诉主张精神损害赔偿并没有明确的法律依据,审判实践中普遍也不支持违约之诉中提出的精神损害赔偿诉讼请求。然而,现实生活中,因一方的违约行为导致守约方受到精神痛苦的情形确实是存在的。例如,在美容服务合同中,提供美容服务的一方由于疏忽、操作不规范等原因,导致他人容貌和身体的损伤,一些损伤甚至是不可能逆转的,这无疑会对受损者的精神造成极大伤害。再如,骨灰在运输或者保管的过程中,运输方或者保管方造成骨灰的损害或者遗失,给骨灰所属的亲人造成精神上无法弥补的伤害。虽然此前的法律中,这种情况作为违约责任和侵权责任出现一定的重合,当事人如果想主张精神损害赔偿,可以选择侵权之诉。但是,一般来说,侵权之诉由于侵权人承担的是过错责任,权利人选择侵权之诉,同时也相对增加了举证责任。因此,在诸如这些违约责任中,如果不可以在合同之诉中直接主张精神损害赔偿,对于守约一方是有失公平。此次的《民法典》对此作出了规定:因当事人一方的违约行为,损害对方人格权并造成严重精神损害,受损害方选择请求其承担违约责任的,不影响受损害方请求精神损害赔偿。除此之外,《民法典》规定,侵害自然人人身权益造成严重精神损害的,因故意或者重大过失侵害自然人具有人身意义的特定物造成严重精神损害的,被侵权人有权请求精神损害赔偿。这更有利于人格权的保护,也是我国立法上的重大突破。

3.声音权首次由民法典纳入基本法律的保护

现实生活中,每个人的声音都很独特,会给人留下深刻的印记,甚至可以通过闻声而识人。一些人会把模仿某些人的声音作为"商机"去牟利,也有一些人会由模仿某种声音而走上犯罪道路。《民法典》规定了对自然人声音的保护参照适用肖像权保护的规定,以后,非法模仿他人的声音会构成侵权。声音跟肖像一样,具有人身属性,通过声音,可以成为识别个人身份的重要依据,同时,声音在商品化利用时还具有财产属性,尤其是名人或者具有特定场景应用特点的声音等。这些声音都具有了相应的经济价值,一旦其声音单词、片段被剪辑重组,应用于其他软件或场景中,就可能给声音主体的人身权益、财产权益造成损害。所以,民法典提出了"声音权",防止其被混淆、滥用、冒用、不正当使用,损害声音主体的声音权,甚至名誉权。

4.新增两个具体的免责事由

《民法典》新增两个具体的免责事由:一是自甘风险,即自愿参加具有一定风险的文体活动,因其他参加者的行为受到损害的,受害人不得请求其他参加者承担侵权责任,但是其他参加者对损害的发生有故意或者重大过失的除外。自甘风险的具有一定风险的文体活动的组织者,对于造成受害人损害是否承担侵权责任,应当适用违反安全保障义务侵权责任和教育机构损害责任的规定。二是自助行为,即合法权益受到侵害,情况紧迫且不能及时获得国家机关保护,不立即采取措施将使其合法权益受到难以弥补的损害的,受害人可以在保护自己合法权益的必要范围内采取扣留侵权人的财物等合理措施;但是,应当立即请求有关国家机关处理。受害人采取的措施不当造成他人损害的,应当承担侵权责任。《民法典》增加规定免责事由,使我国民法的免责事由形成了比较完善的体系,能够放宽民事主体的行为自由范围,在法律规定的范围内,可以自由行使权利,进而积极创造,实现自己的尊严和价值,进而推动社会的进步和发展;同时,也能够避免同案不同判,统一法律适用尺度。

5.专章规定居住权

住房是关系民生的根本大事,此次物权编新设了居住权的规定。《民法典》物权编规定,居住权人有权按照合同约定并经登记,对他人的住宅享有占有、使用的用益物权,以满足自身稳定生活居住的需要。这一制度安排有助于为公租房和老年人以房养老提供法律保障。同时法律也规定,续期费用的缴纳或者减免,依照法律、行政法规的规定。居住权期限届满或者居住权人死亡的,居住权消灭。居住权消灭的,应当及时办理注销登记。居住权不能转让、继承。合同明确规定以后,在专门不动产部门办理居住权登记,取得有效认可才可有居住权。针对社会高度关注的住宅建设用地使用权期间届满续期的问题,《民法典》作出了原则性规定:住宅建设用地使用权期间届满的,自动续期。总之,《民法典》认可和保护民事主体对住房保障的灵活安排,满足特定人群的居住需求。

6.绿色原则被确立为基本原则

绿色原则既是当前社会背景中法律价值的重要载体,也是解释法律法规的基本依据,担当起民事立法指导方针的重任。《民法典》从实体法的角度将生态理念灌注至相关法律制度中,与中国特色社会主义法治体系建设结合推进,从而实现民法典的绿色化、生态化,这是立法的一大创新。《民法典》总则编确认的基本原则中,郑重地写下了"民事主体从事民事活动,应当有利于节约资源,保护生态环境"。在《民法典》各分编中,绿色发展理念被进一步予以落实和体现。在物权编中,完善相邻关系制度,将环境保护相邻权嵌入其中,实现物尽其用与生态环境保护共彰;构建我国的公众共用物制度,实现物权的生态化;另外,业主的建筑物区分所有权、在用益物权、建设用地使用权中,也有防治污染、节约资源、保护生态环境的要求。在合同编中,规定当事人在合同履行中应当遵循原则,负有避免浪费资源、污染环境和破坏生态的义务,在合同终止后负有旧物回收义务,同时还规定买卖合同的出卖人负有自行或者委托第三人对标的物予以回收的义务。侵权责任编将环境权纳入民事权益范畴,专章规定环境污染和生态破坏责任,对生态环境损害赔偿的形式和范围作出列举规定,包括生态环境受到损害至修复完成期间服务功能丧失导致的损失,生态环境功能永久性损害造成的损失,生态环境损害调查、鉴定评估等费用,清除污染、修复生态环境费用,防止损害发生和扩大所支出的合理费用等,明确国家规定的机关和法律允许的组织可以享有生态环境损害的索赔权。上述规定大大增强对于环境违法行为人的威慑力,从而有利于遏制破坏生态的行为,保障人们享有在良好适宜的环境中生活和工作的权利。生态环境损害赔偿制度写入民法典标志着这项制度的实施已经进入了一个新阶段。

7.新增离婚冷静期的规定

现实生活中,由于离婚登记手续过于简便,轻率离婚的现象增多,不利于家庭稳定。为此,《民法典》规定了1个月的离婚冷静期,即,自婚姻登记机关收到离婚登记申请之日起30日内,任何一方不愿意离婚的,可以向婚姻登记机关撤回离婚登记申请。规定期限届满后30日内,双方应当亲自到婚姻登记机关申请领取离婚证;未申请的,视为撤回离婚登记申请。这一规定能够让人们对自己的婚姻作出充分、慎重的考虑,减少冲动离婚和草率离婚的发生,有利于维护婚姻关系的稳定。

8. 不再规定有关计划生育的内容

为适应我国人口形势新变化,《民法典》不再规定有关计划生育的内容。2013年中共十八届三中全会决定启动实施"单独二孩"政策。2013年12月28日,《关于调整完善生育政策的决议》由十二届全国人大常委会第六次会议表决通过,"单独二孩"政策正式实施。2015年10月29日,中国共产党第十八届中央委员会第五次全体会议通过的《中国共产党第十八届中央委员会第五次全体会议公报》中指出,"促进人口均衡发展,坚持计划生育的基本国策,完善人口发展战略,全面实施一对夫妇可生育两个孩子政策,积极开展应对人口老龄化行动。"2016年1月1日,修订后的《中华人民共和国人口与计划生育法》第十八条第一款规定:"国家提倡一对夫妻生育两个子女。"施行了30多年的独生子女政策自此终止。但全面二孩政策实施以来,人口增长情况低于预期,一些地区人口增长率为负数,为此,多地出台了生育鼓励政策。为了与当前的生育政策相适应,《民法典》将"无子女"的收养条件放宽为"无子女或者只有一名子女",将收养人只能收养一名子女放宽为有子女的收养人只能收养一名子女,无子女的收养人可以收养两名子女。这些都是与时俱进的必要修正。而且,如果收养孤儿、残疾未成年人或者儿童福利机构抚养的查找不到亲生父母的未成年人,还可以不受前述修正的限制。

9. 敲响民间非法高利放贷的"丧钟"

近年来,"校园贷""套路贷"等高利贷事件时有发生,这一乱象滋生出许多社会问题,威胁着人民的财产、生命,损害了社会的健康发展,引起广泛关注。《民法典》禁止高利放贷,规定借款的利率不得违反国家有关规定;借款合同对支付利息没有约定的,视为没有利息;借款合同对支付利息约定不明确,当事人不能达成补充协议的,按照当地或者当事人的交易方式、交易习惯、市场利率等因素确定利息;自然人之间借款的,视为没有利息。禁止高利放贷写进《民法典》,是国家首次从民商事基本法层面明确禁止高利放贷,体现了严厉打击高利贷的决心。《民法典》将借款利率限制在国家规定的正常水平,有助于减少非法放贷犯罪活动,降低当事人为追逐高利息铤而走险从事骗取贷款、非法吸收公众存款等犯罪活动的可能,同时也能防范因非法放贷诱发涉黑涉恶以及其他违法犯罪活动,切实保护公民、法人和其他组织合法权益。《民法典》对借贷行为的规范,较好地兼顾了各类放贷主体的合法诉求。借款合同对支付利息约定不明确,当事人不能达成补充协议的,人民法院将按照当地或者当事人的交易方式、交易习惯、市场利率等因素确定保护的利息范围,规范民间金融活动。自然人之间利息约定不明的,视为没有利息的规定,充分体现了《民法典》在尊重当事人意思自治的前提下,更加侧重于保护债务人。这也表明了国家鼓励人们投资实体经济,助推经济高质量发展,解决因高利放贷导致的一系列社会问题。

10. 见义勇为者免责,无偿搭乘机动车驾驶人减责,鼓励助人为乐

在现实生活中,因救人反成被告的事件多次发生,"扶不扶""救不救"的问题一度困扰着公众,甚至使一部分人不敢救助。为免除见义勇为者的后顾之忧,积极倡导社会正义,培育见义勇为、乐于助人的良好风尚,匡正社会风气,民法典规定:"因保护他人民事

权益使自己受到损害的,由侵权人承担民事责任,受益人可以给予适当补偿。没有侵权人、侵权人逃逸或者无力承担民事责任,受害人请求补偿的,受益人应当给予适当补偿。因自愿实施紧急救助行为造成受助人损害的,救助人不承担民事责任。"这就明确了侵权人和受益人的各自责任,同时也明确了见义勇为者依法不承担民事责任,有助于杜绝"英雄流血又流泪"的现象。另外,无偿搭乘他人车辆引发的损害赔偿问题争议较大,为了既保护受害者的权益,又鼓励大家助人为乐,《民法典》规定,"非营运机动车发生交通事故造成无偿搭乘人损害,属于该机动车一方责任的,应当减轻其赔偿责任,但是机动车使用人有故意或者重大过失的除外。"这也体现了《民法典》对助人者的肯定和保护。

11.单位负有性骚扰的预防与制止义务

《中华人民共和国妇女权益保障法》在我国法律上首次提出"性骚扰"概念并加以禁止,《女职工劳动保护特别规定》等也做了一些原则性规定,但都不够具体明确。《民法典》对此前的法律和法规进行吸收和升级,对性骚扰的认定、表现形式等作出了明确的规范,而且,对于性骚扰行为的实施主体与受害主体的性别、年龄不再作限制,对男女在"性自主"方面提供同等保护。此外,《民法典》还就相关单位对性骚扰的防治、救济等义务作出了规定:"违背他人意愿,以言语、文字、图像、肢体行为等方式对他人实施性骚扰的,受害人有权依法请求行为人承担民事责任。机关、企业、学校等单位应当采取合理的预防、受理投诉、调查处置等措施,防止和制止利用职权、从属关系等实施性骚扰。"这有效地保护了性骚扰对象的权益,使其免除或减轻伤害。

12.住宅小区共有部分收益业主共有

物业公司经常擅自改变小区公共部分用途,利用外墙、电梯张贴广告,业主却完全不知道盈利去向。对于物业公司侵害业主权利的这些问题,《民法典》也有相关规定,在物权编中,加强了对建筑物业主权利的保护。改变共有部分的用途或者利用共有部分从事经营活动,应当由业主共同决定;建设单位、物业服务企业或者其他管理人利用业主共有的部分产生的收入,在扣除合理成本后,属于业主共有,如物业企业利用电梯、外墙做广告,所得收入属于业主共有,业主有权要求物业企业返还。业主共有部分的经营与收益情况等事项应当以合理形式向业主公开或者向业主大会、业主委员会报告。这将纠正和规范物业公司的不合理、不合法行为,发挥定分止争的作用,加强对业主权利的保护,维护业主的合法权益。

13.规定胎儿有继承、接受赠与的权利

在司法实践中,继承案件中遗腹子享有何种合法权益往往成为争议的焦点。为保护涉及遗产继承、接受赠与等胎儿利益,《民法典》强化对胎儿民事权利的保护,为类似司法实践提供法律依据。《民法典》明确规定:"涉及遗产继承、接受赠与等胎儿利益保护的,胎儿视为具有民事权利能力。但是,胎儿娩出时为死体的,其民事权利能力自始不存在。""遗产分割时,应当保留胎儿的继承份额。胎儿娩出时是死体的,保留的份额按照法定继承办理。"这表现了对胎儿继承的特留份制度,如果造成侵权,胎儿出生之后可以独立请求赔偿。比如母亲怀孕时,胎儿遭受了人身伤害,此条法律赋予了胎儿在出生后提起赔偿的权利。对胎儿权利的保护,体现出了民法对人全面、终极的关怀,也体现我国法

律文明的进步。

14. 守护人民"头顶上的安全"

高空抛物坠物造成人员伤亡、财产损失,令不少人心惊胆战,《民法典》规定:"禁止从建筑物中抛掷物品。从建筑物中抛掷物品或者从建筑物上坠落的物品造成他人损害的,由侵权人依法承担侵权责任;经调查难以确定具体侵权人的,除能够证明自己不是侵权人之外,由可能加害的建筑物使用人给予补偿。可能加害的建筑物使用人补偿后,有权向侵权人追偿。"《民法典》作出这一规定,意味着高空抛物坠物造成他人损害的,由侵权人负责,在不能明确责任人的情况下,建筑物的业主都有可能被追偿责任。同时规定,在防止高空抛物坠物方面,物业要尽安全责任。这条法律规定既约束了任意在高空放置物品或者向下投掷物品的行为,增强民众的责任感,促进互相监督,也可以为受害人提供"兜底"保障,并为补偿人进一步追偿提供法律依据。

15. 电子邮箱地址和行踪信息纳入个人信息保护范围

数字化时代,面对人肉搜索、垃圾短信、电信诈骗等挑战,我国《民法典》以专章形式专门规定了个人信息处理的规范及要求,明确将自然人的电子邮箱地址和行踪信息纳入个人信息保护范围。从法律层面上强化对数据共享中个人信息保护,同时积极回应数据共享中个人信息保护的问题;既注重发挥个人信息的经济效用,也注重保护信息主体的个人信息权利;既不因为过度保护个人信息等权利而限制了数据产业的健康有序发展,也不为发展数据产业而不考虑个人信息等权利的保护。《民法典》还进一步充实完善了未成年人个人信息保护的法律体系,为我国儿童个人信息的安全保障编织了紧密的防护网络,为进一步追究侵犯儿童隐私权和个人信息权利的违法犯罪行为法律责任提供了明确的法律依据。《民法典》的这些规定让个人信息使用有法可依,将有效地遏制过度搜集个人信息的乱象。

16. 未成年遭受性侵害损害赔偿请求权的诉讼时效起算点为年满 18 周岁之日

未成年人遭受性侵害后,因其处于未成年阶段,不能及时行使,或者不能独立判断是否要通过法律途径主张损害赔偿请求权。《民法典》规定,未成年遭受性侵害损害赔偿请求权的诉讼时效起算点为年满 18 周岁之日,使遭受性侵害的未成年人在成年后,可以拿起法律的武器、通过法律途径去主张自己的权利。

17. 数据、网络虚拟财产受法律保护

《民法典》明文规定:"法律对数据、网络虚拟财产的保护有规定的,依照其规定。"民法典将"数据"信息明确列入知识产权保护范围,网络虚拟财产、数据信息将正式成为新型民事权利的客体。这意味着 Q 币、网游装备等网络虚拟财产,都将成为民法意义上的私人财产,受法律保护。这充分反映了 21 世纪网络时代的特点,顺应了互联网和大数据时代发展的需要。

除以上创新外,《民法典》还在很多方面作出了新的规定,可谓亮点纷呈:侵权责任独立成编;合同编通则发挥债法总则的功能;七编制;严格规定开展人体临床试验程序,严

格规范人体基因、人体胚胎等研究活动；可以按规定捐献人体或组成部分、遗体，但不得进行买卖等交易；诉讼时效由两年延长至三年；限制民事行为能力人年龄下限标准由十周岁下调到八周岁；针对空巢老人和留守儿童的权益得不到保障的社会之痛，民法典完善了监护制度，加强对老年人和未成年人的权益保障。民法典将丧失或者部分丧失民事行为能力而不能辨认自己行为的成年人列入了监护范围而加以保护；民政部门可担任监护人；成年人可协议确定监护人；居委会被赋予法人资格；非法人组织为民事主体；将法人分为营利性法人、非营利性法人和特别法人三类，增加物业服务合同、保理合同；进一步明确自然人隐私权保护；因受胁迫结婚的当事人可以请求撤销婚姻；隐瞒疾病的可撤销婚姻；等等。

(三)《民法典》的历史地位

在当前全面建成小康之际，在建设社会主义现代化国家这一宏伟目标的重要历史节点，《民法典》占据着前所未有的历史地位。

1.我国法典编纂立法的先河之作和里程碑

《民法典》是我国第一部以"法典"命名的法律，我国过去的法律只是"法"，而它则是"典"，是典籍和典范。《民法典》也是第一部以"民"命名的法典，我国的民法体系经历从"法"到"典"的历史转换，一字之差，具有大不同，意味着民法的法典化。从民法向民法典的演进可以看出，其不仅仅是简单的一字之差，而是意味着历史性变革的更新换代。我国古代法制史向来诸法合体、民刑不分，更没有专门的民法典。制定民法典，也并非新鲜的提法，而是从晚清变法伊始就在实践。但是，历史的发展是各种因素合力的结果，绝不会完全符合国民的愿望。有人评价说，中国民法典的编纂过程必然是一部法治与权利意识的成长史。新中国民法典的制定，持续几十载，跨越两个世纪，经历了许多波折。改革开放以来，我国民事法治建设的步伐不断加快，先后制定或修订了一大批民事法律。党的十八届四中全会作出《中共中央关于全面推进依法治国若干重大问题的决定》，其中对编纂民法典作出部署。在各方面共同努力下，经过 5 年多工作，《民法典》终于颁布。这是我国经济社会不断发展、全面依法治国持续推进的生动写照，也是我国民法理论和话语体系不断发展的有力见证。因此，说《民法典》是我国法学界魂牵梦绕的世纪之恋实不为过。

回顾人类文明史，编纂法典是一个国家、一个民族走向繁荣强盛的象征和标志，是具有重要战略意义的法治建设工程。我国编纂《民法典》是以习近平同志为核心的党中央作出的重大法治建设部署，既是国家立法中前沿性的重大理论问题，又是战略性的重大现实问题。《民法典》的出台是国家经济社会发育到一定程度才会出现的一种飞跃，印证了我国经济社会发展程度较高，政府才会取得这一重大突破。同时，它的颁布是我国法治化进程中的一件大事，昭示着保护私权利拥有了根本遵循，也是国家治理现代化进程中的一件大事，体现了我国以法治方式推进国家治理体系和治理能力现代化。《民法典》面世影响深远，标志着其编纂工作迈出坚实步伐，也标志着我国的立法进入新的历史阶段。我国依法保护民事权利的全新的"民法典时代"已经正式到来，全面依法治国翻开了新篇章、拉开了新帷幕、迈开了新步伐。《民法典》是完善中国特色社会主义法律体系最关键的一部立法,是新中国民事立法和法治建设的又一重要里程碑。

《民法典》也是世界民事立法进程的一座丰碑。中国《民法典》回应并解决21世纪的中国和世界发展进程中面临的共同问题,意味着中国法律和世界法律的进步,是21世纪到目前为止民法典的代表之作,和19世纪的《拿破仑法典》(法国民法典)和20世纪的《德国民法典》具有同样的历史地位,具有继往开来的重要使命。这样一部民法典,一定会在世界民法典之林占据一席之地,获得应有的尊重和承认。通过《民法典》,中华民族必定不断走向世界舞台的中央,再次站在人类法律文明的最前沿。

2. 我国民事法律的集大成者

《民法典》是百余年来中国民事立法、特别是中华人民共和国成立70年来民事立法的集大成者,是中国民事立法和法治建设的伟大成就,也是民法立法科学化的结果。民法典是规模宏大、备受关注的重大立法活动,代表着中国特色社会主义法律体系的日臻完善和统一秩序。一个国家要出台一部内容体系完整、规则设计合理的民法典,并不是一件易事,它除了要求经济和社会发育程度较高,由此推动民事法律走向完善,还要求各项民事法律本身运作较为成熟,体系也较为完备,法律已经涵盖社会生活中的各种民事行为,而且国家政府有强大的法制理论水平、法律制定和整合能力,统一调整个人的生活世界及其与外部世界的关系,由此才能让各项法律彼此协调、互不矛盾。

《民法典》是通过集零为整而实现和完成从"法"到"典"的历史转换的。习近平总书记在中央政治局第二十次集体学习时指出,"民法典系统整合了新中国成立70多年来长期实践形成的民事法律规范,汲取了中华民族5 000多年优秀法律文化,借鉴了人类法治文明建设有益成果"。《民法典》的制定离不开对法制历史的继承,传统法律中的良法美意、原则观念等被创造性地运用到现实法律的创制中。遍览《民法典》,其所厘定的基本原则多是历史积淀的成果,是中华优秀法律文化在新时代的发扬光大。《民法典》规定民事主体从事民事活动,应当遵循自愿原则,这与传统法律中的"两相和同"理念有着文化上的继承性。《民法典》规定的公平原则在历史上更是由来已久。在古代社会,法平如水的观念不仅深入人心,也得到了历朝律令典章一以贯之的维护。中华传统法律文化中,从来不缺乏公正平等的精神价值,是推进当前法治建设永不枯竭的文化遗产。《民法典》的诚信原则在传统社会有着丰厚的文化土壤。传统法律制度维护诚信的力度很大,民法典强调民事主体"应当遵循诚信原则,秉持诚实,恪守承诺",既是对传统法律文化的继承,更能有效应对诚信危机。《民法典》确定的公序良俗原则,与古代"法顺人情"的传统可谓一脉相承。

《民法典》并重守成与创新。我国过去虽然已经颁布了一系列基本民事法律,但多年来立法机关奉行的分阶段、分步骤、粗线条的立法方针,造成我国的民事法律法规处于单行法林立的既多且乱、虽多却漏、多且重复、法条矛盾冲突、制度构造缺陷等问题错综复杂、没有头绪的状况,再加上数量众多的司法解释,使得我国的民商事法律领域成为一个迷宫。《民法典》的创设破解了这一难题,它全面总结我国民事立法和司法的实践经验,将现行的民法通则及各民事单行法进行科学、系统的编纂,将民事领域内分散的各类规定进行梳理,使大量法律规范和制度编纂体系化,健全和充实了民众民事权利的种类,构建了有效的权利保护机制,完善民事权利保护与救济规则,形成更加完备的民事法律规范体系和完善、严谨的结构,是民事法律规范的系统集成。《民法典》是一部开放的法典,也会为将来的新发展新情况预留一定的空间,让我国民事法律体系在"变中求进",可以随着经济社会的发展,删除、修改现行法律中已经不再适合时代发展的规定,补充适应新形势的相应规定,更加凸显规则意识、法治意识、民本意识,更加适合我国当前的需要,为新时代条件下公众更好遵守市场经济规则、政府更好管理公共事务提供更加科学、完备的遵循,也为中国面向新的历史征程提供重要指引。

从立法技术层面来说,法典化以法律适用的统一为目标,通过对立法性渊源、司法性渊源、民间习惯、行业惯例等性质各异的法律渊源进行体系化整合,实现对社会主体行为模式的影响,是法律现代化的重要手段与表现。《民法典》作为经过整理的比较完备、系统的民事法律的总称,由总则编与各分编"合体"而来,是对我国制定于不同时期的关于物权、合同、担保、婚姻、收养、继承、侵权责任和人格权等的民事法律规范进行全面系统的编订修纂,是对中华人民共和国成立70多年来长期形成的民事法律规范系统整合,是对我国民法的一次全面梳理。《民法典》用科学合理、富有逻辑与内在一致的体系来整合现有民事单行法、民事司法解释等内容,实现民法典和民事活动单行法之间统分关系,既统一个法差异,便于司法裁定,又给单行法的修订和执行提供基础依据,助益司法统一适用的权威。《民法典》实施后,无论是在民法的学习和研究过程中,还是在执法和司法的过程中,都可以避免只看某一个条文的规定,而应运用体系化思维,掌握法律规范的系统规则,从整体化、体系化角度来把握,避免枝节化、碎片化的理解和适用。具体而言,在运用《民法典》分则的规定时,注重总则的规定;在运用具体性规则时,注意掌握民事活动平等、自愿、公平、诚信等基本原则,以及民法典关于坚持主体平等、保护财产权利、便利交易流转、维护人格尊严、促进家庭和谐、追究侵权责任、掌握和运用一些排除性规则的规定等基本要求。

《民法典》承载几代人的不倦追求和不懈努力,在如今国家法治治理水平日益提高、法律工作者从业者理论实践水平日益精进,以及社会公众法治意识大幅提高的趋势下,这一部整合新中国成立70多年来形成的民事法规且体系较为完备的民法典历经波折终于问世,实现了几代人多年来的夙愿。《民法典》的对象非常广博,内容非常丰富,体系非常庞大,实现了价值取向、行为规范与国家意志的统一,保障了司法裁判的统一,实现了既尊重个体又弘扬家国意识的统一。《民法典》是现代法治文明的重要体现,是新时代我国社会主义法治建设的重大成果,集中体现着民法的价值、理念和原则,集中展现的是中国国家制度和中国法律制度的成熟以及呈现了中国特色社会主义法律制度成果和制度自信、道路自信与文化自信,承载"中国之治"的制度结晶,"集大成者"的称号当之无愧。

3. 社会生活的百科全书

《民法典》被誉为"社会生活的百科全书"。我国《民法典》7编,共1 260条,在经济、文化、社会、生态文明和家庭生活等领域,都可以发挥规范作用,指示、调整各行各业之人、各门各类之事的具体实践,是民事司法的基本依据和行为准则。《民法典》覆盖每个公民社会生活方方面面的规则秩序,与老百姓关切、关心的社会热点和难点息息相关,涉及群众的利益,从各个方面为民事权利的解决维护提供了依据。《民法典》全面规范民事关系,每一位寻常百姓的生老病死、婚嫁继承、生意经营、产权物权以及终其一生可能遇到的各种民事关系,无论涉及国家所有制、土地权属制度、遗产继承归属、个人隐私保护,还是高空抛物、邻里纠纷、性骚扰等情况,几乎所有的民事活动大到合同签订、公司设立,小到老百姓缴纳物业费、生产经营、个人信息保护、私有财产权利保护,都一一囊括其中,都能在其中找到依据,都进行了全面规定,"全时保护"人民的人身和财产权利,直接影响每个人的社会生活。无论处在人生的哪个阶段,《民法典》都会进行守护,为人们提供全生命周期的权益保障,是中国"社会生活的总规矩",将深刻且鲜明地改变影响每个人及每个家庭的生活,指引大众民事生活行为。《民法典》积极适应我国社会主要矛盾的新变化,满足人民群众在民主、法治、公平、正义、安全、环境等方面日益增长的权利保护要求,将深刻影响全国 14 亿人的生活。

更深入地说,《民法典》回答了包括如何看待人、家、社会、国家以及自然等一系列基本问题。"人"在《民法典》中有相当全面和广泛的体现,在人格权编中,不仅对民事主体,尤其是自然人的生命权、身体权、健康权、姓名权、肖像权、名誉权、荣誉权、隐私权等人格权进行了确认和保障,也对个人信息以及与人身自由和人格尊严有关的其他人格利益进行了相应的确认和保障。《民法典》明确宣示"家庭应当树立优良家风,弘扬家庭美德,重视家庭文明建设",郑重承诺"婚姻家庭受国家保护",协调家庭成员之间夫妻、子女、祖父母、外祖父母、孙子女、外孙子女、兄弟姐妹,甚至兄弟姐妹的子女之间的关系。在《民法典》总则编和各分编中都有更为具体的规则来表达对如何协调家庭成员之间关系的看法。婚姻家庭编有专门的一章对家庭关系进行调整,首先关注的就是如何协调夫妻关系。对于父母子女之间的关系、兄弟姐妹之间的关系,对于祖父母、外祖父母、孙子女、外孙子女之间的关系,《民法典》总则编、婚姻家庭编和继承编作出了相应的回应。对社会中人与人之间的交往关系进行法律调整是民法典承担的一项重要使命。《民法典》绝大多数条文协调的都是民事主体之间的利益关系,要求交往主体遵循基本准则,强调社会交往中人与人之间不是锱铢必较的利益对立方,而是休戚与共的命运共同体。《民法典》将国家定位为管理者和服务者。作为管理者,为了公共利益的需要,国家可以动用公权力介入私人生活、干涉社会交往。当国家动用公权力之时,必须秉承目的与手段相称的比例原则。作为服务者,在《民法典》有更突出的表现。比如,在确定监护人的法律规定中,当对监护人的确定有争议的,需要通过指定监护的方式来确定监护人,但是在指定之前,如果被监护人的人身权利、财产权利以及其他合法权益处于无人保护状态的,由被监护人住所地的居民委员会、村民委员会、法律规定的有关组织或者民政部门担任临时监护人。因发生突发事件等紧急情况,导致监护人无法履行监护职责,被监护人的生活处于无人照料状态,居民委员会、村民委员会或者民政部门应当为被监护人安排必要的临时生活照料措施。民法典摒弃了将人与自然的关系视为主体和客体、征服者和被征服者、改造者和被改造者之间的关系的观点,坚持人与自然和谐共生,提倡人与自然是生命共同体,人类必须尊重自然、顺应自然、保护自然。在这个意义上,制定、颁布和实施《民法典》,是法制健全完善的重要标识。

4.社会运行的法律基石

习近平总书记指出:"民法典在中国特色社会主义法律体系中具有重要地位,是一部固根本、稳预期、利长远的基础性法律。"《民法典》被定位为基础性法律,是因为法系根基,建立健全完备的社会治理体系,能够通过良法保障善治。《民法典》是市场经济的基本法,是市民生活的基本行为准则,是法官裁判民商事案件的基本依据,进一步巩固了社会运行的制度基础、实践基础和理论基础,夯实了社会的基石。具体而言,《民法典》深刻表明了我们这个国家和民族对人类所面对的一系列基本问题的看法,是中国特色社会主义制度的重要内容,在中国特色社会主义法律体系中具有基础性地位,是社会治理的基础性制度,是全面依法治国的前提和基础,是保证社会得以稳定存续和正常有效运转的重要前提。通过《民法典》,我们可以以法治方式推进社会治理,更好发挥保障作用。

民法历来被人们称作"万法之母"。这种称谓是根据民法的规范内容、立法技术和发展轨迹所产生的客观描述。因为我们知道,社会生活亘古不变的元素应当是生老病死,而这些话题在法律上产生映射,所留下的基本印记,都承载于民法之上。可以说,社会有多复杂,民法就需要有多精细,它与普罗大众的生活最为亲切,甚至勾勒出国民的前世今生。《民法典》对民事主体的生命健康、财产安全、交易便利、生活幸福、人格尊严等各方面权利进行平等保护,是中国民众民事权利的"宣言书"和"保障书",表现出异乎寻常的价值。《民法典》由此在整个法律体系中占据着重要的地位,发挥着积极的功能,实现了对社会生活行为的基本规范。所以,在所有调整民事主体人身关系和财产关系的私法规范中,《民法典》因其内容的完备性、体系的完整性、调整范围的宽泛性、价值的指导性等特点而居于基础性地位。

从整个法律体系来看,《民法典》更是表现出基础性地位。在法律价值方面,《民法典》为具体法律规范的基本价值确立了基本原则、基本规则。这些基本价值在《民法典》中得到完整体现,如平等、自愿、诚实守信、公序良俗、维护人格尊严等,这些价值不仅是《民法典》的基本原则和规则,也是所有法律规范应当遵循的基本原则。其他具体法律规范在制定、解释过程中,都应当以《民法典》中的基本价值为依循。《民法典》确立的自由、平等、公平、正义等价值,体现了具体法律规范的基本精神,是《民法典》科学性和现代性的保障。在法律制定方面,《民法典》对具体法律规范的制定具有指导性作用。如果没有《民法典》,具体法律规范就无法形成完整的体系,具体法律规范之间重复、不协调甚至矛盾冲突的现象就难以避免。未来制定的民商事单行法不应与民法典相冲突,不能减损《民法典》所规定的基本民事权利,否则制定《民法典》的意义就会被削弱。在法律适用方面,《民法典》是处理平等主体间人身关系、财产关系的基本依据。法官在适用法律解决民事纠纷时,首先应当从民法典中寻找裁判依据。如果《民法典》没有明确规定,才能从其他规范中寻找法律依据。如果《民法典》与单行法发生冲突,首先应当适用《民法典》;如果单行法规定不清晰、不明确,则应当以内容清晰、明确的《民法典》相关条款为裁判依据。在法律解释方面,《民法典》为私法规范的解释提供基本依据。在对私法规范进行解释时,要以《民法典》的规范和价值为依据,法律解释的结论不得违反《民法典》的基本价值。《民法典》总则编所确立的基本规则、制度等,如民事主体、民事法律行为、代理、时效、民事责任等,对其他私法规范的解释与适用,也具有重要的指导作用。

总之,中国《民法典》这一基础性的法典,是中国特色社会主义法律体系这座"大厦"的重要支撑,必将为社会主义建设筑牢根基。

5.治国安邦的国之重器

人民法典,国之重器。《民法典》的出台,正印证了那句话:法者,天下之公器也。《民法典》是全面推进依法治国方略的重大制度安排,是全面依法治国深入推进的标志性成就。

《民法典》中蕴含或体现的思想,对国家治理体系产生的影响涉及面广而深。从世界角度看,法典在"安邦定国"中的地位不言而喻。立国立政必须首先立法,通过立法去塑造和巩固政权。民法典与政权建立、维持与巩固密切相关。例如,《德国民法典》确保实现"一个国家""一个民族"和"一部法典"的强国梦想;《日本民法典》巩固了自明治维新以来所取得的成果;《拿破仑法典》(又称《法国民法典》)用法律手段固定法国大革命的成果,历经多次修改,至今仍是法国现行的法律,其所倡导的"自由""博爱"对国家的治理产生了巨大的促进作用。可以说,拿破仑法典的作用远大于拿破仑在政治与军事上的影响。正如拿破仑本人所说,他真正的光荣并不是打了40多次胜仗,而是颁布民法典。上述民法典都维护了国家稳定,推动了国家的进步。《民法典》承载"中国之治"的制度结晶,是我国治国安邦和确保长治久安的国之大典。我国自清末以来,特别是中华人民共和国成立以来的五次民法典起草,与之相伴的是社会主义曲折前进、改革开放和民族复兴三个阶段的治国历程,民法典起草与特定历史阶段的维持和巩固政权息息相关。

国家治理体系的现代化,离不开法律制度、法律体系以及法治体系的现代化。《民法典》系统全面地规定了自然人、法人、非法人组织在民事活动中享有的各种人身和财产权益,是国家治理现代化的重要依托。《民法典》的总则编为自然人、法人和其他组织确认了主体资格,成为其参与社会经济生活乃至家庭生活的前提;物权编为各类民事主体的所有权和其他物权提供了强有力的平等保护,使有恒产者有恒心;合同编为人们参与市场经济划定基准,构建了市场交易的规则,并从鼓励交易的基本理念出发,通过精密的制度设计,精心呵护每一笔正当交易,为诚信交易助力。

法治的一个重要功能是确保国家权力依法行使、保障公民合法权益。《民法典》在确认和保护公民各项民事权利的同时,也在一定程度上具有促进国家权力依法行使的作用。因为,对民事权利的确定和保护本身就为国家权力的行使划定了边界。这就意味着,在立法层面,不只是私法,涉及行政权、司法权运用的公法,也不能与《民法典》的规定相冲突,不能减损《民法典》规定的民事权利。在行政执法、司法中,《民法典》也提供了重要遵循。一方面,《民法典》可以作为行政决策、行政管理、行政监督的重要标尺,行政执法要尊重《民法典》规定的财产权利、人身权利等。另一方面,《民法典》明确了解决各类民事纠纷所适用的基本法律规则,保证法官正确审理民事案件、有效维护合法权益。各级司法机关要公正司法,提高民事案件审判水平和效率。在这个意义上,《民法典》的实施效果,是衡量依法行政水平、社会主义法治国家建设水平的重要指标。

民法典在国家法律体系中的地位仅次于宪法,本质上是私法领域"宪法"的体现,是"民法宪法化"。欧洲民法在近现代的变化中,民法典实现了从宪法民法化(以私法领域的民法构建资本主义的宪法基本原则,代表资本主义自由竞争的特点)到部门法化、再到民法宪法化(从宪法下引至民法典),经历了几次转变。宪法本身的宣言性质和间接效力导致了宪法对具体民事领域的鞭长莫及,从而构建在资本主义上升通道过程中需要的私法领域天宪这一重大任务只能由民法典来承担。如果说宪法重在限制公权力,那么民法典就重在保护私权利,民法典发挥整合国家秩序的准宪法功能,因而被誉为"社会学意义上的宪法"。在中华民族伟大复兴的征程中,《民法典》将促进民主化的进程,将成为"权利宪章",成为治国理政的基本工具,是中国国家治理模式稳定持续发展的重要保证,为实现"两个一百年"奋斗目标提供坚强法治保障,沿着正确的方向前进,每一步都很扎实,必将迈出更加关键的步伐。

(四)《民法典》的重要意义

构建完备的社会财富保护体系,保护公民法人的合法权益,让公民的尊严得到充分的尊重、人民的智慧得到极大的发挥、社会的财富得到充分的涌流,是《民法典》承担的历史责任。《民法典》的颁布实施,回应了一系列社会各界普遍关注的热点问题,对健全社会主义法治体系、加快建设社会主义法治国家,对发展社会主义市场经济、巩固社会主义基本经济制度,对坚持以人民为中心的发展思想、依法维护人民权益、推动我国人权事业发展,对化解矛盾、促进社会和谐,对弘扬社会主义核心价值观、提升社会整体风气,都发挥着法理价值和人文价值,具有重大意义。

1. 健全社会主义法治体系,加快建设社会主义法治国家

颁布和实施《民法典》为我国法制中的立法、执法、司法、守法等提供了基本遵循,是中国特色社会主义法治体系健全和完善的重要标志,其指导思想、基本原则和主要内容等都服从和服务于加快建设社会主义法治国家的大局。

民法在西方社会中又被称作市民法,或万民法等。从其称谓上便可知,民法是一种私法,与公法是相对的,为民众开展民事行为提供指导和规范,制定民法的目的是使得作为私领域的一些行为能够在法律上得到保护,防止公共权力的干预。因此,从这个角度上来讲,民法的意义在于保护作为私领域的民事行为的合法权利。当今的民事行为纷繁复杂,尚存在不少社会问题,法律在某些方面还不健全,人们权利的保护缺乏一套系统理论的指导。而制定一部民法典的意义,不仅仅在于是一部成文法典那么简单,而在于国家对私领域的承认和保护。民法典以逻辑严谨性和体系科学性著称,作为其他民事单行法的上位法,将引领所有民事法律的发展方向,进一步理顺我国私权治理体系的内在机理。因此,民法典在整个法律体系中的意义非常大,可以进一步深化对法制的规律性认识,进一步丰富法制的内涵,提高法制体系的水平。

《民法典》的制定和实施对于国家的法治建设是一种完善和健全,也是法治中国建设的重要举措。在《民法典》制定前,我国尽管已经建成了中国特色社会主义法治体系,但是法治建设还是不够完善、不够健全。尤其是在民法领域,我国的立法建设还比较落后。虽然我国曾制定了具有民法总则作用的《中华人民共和国民法总则》,但是由于当时的理论水平限制和思想解放不足,无论是在立法目的还是立法思路上,都存在着一些问题,在

推动我国的社会主义法治建设方面起的作用是有限的。现在,中国特色的社会主义已经发展到相当的水平,我国正处在社会转型关键期,进入全面建成小康社会决定性阶段,改革已进入攻坚期和深水区,社会发生深刻变化,格局出现重大调整。党的十九大以来,我们更是快速并稳步地推进全面深化改革,坚决破除各方面体制机制弊端,把国家治理能力现代化提升到新水平。在此情况下,巩固全面深化改革的成果需要民法典来确认、保护,保存国家治理中的有益经验成为当务之急。《民法典》是坚持和完善中国特色社会主义制度、全面推进依法治国方略的重大制度安排,也是我国社会不断发展、全面依法治国持续推进的生动写照。对于行政执法者,《民法典》是重要标尺,各级行政执法部门要提高依法行政能力和水平,做到行政执法更加严格文明,从而在整体上全面提升国家治理体系和治理能力现代化。《民法典》对于加强和改善党的领导也意义重大。《民法典》是贯彻落实执政党意志,将执政党意志转化为法律实施,推进国家治理体系和治理能力现代化的国之大法。《民法典》编纂坚持以习近平新时代中国特色社会主义思想为指导,紧紧围绕统筹推进"五位一体"总体布局和协调推进"四个全面"战略布局,紧紧围绕建设中国特色社会主义法治体系、建设社会主义法治国家的全面依法治国总目标而进行。

《民法典》是支撑中国社会治理的重要制度资源,是国家治理能力现代化的集中体现,是国家治理能力现代化达到新水平的标志,能够整合民事规范中的治理经验,形成规模效应和体系效应,成为记录、整理现代化治理经验,传承现代化治理能力的重要途径。它使得我国有了更为完善的法律支撑,国家治理效率进一步提升,国家治理效能进一步优化,夯实新时代国家治理现代化的坚实根基,推动国家治理成本进一步降低,对我国的进一步发展发挥重大的助推作用。通过《民法典》,可以更好地发挥法治的引领和规范作用,有利于全面建成小康社会,坚持和发展中国特色社会主义制度,为实现"两个一百年"奋斗目标和中华民族伟大复兴的中国梦提供完备而有力的民事法治保障,加之党的坚强领导和人民群众的广泛参与,法治中国建设必将驶向快车道。

2.发展社会主义市场经济、巩固社会主义基本经济制度

通过过去经济发展的历史可以看到,市场经济必须由法律制度去规范,否则,必然会出现丛林法则和弱肉强食的状况。《民法典》作为上层建筑,准确反映经济发展要求,适应由自然经济、计划经济到市场经济的转变,是对我国基本经济制度的法律表达,是我国作为一个真正的市场经济象征的标志,是我国社会主义市场经济的"基本法"保障了市场经济法制的统一,为促进社会主义市场经济发展提供稳定、坚实的法治保障,有利于社会主义市场经济的健康发展。

具体来看,《民法典》是市场经济的总规则,对具体民商事进行归纳概括,通过在总则编的民事权利专章中列举民事主体享有的各项民事权利,为劳动、资本、土地、知识、技术、管理、数据等各类生产要素的充分涌流提供了法治保障。《民法典》通过完善我国民商事领域的基本规则,规范着社会主义市场经济中的商事活动和商事关系,为商事活动提供基本遵循。《民法典》为市场经济提供了完备、精确的法律规则,可以为各类民事、商事活动提供基本依据,如确立完备的市场交易规则,而《民法典》的交易规则来源于市场,是对市场自发形成的规则进行总结和提炼。平等是包括市场关系在内的所有民事关系

的前提,也是市场经济的基石。《民法典》为营造平等的市场环境,将平等原则作为基本原则,确认了市场主体的法律资格,创设了市场主体平等竞争的法律环境。《民法典》通过确立整套市场规则,维护市场交易的安全和秩序,公开、公平、公正地参与竞争,为市场主体提供了稳定的行为预期,促进市场经济的高质量和健康发展,成为市场经济运行的根基所在。

实施《民法典》,能够赋予市场主体丰富的财产权以充分保障,充分调动民事主体的积极性,大力激发民事主体的创新活力,以持久预期让社会财富充分涌流。为了更加突出法人在经济生活中的地位和作用,《民法典》将法人分为营利性法人和非营利性法人两类。将非营利性法人作为一类,既能涵盖事业单位法人、社会团体法人等传统法人形式,还能涵盖基金会和社会服务机构等新法人形式。创设非营利性法人类别,有利于健全社会组织法人治理结构,有利于加强对这类组织的引导和规范,促进社会治理创新。以农村集体经济为例,《民法典》规定农村集体经济组织可以依法取得法人资格,进而可以成为农村集体土地和其他资产的所有权人,参与市场交易,改变目前由村民委员会代行村集体经济组织职能的现状,落实村民的经济自治权,遏制集体资产流失。《民法典》有关平等的规范要求国有企业、集体企业和民营企业平等竞争,将激发民企的积极性,使中小微企业和民营企业快速复苏,在未来具有良好的发展前景。

《民法典》进一步强化了产权保护。市场经济的核心前提是产权受法律充分保护,《民法典》更实质性地促进中国的产权保护水平。《民法典》不仅明确规定民事主体享有知识产权,还对其客体采取了"列举＋兜底条款"的规范方式,使其客体变得非常广泛;《民法典》为能合法交易的数据、网络虚拟财产进行法律保护,这对中国信息产业发展的意义不言而喻,其分则编中亦包含诸多产权保护规范,如物权编将物权界定为"依法对特定的物享有直接支配和排他的权利","排他"意味着可以排除来自任何主体的不法侵害;侵权责任编也有强化。

总之,《民法典》对我国社会主义市场经济体制的完善发挥着基础性作用。它保护产权、维护契约、统一市场,捍卫平等交换与公平竞争,为人民的市场经济行为和社会行为提供规范作用,对社会经济的发展具有重要的引领作用,能大大增强人们创造社会财富的持续性。所以,《民法典》也被称为一部"富民兴国"之法,可谓民法典兴,则市场经济兴,市场经济兴,则民富国兴。

3. 坚持以人民为中心的发展思想、依法维护人民权益、推动我国人权事业发展

《民法典》编纂的初心和使命是以人民为中心,增进民生福祉,全面保障和加强人民切身的各项合法权益,可谓权为民所用、利为民所谋,是"以民为本"理念的进一步深化和细化,是将以更大力度改善民生的明确信号。

中国特色社会主义进入新时代,人民期盼有更好的教育、更稳定的工作、更满意的收入、更可靠的社会保障、更高水平的医疗卫生服务、更舒适的居住条件、更优美的环境。民有所呼,法有所应。《民法典》及时而有力地回应了民生的关键问题和社会热点,呼应了社会各方面对公平、正义、法治的诉求,全方位、多角度地保障人民对美好生活的需要,解决人民日益增长的美好生活需要和不平衡不充分的发展之间的矛盾。因此,《民法典》自编纂开始,就一直备受社会各界关注,各地群众积极响应全国人大常委会法制工作委员会号召建言献策,成为我国民主立法进程中群众立法参与最为踊跃的法律之一,体现了人民当家作主的法治精神。

习近平总书记指出,民法典是一部体现对生命健康、财产安全、交易便利、生活幸福、人格尊严等各方面权利平等保护的民法典。民法典本身体现了民法的基本精神,凝聚了亿万人民的共同意志和广泛共识,符合人民的愿望,以不断满足人民群众对美好生活的新期待和向往为目标,要求善待民众,更加亲民为民。民法典形成了规范有效的权益保护机制,为人民群众提供了全生命周期的权益保障,更好地保护人民权益,真正让群众受益,努力取得人民群众满意的实效,使人民能在阳光与雨露中自由自在地生活,增强人民的获得感、幸福感、安全感,是党和政府为人民办的一件大好事、大喜事。

《民法典》密切围绕人民的权利,构建了完整的民事权利体系,健全和丰富了民事权利种类,改进了救济规则,措施得力,为公民民事权利提供了全方位保护,是人权保护制度的完善,是人权保护法治化的具体体现。有了《民法典》,人民就增加了维护自身权利的途径,可以知道哪些规定是合法和有效的,了解法院执法适用的是哪一条法律规定。这样,《民法典》可以发挥权利启蒙的作用,进一步增强人民的主体意识,缩小法律和人民群众的距离,让人民群众在每个司法案件中都能感受到公平正义更近一步,保障自身的人权。总之,《民法典》的出台实施对促进人的全面发展是一个难得的契机,向全世界充分彰显了社会主义中国高度重视和保护人权的鲜明态度,有力昭示了中国加强人权保障的决心和信心,对推动我国人权事业的发展具有十分重要的意义。

4.化解矛盾纠纷、促进社会和谐稳定

在社会生活中,经常会出现一些矛盾纠纷,如因为赡养费、离婚等导致的人与人之间关系的破裂;帮扶老人反被讹诈、见义勇为反被诬告等现象使很多人不再愿意扶助他人;高空抛物坠物、食品安全等也经常会出现扯皮和踢皮球的状况,让执法者和受害者都遭遇诸多麻烦。无论是社会冲突、家庭矛盾,还是伦理道德,在一些话题受到舆论热议的同时,也从侧面凸显出了不少存在多年的社会痛点。不管是新问题,还是老问题,都需要依靠民法典予以解决。针对不良风气,《民法典》在婚姻家庭编中规定:"家庭应当树立优良家风,弘扬家庭美德",并在协议离婚环节设置"冷静期",婚姻登记机关收到离婚登记申请之日起 30 日内,任何一方不愿意离婚的,可以向婚姻登记机关撤回申请;在总则编的民事责任部分规定:"因自愿实施紧急救助行为造成受助人损害的,救助人不承担民事责任。"

《民法典》如此规定,健全了民事法律秩序,为规范和谐的社会秩序和社会道德提供了遵循,体现了人民群众的常情常理常识,无疑是对"国法人情"相统一的法律传统的创新性发展。只有符合情理的法律制度,才能有助于公正秩序的建立和善良风俗的形成。《民法典》的颁布实施,有利于预防和减少违法犯罪,依法打击民事侵权行为,沟通和调整民事关系,保障人民群众的生活秩序和社会秩序;既让执法者有法可循,也让受害者有法可依,对保障人民的基本安全有更好的法律保障,可以提供坚强的后台支撑;维护和保障

社会公平,更好协调利益关系,创造更和谐的社会环境,促进社会的和谐发展。《民法典》还能够对人们进行法制教育,引导每个人积极地贯彻和落实,只有《民法典》贯彻实施好了,才能防止或减少不良负面行为事件的发生,人民的人身和财产才有保障,从而使社会公平正义彰显,和谐稳定,政通人和,天下太平而自然长治久安,为构建社会主义和谐社会、美化社会风俗提供有力的法律保障。《民法典》是促进社会和谐的重要力量,也被当作一个时代"治世"的象征,相信随着《民法典》的出台,未来百姓生活定会更加安全、美好。

5.弘扬社会主义核心价值观,提升整体风气

《民法典》将2017年通过的《中华人民共和国民法总则》中已有的"社会主义核心价值观"纳入其中,此外,还将很多社会主义核心价值观所体现的东西以及与之密切相关的东西以法律的形式固定下来,进一步展现和强化社会主义核心价值观。

《民法典》贯彻党的十九届四中全会决定的精神:"坚持把全民普法和守法作为依法治国的长期基础性工作,深入开展法治宣传教育,引导全民自觉守法、遇事找法、解决问题靠法";"加强公民道德建设,弘扬中华优秀传统文化,增强法治的道德底蕴,强化规则意识,倡导契约精神,弘扬公序良俗。发挥法治在解决道德领域突出问题中的作用,引导人们自觉履行法定义务、社会责任、家庭责任"。其第一千零四十三条第一款规定,要重视家庭文明建设。这体现了立法者对于婚姻家庭关系中道德伦理规则的尊重,有利于鼓励和促进人们对于家风的培养,也有利于社会整体风气的提升。家风也称门风或家庭的风气或风范,是指家庭建设所形成的立身之本、处事之道、生活作风、伦理观念、道德风尚等总称。《民法典》规定民事生活、活动的行为规则,必将成为对全民进行社会主义核心价值观教育的教科书,也是增强全民法治道德底蕴、强化规则意识、倡导契约精神、弘扬公序良俗的有效规范和指引。

在社会转型时期,《民法典》尤其负载特殊的使命:奠定新的法律秩序、确立新的社会价值观。在改革发展中,人们不可避免地会在价值观方面遇到许多新情况、新问题,需要我们去解决。《民法典》的施行,必定会更加深入、持久地塑造全社会的价值观,进一步培育和养成社会文明,实现社会生活的理性化。

四、建设美丽中国,实现协同永续发展

从人类社会发展进程看,人类依赖自然界而生存发展。进入工业时代以来,随着经济社会的快速发展,人类的生产活动已给自然生态环境造成严重损害,生态系统破坏导致自然灾害频发,生态文明建设与环境保护面临着巨大挑战。西方发达国家曾一度出现"寂静的春天",我国一些地方也面临着生态严重退化的问题。中国特色社会主义进入新时代,我国生态环境保护意识发生历史性、转折性、全局性的变化,全国上下倡导绿色发展理念和绿色发展方式,要求经济社会发展体系实现绿色变革,不仅重视经济建设、政治建设、文化建设和社会建设,而且将生态文明摆在中国特色社会主义总体布局的高度,放在突出位置。因此,我国着力加快推动绿色转型,建设美丽中国,实现中国"五位一体"的协同永续发展。

（一）习近平生态文明思想

习近平对全方位、全地域、全过程开展生态环境保护提出了一系列以绿色为基调的习近平生态文明思想。2018年5月召开的全国生态环境保护大会，正式确立了习近平生态文明思想，这是我国生态环境保护历史上具有里程碑意义的重大理论成果。习近平生态文明思想是习近平新时代中国特色社会主义思想的重要组成部分，也是马克思主义关于人与自然关系理论的最新成果，深刻回答了为什么建设生态文明、建设什么样的生态文明、怎样建设生态文明等重大问题。思想引领行动，理论指导实践。习近平生态文明思想为新时代建设美丽中国的伟大实践提供了思想武器、行动指南、根本遵循和强大动力。面对新的形势与新的问题，只有坚持以习近平生态文明思想为指针，强化改革创新、认真规划引导，发力破解难题，持续实施产业转型与绿色发展。习近平生态文明思想内涵丰富，科学合理，系统完整，核心要义主要体现在八个方面：

1."生态兴则文明兴"的深邃历史观

关于生态和文明的关系，恩格斯在《自然辩证法》一书中写道："美索不达米亚、希腊、小亚细亚以及其他各地的居民，为了得到耕地，毁灭了森林，但是他们做梦也想不到，这些地方今天竟因此而成为不毛之地。"对此，他深刻指出："我们不要过分陶醉于我们人类对自然界的胜利。对于每一次这样的胜利，自然界都对我们进行报复。"

习近平针对人类生态状态日益恶化的现实，表现出深刻的忧患意识。他纵观整个人类文明发展史，指出："生态兴则文明兴，生态衰则文明衰。"这一观点既蕴含着中国传统文化的哲学思想，又贯穿了马克思主义历史唯物主义和辩证唯物主义的哲学思维。放眼世界，人类文明都不可能脱离这条社会发展的普遍定律。

《人类环境宣言》中写道："环境给予人以维持生存的东西，并给他提供了在智力、道德、社会和精神等方面获得发展的机会。"良好的生态环境是人类文明形成和发展的基础和条件，生态环境的变化直接影响着文明的兴衰演替。古代埃及、古代巴比伦、古代印度、古代中国四大文明古国均发源于森林茂密、水量丰沛、田野肥沃、生态良好的地区。奔腾不息的长江、黄河是中华民族的摇篮，哺育了灿烂的中华文明。正是先有"生态兴"，勤劳智慧的古国人民才得以在此基础上创造出闻名世界的繁荣胜景和灿烂文化，即"文明兴"。生态如水，文明似舟。水能载舟，亦能覆舟。生态遭到破坏，就会带来社会崩溃、文明衰退，这是一个客观规律。发源地随后的生态转衰，给几大古文明以几近致命的毁灭。生态环境衰退特别是严重的土地荒漠化导致古代埃及、古代巴比伦衰落。过度放牧、过度伐木、过度垦荒和盲目灌溉等，让植被锐减、洪水泛滥、河渠淤塞、气候失调、土地沙化，等等，不一而足，生态惨遭破坏，它所支持的生活和生产也难以为继，并最终导致了文明的衰落或中心的转移。我国古代一些地区也有过惨痛教训。古代一度辉煌的楼兰文明已被埋藏在万顷流沙之下，那里当年曾经是一块水草丰美之地。河西走廊、黄土高原都曾经水丰草茂，由于毁林开荒、乱砍滥伐，致使生态环境遭到严重破坏，加剧了经济衰落。唐代中叶以来，我国经济中心逐步向东、向南转移，很大程度上同西部地区生态环境变迁有关。

习近平认为,工业化进程创造了前所未有的巨大物质财富,也产生了难以弥补的生态创伤。工业革命以来,世界范围内不少国家包括我国虽然实现了经济快速发展,我们的文明得到了发展,但同时也出现了一系列工业文明负效应,最严重的当数资源能源枯竭、环境污染等生态危机。习近平总书记曾明确指出:"你善待环境,环境是友好的;你污染环境,环境总有一天会翻脸,会毫不留情地报复你。这是自然界的规律,不以人的意志为转移。"顺自然规律者兴,逆自然规律者亡。人类文明要想继续向前推进持续发展,就必须将生态置于文明根基的重要地位。在文明进步中,什么时候生态被牺牲掉了,生态危机出现了,文明危机也就不远了。生态危机是人类文明的最大威胁。

过去人类愚昧的错误或许已经停留在过去,杀鸡取卵、竭泽而渔的发展方式走到了尽头,以顺应自然、保护生态的绿色发展昭示着未来。生态环境保护是功在当代、利在千秋的事业,是社会文明进步的重要标志。中华文明已经延续了5 000多年,为了再延续下去,实现永续发展,必须排除发展遭遇的阻碍,走出生态危机的困局,避免灾难的重演,必须寻找一条新的发展道路。而这条道路,正是生态文明建设。

2."人与自然和谐共生"的科学自然观

习近平总书记在党的十九大报告中指出,人与自然是生命共同体,人类必须尊重自然、顺应自然、保护自然。习近平总书记明确将"坚持人与自然和谐共生"作为新时代坚持和发展中国特色社会主义的基本方略之一,要建设人与自然和谐共生的现代化,并对相关任务作出了具体部署,这是我们党对新时代坚持和发展什么样的中国特色社会主义、怎样坚持和发展中国特色社会主义在生态文明方面作出的新规划,从而丰富和完善了社会主义现代化的性质。

人与自然的关系是人类社会最基本的关系。人首先是自然存在物,依靠自然生活,自然是人类社会存在和发展的客观前提和物质基础。人类在同自然的互动中生产、生活、发展。人类善待自然,自然也会回馈人类,人与自然是共生关系,理应保持和谐与平衡,对自然的伤害最终会伤及人类自身。人类发展活动必须尊重自然、顺应自然、保护自然,否则就会遭到大自然的报复。习近平总书记强调,这个规律谁也无法抗拒,人类只有遵循自然规律才能有效防止在开发利用自然上走弯路。这是习近平总书记对中华文化中"天人合一""道法自然"、和谐平衡思想的深刻理解。生态环境是人类生存和发展的根基,人类只有与资源和环境相协调,和睦相处,才能生存和发展。中华文明强调要把天地人统一起来,按照大自然规律活动,取之有时,用之有度。古人云:"天地与我并生,而万物与我为一";"天地之性人为贵";"人为天地之心"。作为对人与自然和谐的基础,人的贵就在于能够体会和服从天地生生之德,把天地生养万物的职能作为自己的职责,"延天佑人、参赞化育"。习近平生态文明建设思想丰富了"天人合一"理念,他提出,自然是生命之母,大自然是人类获得一切的根源,人类必须敬畏自然。但工业文明产生以后,以机器为代表的科学技术极大地提高了人类认识自然和改造自然的能力,人类一度以自然的主宰和征服者面目出现,自然生态环境遭到了前所未有的严重破坏,造成许多不可挽回的生态危机和灾难。

人类在认识和改造自然的实践活动中,曾形成了人类中心主义和自然中心主义两种对立的观点,人为割裂了人与自然的关系。习近平鉴于西方现代化模式的缺陷,摒弃机械思维和二元对立思维,坚持马克思主义唯物辩证的科学思维方式,要求正确处理人与自然的关系,建立建设人与自然和谐相处的资源节约型和环境友好型社会,"善待地球上的所有生命",这是人与自然和谐相处的"社会革命"。他指出,以人为本,其中最为重要的,就是不能在发展过程中摧残人自身生存的环境。保护自然就是保护人类,建设生态文明就是造福人类。如果人口资源环境出现了严重的偏差,人就不能安居乐业,和谐社会就无从谈起。

坚持人与自然和谐共生,体现的是人类的合目的性需要与合规律性需要的统一,蕴含着马克思主义人与自然关系的基本原则。马克思在描绘共产主义时指出:"这种共产主义,作为完成了的自然主义=人道主义,而作为完成了的人道主义=自然主义,它是人和自然之间、人和人之间的矛盾的真正解决。"生态文明作为文明新阶段,是自然的人化和人的自然化在新的高度上的辩证统一,是恢复自然的活力,肯定自然的价值,从而真正地实现人的价值,达到自然史和人类史相统一的有效途径,也是马克思主义的生命力所在。人与自然和谐共生意味着人与自然的关系被重塑,并通过实现人与自然的和谐来促进人与人、人与社会关系的和谐,是实现人类的生产方式、生活方式、消费方式与自然生态系统相互协调,最终实现人类的可持续发展。这是马克思主义生态文明思想的发展,推动我国进入美丽中国建设的新时代。

3. "绿水青山就是金山银山"的绿色发展观

近代以来,经济社会快速发展,同时也带来了环境的破坏、资源的浪费。中国式现代化进程中,也出现了日趋严峻的生态环境问题,发生了经济发展与生态环境保护的冲突。发展让我们摆脱贫困,但是强大富裕、环境质量很差同样不是美丽的中国。面对如何解决经济发展与环境保护兼顾和协调的问题,习近平提出了"绿水青山就是金山银山"的理念作为解决方案。"绿水青山就是金山银山",是对美丽中国的最直观解读,是发展理念和方式的深刻转变,也是执政理念和方式的深刻变革,是对生产力理论的重大发展,引领着美丽中国建设。

习近平深入剖析了"绿水青山"与"金山银山"的关系,并对这一理论作了充分阐释。他说:"在实践中对绿水青山和金山银山这'两座山'之间关系的认识经过了三个阶段:第一个阶段是用绿水青山去换金山银山,不考虑或者很少考虑环境的承载能力,一味索取资源。第二个阶段是既要金山银山,但是也要保住绿水青山,这时候经济发展和资源匮乏、环境恶化之间的矛盾开始凸显出来,人们意识到环境是我们生存发展的根本,要留得青山在,才能有柴烧。第三个阶段是认识到绿水青山可以源源不断地带来金山银山,绿水青山本身就是金山银山,我们种的常青树就是摇钱树,生态优势变成经济优势,形成了浑然一体、和谐统一的关系,这一阶段是一种更高的境界。"

习近平还说:"我们既要绿水青山,也要金山银山。宁要绿水青山,不要金山银山,而且绿水青山就是金山银山。"这三句话从不同角度诠释了经济发展与环境保护之间辩证统一而非矛盾对立的关系,既有侧重又不可分割,构成了有机整体。"我们既要绿水青山,也要金山银山。"习近平的论述将"绿水青山"放在"金山银山"前面,反映了二者之间孰轻孰重的关系。"金山银山却买不到绿水青山","宁要绿水青山,不要金山银山",这清楚地表达了生态环境优先的态度,在"绿水青山"和"金山银山"发生矛盾时,必须将"绿水青山"放在首位,不能走以"绿水青山"换"金山银山"的老路。这一阐述为经济发展划定了生态保护红线,亮出了中国绿色发展的决心。要利用"绿水青山"带动经济发展,创造"金山银山"。"保护环境就是保护生产力,改善环境就是发展生产力。"

习近平指出,生态本身就是经济,保护生态就是发展生产力。绿水青山既是自然财富、生态财富,又是社会财富、经济财富。良好生态本身蕴含着无穷的经济价值,让绿水青山充分发挥经济社会效益,不是要把它破坏了,而是要把它保护得更好,让绿水青山蕴含的生态产品价值可以源源不断地转化为金山银山,为子孙后代留下可持续发展的"绿色银行",提升全面小康质量,实现经济社会可持续发展和中华民族永续发展。必须平衡和处理好发展与保护的关系,经济发展不应是对资源和生态环境的竭泽而渔,生态环境保护也不应是舍弃经济发展的缘木求鱼。他指出,发展是经济社会的全面发展,不仅要看经济增长指标,还要看资源指标、环境指标等。生态环境保护的成败归根到底取决于经济结构和经济发展方式,不能简单地以国内生产总值增长率论英雄,但不是不要发展,关键是要树立正确的发展思路。经济发展要坚持在发展中保护、在保护中发展,要把经济活动限制在自然资源和生态环境能够承载的限度内,给自然生态留下休养生息的时间和空间。当发展与保护矛盾时,绝不能以牺牲生态环境为代价换取经济的一时发展。这揭示了保护生态环境就是保护生产力、改善生态环境就是发展生产力的道理,指明了实现发展和保护协同共荣的新路径,确立了环境在生产力构成中的基础地位,丰富和发展了马克思主义的生产力思想。

"绿水青山就是金山银山",坚持走生产发展、生活富裕、生态良好的文明发展道路,是对原有发展观、政绩观、价值观和财富观的全新洗礼,是对传统发展方式、生产方式、生活方式的根本变革。它从发展最紧迫的地方入手,凸显出对生态问题的重视,生动形象地阐明了经济发展与生态保护的辩证关系,对发展观作出了新诠释,既超越了我国传统小农社会生态价值观,也超越了传统工业社会的"先污染后治理"发展模式的窠臼,是一种立足于中国实践基础上应对生态环境和发展问题的智慧方案,是中国生态文明建设的前无古人的重要理念创新,是马克思主义基本原理指导中国特色生态文明实践的智慧结晶。它切实把绿色发展理念融入经济社会发展各方面,真正实现了经济发展与环境保护协同推进的现实途径,为美丽中国建设指出了新方向。

4."良好生态环境是最普惠的民生福祉"的基本民生观

习近平重视生态环境保护,背后是深沉的民生情怀。习近平 2013 年 4 月在海南考察时指出:"良好生态环境是最公平的公共产品,是最普惠的民生福祉。"这样,他就把以人为本的生态观进一步发展为政治意涵丰富的生态民生政治观。习近平强调,不能把加强生态文明建设仅仅作为经济问题,"这里面有很大的政治"。生态文明建设是政治,生态环境是关系党的使命宗旨和执政基础巩固的重大政治问题,是关系民生和人民主体地位体现的重大社会问题,也是关乎民族未来、中华民族伟大复兴中国梦的实现的长远大计。

良好生态环境是人民群众健康的重要保障。过去几十年来,我国经济发展取得历史性成就,也积累了大量生态环境问题,进入高强度频发阶段,一些地方生态环境还在恶化,到了积重难返的地步,成为明显的短板,已严重地威胁人民群众的生存和发展,社会反映十分强烈,成为民生之患、民心之痛。如果这种状况继续下去,即使实现了国内生产总值翻一番的目标,届时资源环境恐怕完全承载不了,老百姓的幸福感会大打折扣。随着经济社会发展和人民生活水平不断提高,生态环境在群众生活幸福指数中的地位日益凸显,人民群众对优美的生态环境更加关注,对清新空气、清澈水质、清洁环境等生态产品的需求越来越迫切,热切期盼加快提高生态环境质量。

习近平指出,发展经济是为了民生,保护生态环境同样也是为了民生。良好的生态环境意味着清新的空气、洁净的水源、安全的食品、宜居的环境,是人民生命之必需、福祉之根基。生态环境与人民生活息息相关,经济发展了,但空气、饮用水都不合格,也没有幸福可言。所以,环境就是民生,青山就是美丽,蓝天也是幸福。保护生态环境,关系广大人民的根本利益,关系子孙后代的长远利益。要坚持生态惠民、生态利民、生态为民,让良好生态环境成为人民幸福生活的增长点,不断满足人民日益增长的优美生态环境需要。"建设生态文明,是民意,也是民生。""环境治理是一个系统工程,必须作为重大民生实事紧紧抓在手上。""小康全面不全面,生态环境质量是关键。"能否解决生态破坏严重、生态灾害频繁、生态压力巨大等问题,直接关系着人民群众对全面小康的认可度和满意度。习近平强调,要把解决突出生态环境问题作为民生优先领域,积极回应人民群众所想、所盼、所急,大力推进生态文明建设,坚决打赢蓝天保卫战是重中之重。环境保护和治理要把解决损害群众健康突出环境问题作为重点,坚持预防为主、综合治理,要以空气质量明显改善为刚性要求,强化联防联控,基本消除重污染天气,还老百姓蓝天白云、繁星闪烁。要深入实施水污染防治行动计划,保障饮用水安全,基本消灭城市黑臭水体,还给老百姓清水绿岸、鱼翔浅底的景象。要全面落实土壤污染防治行动计划,突出重点区域、行业和污染物,强化土壤污染管控和修复,有效防范风险,让老百姓吃得放心、住得安心。要持续开展农村人居环境整治提升行动,打造美丽乡村,为老百姓留住鸟语花香的田园风光。习近平要求,为人民群众提供更多生态公共产品,提高生活质量和幸福指数,让老百姓在分享发展红利的同时,更充分地享受绿色福利,使生态文明建设成果更好地惠及全体人民,造福子孙后代。如果任凭破坏生态环境的问题不断产生,就是对子孙后代的不负责任。

习近平对生态环境保护提出的一系列要求,归纳起来就是要顺应人民对良好生态环境的期待,体现了以人民为中心的发展思想,也彰显了对人民负责的精神。他尊重人民感受,坚持与人民同呼吸、共命运、心连心,坚持全心全意为人民服务的根本宗旨,把人民对美好生活的向往作为奋斗目标,将解决突出生态环境问题作为民生优先领域,这为具体目标的确立作出了指引。

5."山水林田湖草是生命共同体"的整体系统观

习近平在《关于〈中共中央关于全面深化改革若干重大问题的决定〉的说明》中指出:"山水林田湖是一个生命共同体,人的命脉在田,田的命脉在水,水的命脉在山,山的命脉在土，土的命脉在树。"自然生态是统一的自然系统，是一个有机生命体，自然生态系统的各种内部要素——山水林田湖草——构成生命共同体，形成紧密联系的、循环的、有机的自然链条。生态是生物与环境构成的有机系统，彼此相互影响，相互制约，在一定时期处于相对稳定的动态平衡状态。山、水、林、田、湖作为生态要素，与人存在极为密切的共生关系，共同组成了一个有机、有序的"生命共同体"，其中任何一个生态要素受到破坏，人类都难以生存和发展。因此，要关注整个生态系统内部的相互依存、相互补充和共生的关系。

习近平认为，自然的循环是生态文明建设的科学依据，维持健康的自然循环是生态文明建设的责任。他要求深入实施山水林田湖草一体化生态保护和修复。统筹山水林田湖草系统治理，不能各管一摊、相互掣肘，一定要树立大局观、长远观、整体观，要算大账、算长远账、算整体账、算综合账。为避免对生态环境造成系统性、长期性破坏，必须改变过去因小失大、顾此失彼的错误做法，按照生态系统的整体性、系统性及其内在规律，统筹考虑自然生态各要素之间的关系，考虑山上山下、地上地下、陆地海洋以及流域上下游，统筹兼顾、整体施策、多措并举，进行整体保护、宏观管控、系统修复、综合治理，全方位、全地域、全过程推进生态文明建设，增强生态系统碳汇能力，维护生态平衡。例如，他提倡在城市规划时建设能够实现水循环的"海绵城市"；治水要良治，不能就水论水，而应该考虑生态系统的其他各个要素，统筹治水和治山、治林、治田以及治林等。他主张增强生态产品生产能力，开展大规模国土绿化行动，加快水土流失和荒漠化、石漠化综合治理，扩大湖泊、湿地面积，保护生物多样性，着力扩大环境容量和生态空间，全面提升自然生态系统稳定性和生态服务功能，筑牢生态安全屏障。唯有如此，才能逐步走出生态困境，建设美丽中国。

习近平按照系统工程的思路，用系统论的思想方法看问题，强调首先要把国土空间开发格局设计好，调整区域产业布局。要整体谋划国土空间开发，统筹国土利用、生态环境保护，科学布局生产空间、生活空间、生态空间，给自然留下更多修复空间，给农业留下更多良田，给子孙后代留下天蓝、地绿、水净的美好家园。习近平揭示了生态要素的关联性和系统整体性，从系统工程和全局角度探寻发展和治理之道，用系统思想提高生态环境保护工作的科学性、有效性，体现了马克思主义系统论的科学思维方法，以及唯物辩证法整体观和联系发展观的要求。

6."用最严格制度最严密法治保护生态环境"的严密法治观

必须清醒看到，过去多年高增长积累的环境问题已经到了很严重的程度，解决起来绝非一朝一夕之功。而且，生态环境治理成效并不稳固，稍有松懈就有可能出现反复。生态文明建设仍处于压力叠加、负重前行的关键期，已进入提供更多优质生态产品以满足人民日益增长的优美生态环境需要的攻坚期，也到了有条件有能力解决生态环境突出问题的窗口期。如果现在不抓紧，将来解决起来难度会更高、代价会更大、后果会更重。所以，非采取最严厉的措施不可，不然生态环境恶化的总态势很难从根本上得到扭转。

习近平在2018年全国生态环境保护大会上指出："生态环境没有替代品，用之不觉，失之难存。""我国生态环境保护中存在的突出问题，大多同体制不健全、制度不严格、法治不严密、执行不到位、惩处不得力有关。"习近平在十八届中央政治局第六次集体学习时指出："只有实行最严格的制度、最严密的法治,才能为生态文明建设提供可靠保障。"

习近平强调,保护生态环境必须依靠制度、依靠法治,要把生态文明建设纳入制度化、法治化轨道,使有关生态环境保护的制度和法律取得实效。法规制度的生命力在于执行,贯彻执行法规制度关键在真抓,靠的是严管。对于破坏生态环境的行为,一定要依法依规加以严惩,不能手软,不能下不为例。要加快制度创新,强化制度执行,让制度成为刚性的约束和不可触碰的高压线,尤其是在创新生态补偿、生态文明考核评价、资源生态环境管理等制度方面,抓好制度的执行和落实。环境法治要更加完善严格,要切实依法处置、严格执法,抓紧整合相关污染防治和生态保护执法职责与队伍。要下大气力抓住破坏生态环境的反面典型,释放严加惩处的强烈信号。对任何地方、任何时候、任何人,凡是需要追责的,必须一追到底,决不能让制度规定成为"没有牙齿的老虎",而要让生态文明与环境保护的政令法律成为"长牙的老虎"与"带电的高压线"。

必须全面加强党对生态环境保护的领导,强化中央环境保护督察权威,加强力量配备,并推动向纵深发展,保证党中央关于生态文明建设决策部署落地生根。落实领导干部生态文明建设责任制,严格考核问责,把生态环境保护落到实处。生态环境保护能否落到实处,关键在领导干部。一些重大生态环境事件背后,都有领导干部不负责任、不作为的问题,都有一些地方环保意识不强、履职不到位、执行不严格的问题,都有环保有关部门执法监督作用发挥不到位、强制力不够的问题。对那些不顾生态环境盲目决策、造成严重后果的人,必须追究其责任,而且应该终身追责。更重要的是,完善生态考核体系,建立完善经济社会发展绿色 GDP 考核评价体系和领导干部任期环境质量改善目标考核制度,加大生态文明指标的考核权重,把资源消耗、环境损害、生态效益等体现生态文明建设状况的指标纳入经济社会发展综合评价体系。建立体现生态文明要求的目标体系、考核办法、奖惩机制,使之成为推进生态文明建设的重要导向和约束。在领导干部离任审计中,开展自然资源资产离任审计试点,探索环境责任离任审计,让生态文明建设"党政同责""一岗双责"真正落实,从而推动各地生态优先、绿色发展,走生产发展、生活富裕、生态良好的高质量发展道路。

7."建设美丽中国全民行动"的全民共治观

美丽中国是人民群众共同参与共同建设共同享有的事业。良好生态环境与每个人息息相关,每个人都是乘凉者,但更要做种树者,每个人都要有各尽所能的责任感。而且,实现美丽中国目标,时间很紧,意味着速度要加快、力度要提高、各方面要共同努力。建设美丽中国,既需要自上而下的制度设计,也需要群众自下而上的全民行动。习近平注重激发群众有序参与的力量,他认为,建设美丽中国关系到亿万人民福祉,不是一家、一地、一时之事,而是全民工程、万代工程,既需要全社会共同参与,全民动手,人人出力;更需要全国各族人民一年接着一年干,一代接着一代干,日积月累。每个人都应该做践行者、推动者。这是一张环境治理的智慧,也是一张生活方式的转型,更意味着一张生态文明建设的主人翁意识。

要加强生态文明宣传教育,通过一系列绿色发展理念的宣传,让越来越多的民众开始关注环境问题,从自身做起,推动形成简约适度、文明健康的生活方式和消费模式。习近平强调,要强化公民生态环保意识、节约意识,反对奢侈浪费和不合理消费,培养生态道德和行为习惯,倡导绿色低碳消费,推广节能、节水用品和绿色环保家具、建材等,推广绿色低碳出行,鼓励引导消费者购买节能环保再生产品,推动形成节约适度、绿色低碳、文明健康的生活方式和消费模式。要加强生态文明宣传教育,把珍惜生态、保护资源、爱护环境等内容纳入国民教育和培训体系,纳入群众性精神文明创建活动,在全社会牢固树立生态文明理念,让绿色环保理念在全社会蔚然成风,形成全社会共同参与的良好风尚。

要呐喊"美丽中国·我是行动者"的口号,推动人们知行合一,让美丽中国建设更加深入人心,并将这一理念进行深入实践。即促使人们从意识向意愿转变,从抱怨向行动转变,把建设美丽中国转化为全民自觉行动。要全国动员、全民动手,充分认识到美丽中国人人共享,大家共建。建设美丽中国需要号召各界各领域人士积极共同参与,团结一切可以团结的力量,形成美丽中国全民行动的格局。要强化党委领导、政府主导、市场基础、企业实施、公众参与等多主体治理角色和作用,建立多元有效、动力内生、相互监督、公开透明的大生态环境保护格局。各级领导干部要带头身体力行,同时要让人民群众更好更方便地参与国土绿化,为人民群众提供更多优质生态产品,让人民群众共享生态文明建设成果。全民行动起来,各尽其责,汇集成一股人人参与、人人共享的最强大的"绿色合力",为建设一个山川秀美的家园而不懈努力。

习近平"建设美丽中国全民行动"的思想以人民为中心的共建共享原则,体现了唯物史观的人民群众观的要求。只要全国人民同心同德建设美丽中国,必将实现美丽中国的美好愿景。

8."共谋全球生态文明建设"的全球共赢观

生态文明建设关乎全人类的生存和发展,关乎全人类的未来,共谋全球生态文明建设,共建清洁美丽世界,建设绿色家园,是中国和世界各国人民的共同追求和梦想。如何推动国际社会携手合作,探索人类可持续的发展路径和治理模式,维护生态安全,共谋全球生态文明建设之路呢?习近平阐述了中国主张。他主张在全球加快构筑绿色发展的生态体系,共谋全球生态文明建设,深度参与全球环境治理,形成世界环境保护和可持续发展的解决方案,引导应对气候变化国际合作。

人类只有一个地球,人类是命运共同体,构建人类命运共同体离不开构建人类生态环境共同体。纵观人类文明发展史,工业化进程创造了前所未有的物质财富,也产生了难以弥补的生态创伤。杀鸡取卵、竭泽而渔的发展方式走到了尽头,顺应自然、保护生态的绿色发展昭示着未来。人与自然共生共存,伤害自然最终将伤及人类。我们应该遵循天人合一、道法自然的理念,寻求永续发展之路。在如今这个高速发展和开放的世界中,生态环境的破坏永远都是我们每一个地球公民都应该担忧的问题,是全球面临的共同挑战和共同责任,任何一个国家都不可能置身事外、独善其身,需要世界各国同舟共济、共同努力,在全球范围内采取及时有力的行动。习近平主张,我国与世界各国共同呵护好地球家园,同筑生态文明之基,同走绿色发展之路,让子孙后代既能享有丰富的物质财富,又能遥望星空、看见青山、闻到花香。国际社会唯有团结协作、携手应对,进行全球自然资源的合理分配,才能凝聚力量,有效应对气候变化、海洋污染、能源资源安全、生物保护等全球性环境问题,有效克服国际政治经济环境变动带来的不确定因素;只有共商共建共享,才能共建生态良好的地球美丽家园,建设人类命运共同体,实现联合国 2030 年可持续发展目标。

中国本着对世界负责的精神,坚持共同但有区别的责任原则、公平原则、各自能力原则,同国际社会一道积极应对全球生态问题。中国深度参与全球环境治理,和国际社会合作,已成为全球生态文明建设的重要参与者、贡献者、引领者,积极引导国际秩序变革方向,形成了世界环境保护和可持续发展的解决方案,增强了在全球环境治理体系中的话语权和影响力。

例如,中国积极参与气候变化国际合作。过去十年间,从巴厘岛到哥本哈根、德班,在历届气候大会上,中国带头许下并切实履行绿色发展的庄严承诺,引导应对气候变化国际合作。中国促进国际社会达成一个全面、均衡、有力度、有约束力的气候变化协议,提出公平、合理、有效的全球应对气候变化解决方案,探索人类可持续的发展路径和治理模式。中国将应对气候变化作为实现发展方式转变的重大机遇,积极探索符合中国国情的低碳发展道路。中国政府已经将应对气候变化全面融入国家经济社会发展的总战略。2015 年底,巴黎大会成功通过《巴黎协定》,为 2020 年后全球合作应对气候变化指明了方向,标志着合作共赢、公正合理的全球气候治理体系正在形成,具有历史性意义。习近平主席强调,《巴黎协定》符合全球发展大方向,成果来之不易,应该共同坚守,不能轻言放弃。这是我们对子孙后代必须担负的责任。国际社会应该以落实《巴黎协定》为契机,加倍努力,有效应对气候变化挑战。

习近平强调,中国将继续承担应尽的国际义务,同世界各国深入开展生态文明领域的交流合作,推动成果分享,携手共建生态良好的地球美好家园。中国是负责任的发展中大国,是全球气候治理的积极参与者。中国已经向世界承诺将于 2030 年左右使二氧化碳排放达到峰值,并争取尽早实现。我们要着力推进国土绿化、建设美丽中国,还要通过"一带一路"建设等多边合作机制,互助合作开展造林绿化,共同改善环境,积极应对气候变化等全球性生态挑战,为维护全球生态安全作出应有贡献。

习近平提出的共谋全球生态文明建设的原则,符合世界各国人民的共同利益,是构建人类命运共同体的重要组成部分。我们在解决国内环境问题的同时,也积极参与全球环境治理。迄今为止,我国已批准加入 30 多项与生态环境有关的多边公约或议定书。所以,中国不仅仅是全球生态文明建设的倡导者,更是全球生态文明建设的重要参与者、贡献者、领跑者。

(二)美丽中国依托的生态文明体系

美丽中国的实现,应该表现为对文化、经济、考核、制度和安全各方面的全覆盖,充分体现美好生活的基本要求。实现美丽中国要依托生态文明体系的构建,即建立健全生态文化体系、生态经济体系、目标责任体系、生态文明制度体系、生态安全体系。"五个体系"是对于贯彻习近平生态文明思想的具体部署,系统界定了中国特色社会主义生态文明体系的基本框架,其中生态文化体系是生态文明建设的灵魂,生态经济体系是生态文明建设的物质基础,目标责任体系明确生态文明建设的目标任务,生态文明制度体系为生态文明建设提供可靠保障,生态安全体系是生态文明建设的基本底线。

1. 生态文化体系

生态文化以生态价值观念为准则,坚持"天人合一""主客统一"的整体思维方式,依据"人的尺度"去解释、规定、评价人化世界,促进人与自然和谐发展,使二者进行良性互动和有效整合。它不同于以往人与自然对立的人类中心主义生态理论,后者从"天人相分""主客对立"的思维方式出发,遵照"物的尺度",将自然视为认识和改造的对象,认为自然是为人服务的,使之转化为人化世界,对其进行任意宰制,造成人与自然的单向度发展以及人的意义与自然价值的双重失落。生态文化是一种追求人与自然相协调的新型文化形态,其体系的构建立足于生态整体有机论,主要有生态意识、生态伦理和生态适应等领域。

生态意识是关于天人关系的认知、感悟和由此达到的精神境界和发展理念。人类在与自然交往的过程中,形成一种维护生态平衡、改善生态环境、实现自然生态文化价值、与自然共存共荣的思想,包括生态哲学、生态美学等。生态文化的灵魂是生态哲学。生态哲学把世界看作是"自然—人—社会"复合生态系统,从哲学智慧层面上,深刻揭示了万物相连、包容共生,平衡相安、和谐共融,平等相宜、价值共享,永续相生、真善美圣的习近平生态文明思想精髓,重点回答了生态系统的有机创造性和内在联系性。人类是地球生命系统中的一员,与其他生物及其环境因素具有功能和结构的依赖性,构成鲜活的生命共同体。生态美学是在美学体系之内加进了人的生态关怀。生态审美是人们可以欲求的一种期待或构想,即人们从风景那里获得审美愉悦,而这些风景本身又包含着生态功能。在这种形式与功能结合下,审美体验可推动和维护健康的生态系统,因而直接或间接地促进人类健康与福祉。生态审美的对象,既是自然本身,也包含对自然的重现和再造。建设美丽中国,体现了自然美与人文美相结合的生态审美观。人类生命的意义就在与天地自然的联系中得以拓展,在人与世界的相互作用中得以创造。中国自古就有"天人合一""与天地万物为一体"等思想观念。例如,道家创始人在《道德经》中提出"人法地,地法天,天法道,道法自然",在终极意义上将人和自然统一起来,并把对自然的尊重放在了突出的地位。这些优秀的传统文化都应该得到发扬光大。

生态伦理涉及促进人与自然和谐共荣的道德规范、行为规范。基于中国传统文化"天人合一"的整体世界观,强调人与自然之间天然的同体同源关系,借鉴现代生态科学的智慧,形成生态伦理道德观,将人类道德视野放大到了由人与自然构成的整个世界。反思人类在自然界中的生产生活方式,提出相应的道德规范,实现人与自然和谐共生。从生态伦理的角度来看,生态文化就是以人与自然和谐共生为核心价值取向的绿色文化、和谐文化。生态文化体系的价值观念不仅包括哲学认知层面的人与自然和谐共生原理,而且包括绿水青山就是金山银山的自然价值理论、生态资产理念。中国传统思想具有生态的性质。比如,儒家对人、动物、植物、土地、山脉、河流都有系统的生态性认识,认为"仁"为"天地生物之心",天道与人道是相贯通的,提出了"仁,爱人以及物""亲亲而仁民,仁民而爱物",将人类社会的"仁爱"原则扩展到天地万物之中,由人类而及禽兽、草木等,即"德至禽兽""泽及草木""恩至于土""恩至于水""德及深泉"。同时,人作为"天地之心",要"民胞物与",即肩负起对万物的责任,用仁爱之心使万物各得其所,使"天下归仁"。否则,若自然界受到损害,人也会有切肤之痛。儒家的仁爱思想坚持人与自然和谐相处的理念,对转变近代工业文明征服自然的传统,重塑人与自然的关系,具有极大的价值,是生态伦理建设的有益滋养。

生态社会适应指适应生存环境的能力,即对环境中的刺激能够在规范允许的范围内作出反应,与环境取得一致,达到和环境的协调。其中,一个极其重要的表现就是对环境的认同,作出相应的行为。生态社会适应不只是消极被动地受制于生存环境,而是积极主动地采取符合环境保护意识和伦理的行动。例如,采取绿色和理性的方式,从满足生态需要出发,以有益健康和保护生态环境为指针,主要表现为崇尚节约资源,减少损失浪费,选择高效、环保的产品和服务,降低消费过程中的资源消耗和污染排放。这一领域的内容非常广泛,不仅包括绿色产品,还包括物资的回收利用、能源的有效使用、对生存环境和物种的保护等,可以说涵盖生活行为、生产行为、消费行为的方方面面。

以上领域构成了生态文化的完整体系。化解人与自然、人与人、人与社会的各种矛盾必须依靠文化的熏陶、教化、激励作用。生态文化为生态文明建设提供思想保证、精神动力和智力支持。所以,需要加强生态文明建设,使生态文化成为全社会共同的文化理念。建立健全以生态价值观念为准则的生态文化体系要大力倡导生态伦理和生态道德,构建人与自然和谐的生态文化,树立大力弘扬人文精神的生态伦理观,提倡先进的生态价值观和生态审美观,注重对广大人民群众的舆论引导,在全社会形成绿色、环保、节约的文明消费模式和生活方式。

2.生态经济体系

生态经济是指在生态系统承载能力范围内,运用生态经济学原理和系统工程方法改变生产和消费方式,挖掘一切可以利用的资源潜力,发展一些经济发达、生态高效的产业,建设体制合理、社会和谐的文化以及生态健康、景观适宜的环境。

生态经济体系以产业生态化和生态产业化为主体,提供物质基础,目的在于促进经济发展与生态环境的和谐,实现经济腾飞与环境保护、物质文明与精神文明、自然生态与人类生态的高度统一和可持续发展。构建生态经济体系必须贯彻绿色发展理念,依靠技术进步和创新驱动,深化供给侧结构性改革,让生态优势变成经济优势。绿色循环低碳环保发展,是当今时代科技革命和产业变革的方向,是最有前途的发展领域,我国在这方面的潜力相当大,可以形成很多新的经济增长点。在生态经济体系中,无论产业生态化还是生态产业化,都要考虑自然价值、民生福祉、生命共同体的基本原理和要求。

产业生态化是指产业自然生态有机循环机理,在自然系统承载能力内,对特定地域空间内产业系统、自然系统与社会系统之间进行耦合优化,达到充分利用资源,消除环境破坏,协调自然、社会与经济的持续发展。实施产业生态化要求在生产中大力推广资源节约型生产技术,建立资源节约型的产业结构体系,减少对环境资源的破坏,倡导绿色环保消费。产业生态化借鉴生态系统中的一体化模式,不是考虑单一部门与一个过程的物质循环与资源利用效率,而是系统地解决产业活动与资源、环境的关系。产业生态化的一个核心问题是产业系统内的企业之间能够进行物质传递和循环。在产业生态化的过程中,产业系统不仅要形成自身的物质循环反馈机制,更要尽可能地纳入生态系统的物质循环系统。因此,产业生态化也被叫作循环经济。循环经济主要运用生态学规律来指导社会经济活动,其特征有:一是提高资源利用效率,减少生产过程的资源和能源消耗,这是提高经济效益的重要基础,也是污染排放量减少的前提;二是延长和拓宽生产技术链,将污染尽可能地在生产企业内进行处理,减少生产过程的污染排放;三是对生产和生活用过的废旧产品进行全面回收,可以重复利用的废弃物通过技术处理进行无限次的循环利用,这将最大限度地减少初次资源的开采量,最大限度地利用不可再生资源,最大限度地减少造成污染的废弃物的排放;四是对生产企业无法处理的废弃物集中回收、处理,扩大环保产业和资源再生产业的规模,扩大就业。循环经济体系倡导的是一种与环境和谐的经济发展模式,以实现产品的反复使用和废弃物的资源化为目的,强调"清洁生产",是一个"资源—产品—再生资源"的闭环反馈式循环过程,最终实现"最佳生产,最适消费,最少废弃"。例如,建设生态工业园区,不同企业组成工业共生体,具有互补性,自发地形成一个工业代谢交换体系,通过适当的方法和手段尽可能减少废弃物的产生和污染排放的过程,尽可能多次以及尽可能多种方式地使用物品,以防止物品过早地成为垃圾,把废弃物品返回工厂,作为原材料融入新产品生产之中。这样,就可以节约要素成本,增加生产效率,减少对环境的污染,甚至实现零排放。

生态产业化是坚持"保护为主、生态开发",按照产业化规律推动生态建设,提供生态产品,让优良的生态环境转化为产业优势,推动生态要素向生产要素、生态财富向物质财富转变。从总体上来说,要发展绿色农业、绿色工业、绿色服务业,推动特色生态资源全产业链融合发展,探索出一条生态资源有效转化为经济价值的绿色发展路径,如立足农业资源优势,促成现代农业产业区。依托耕地、林地、水面资源,深入开展绿色生态农业。一些地区森林覆盖率高,拥有纯净的空气、水和无污染土地的生态优势,可以构建生态为先基础上的大健康产业低碳经济模式,有序启动整体开发,聚力打造集健康旅游、种植、绿色有机食品、健康养老为一体的产业发展体系,并有力带动周边地区增收和全域旅游发展,这样,使自然区域既是生态带、观光带,也是产业带、振兴带。在具体措施上,要实现自然资源价值资产化。首先,要核算自然资源资产。坚持目标导向,深化水、土地、森林、矿产等主要自然资源资产核算。其次,确权自然资源资产。以不动产统一登记为基础,整合国土、农业、水利、林业等部门,制定自然资源资产确权登记,建立不动产统一登记制度,全面推进土地、水域、森林、矿产等重要资源资产权确权登记工作,建立自然资源资产产权制度。同时,制定产权主体权力清单,清晰界定各类自然资源资产的产权主体权利,建立健全归属清晰、权责明确、监管有效的自然资源资产管理体制,依托公共资源交易平台开展自然资源资产交易。再次,估价自然资源资产。根据自然资源资产数据,进行自然资源资产价值化。最后,实现自然资源资产市场化,启动生态权益交易、生态资产融资等。另外,开展排污权有偿使用,以污染物排放总量控制为前提,探索生态产品价格形成机制,提高污水处理费标准,建立垃圾处理收费机制;建立碳排放交易市场体系,落实碳排放交易制度,启动用能权有偿使用等。

生态产业化与产业生态化互动互促互融,有机地形成生态经济体系,为建设美丽中国提供了条件。

3.目标责任体系

生态目标责任体系是以改善生态环境质量为核心,目的在于确保生态资产保值增值、增进民生福祉、维护生态系统平衡和稳定。

(1)明确责任主体。

生态文明建设领域有各个相关部门,其常态化的分工责任要加以厘清。政府、企业、公众等各类主体分别有自己的权责,通过权责清单等方式建立分工明确、权责清晰的环境监管和环境保护工作体系,建立常态化的跨部门协调机制,形成全社会共同推进环境治理的良好格局。在领导责任体系方面,提出要完善中央统筹、省负总责、市县抓落实的工作机制,明确中央和地方财政支出责任,开展目标评价考核,深化生态环境保护督察。地方各级党委和政府主要领导是本行政区域生态环境保护第一责任人,各相关部门要履行好生态环境保护职责,使各部门守土有责、守土尽责,分工协作、共同发力、联防联控。对领导责任体系的一系列规定,有助于提升政策合力,在环保领域健全权、责、利相匹配的央地关系。在企业责任体系方面,明确要依法实行排污许可管理制度,推进生产服务绿色化,提高治污能力和水平,公开环境治理信息。在社会组织和公众体系方面,要求强化社会监督,发挥各类社会团体作用,提高公民环保素养。总之,构建党委领导、政府主导、企业主体、社会组织和公众共同参与的现代环境治理体系,建立健全环境治理的领导责任体系、企业责任体系、监管体系、市场体系、信用体系、法律法规政策体系,落实各类主体责任。由此,切实增强各方做好生态环境保护工作的责任感、使命感,建设一支生态环境保护铁军。

(2)优化考核评价。

要建立科学合理的考核评价体系,考核结果作为各级领导班子和领导干部奖惩和提拔使用的重要依据。各类考核考察不能仅仅把地区生产总值及增长率作为政绩评价的主要指标和最高标准,而要把生态保护和建设也看作政绩,加大资源消耗、环境保护等指标的权重,生态保护和建设也是政绩把生态环境质量的优劣纳入生态文明的评价体系之中,并放在经济社会发展评价体系的首要和突出位置,使之成为推进生态文明建设的重要导向和约束。所以,考核评价按照绿色发展指标体系实施,主要评估各地区资源利用、环境治理、环境质量、生态保护、增长质量、绿色生活、公众满意程度等方面的变化趋势和动态进展,生成各地区绿色发展指数。要对责任主体做好资源消耗、减排指标、环境质量改善和生态效益等具体任务方面的考核,以空气、水、土地等质量明显改善为刚性要求。调整地方政府绩效考核,逐步减少垂直管理自上而下的"运动式"考评工作,明晰对政策绩效、监管绩效的评价考核制度,克服职责同构背景下"层层加码"的现象。各地区充分考虑区域差异和发展阶段,制定符合实际、体现特色的生态目标,对相关专项考核精简整合,更加科学合理地进行考核和评价。

（3）加强责任追究。

主体层面要有责任担当，要严格落实主体责任，建立责任追究制度，特别对领导干部的责任追究制度。因为，生态环境保护的目标能否落到实处，关键在领导干部。要落实领导干部任期生态文明建设责任制，实行自然资源资产离任审计，认真贯彻依法依规、客观公正、科学认定、权责一致、终身追究的原则，明确各级领导干部责任追究情形。对造成生态环境损害负有责任的领导干部，要真追责、敢追责、严追责，显性责任即时惩戒，隐性责任终身追究，让各级领导干部耳畔警钟长鸣。构建规范开放的市场，强化环保产业支撑，创新环境治理模式，健全价格收费机制。提高污染排放标准，强化排污者责任，严格落实"谁污染、谁付费"政策导向，建立健全"污染者付费＋第三方治理"等机制。建立健全环境治理政务失信记录，完善企业环保信用评价制度，建立排污企业黑名单制度，建立完善上市公司和发债企业强制性环境治理信息披露制度。规范与完善环保督察问责程序，推动问责制度法治化、制度化、规范化。在问责过程中要综合考虑"过程""结果"等因素，减少"兜底"式、"背锅"式问责。建立和完善问责过程中相关责任人的申诉制度。

（4）完善生态文明建设中的司法监督和公众参与制度。

对现代环境治理体系构建进行系统性的安排，坚持多方共治，强调包括政府在内多元治理主体的合作，充分利用国家和政府的制度资源，吸收市场和社会的创新机制体制，调动公众参与的积极性，形成导向清晰、决策科学、执行有力、激励有效、多元参与、良性互动的环境治理体系。健全社会组织和公众对环境监管机构和排污单位启动问责的机制，以及参与环境保护与治理的相关制度，包括环境信息公开制度、多方沟通交流机制、公众评议机制等。强化各级人大对环境保护工作的监督作用，规范引导各级地方政府和环境监管机构树立法治意识，引导各级监管机构依法监管、透明执法、专业监管，既要纠正环境监管中的"不作为"，更要纠正"乱作为"。各级党委和政府要切实重视、加强领导，纪检监察机关、组织部门和政府有关监管部门要各尽其责、形成合力。党的十八大以来，我国生态环境治理能力明显加强，但企业履行治理责任以及社会公众参与仍然不足。推动公众参与现代环境治理，构建全社会共同参与的环境治理体系，以多样性参与方式，形成统一行使相关权利的体制，实现从一元管理到多元治理的转变，也实现生态文明建设体制、机制的创新。

4. 生态文明制度体系

生态文明制度体系以治理体系和治理能力现代化为保障，必须把制度建设作为推进生态文明建设的重中之重，深化生态文明体制改革。《生态文明体制改革总体方案》明确指出，要构建起由自然资源资产产权制度、国土空间开发保护制度、空间规划体系、资源总量管理和全面节约制度、资源有偿使用和生态补偿制度、环境治理体系、环境治理和生态保护市场体系、生态文明绩效评价考核和责任追究制度等八项制度构成的产权清晰、多元参与、激励约束并重、系统完整的生态文明制度体系，推进生态文明领域国家治理体系和治理能力现代化。

（1）自然资源资产产权制度。

建立统一的确权登记系统，坚持资源公有、物权法定，清晰界定全部国土空间各类自然资源资产的产权主体,划清全民所有和集体所有之间的边界,推进确权登记法治化。建立权责明确的自然资源产权体系,制定权力清单,明确各类自然资源产权主体权利,处理好所有权与使用权的关系。健全国家自然资源资产管理体制,按照所有者和监管者分开和一件事情由一个部门负责的原则,整合分散的全民所有自然资源资产所有者职责。探索建立分级行使所有权的体制,对全民所有的自然资源资产,按照不同资源种类和在生态、经济、国防等方面的重要程度,研究实行中央和地方政府分级代理行使所有权职责的体制,实现效率和公平相统一。开展水流和湿地产权确权试点,建立水权制度,遵循水生态系统性、整体性原则,分清水资源所有权、使用权及使用量。这一制度可以使自然资源的归属清晰、权责明确、监管有效。

(2)国土空间开发保护制度。

这种制度以空间规划为基础,以用途管制为主要手段,整体谋划国土空间开发保护格局。完善主体功能区制度,统筹国家和省级城市化地区、农产品主产区、重点生态功能区的规划,健全基于主体功能区的区域政策。健全国土空间用途管制制度,简化自上而下的用地指标控制体系,调整按行政区和用地基数分配指标的做法,将开发强度指标分解到各县级行政区,控制建设用地总量,将用途管制扩大到所有自然生态空间,严禁任意改变用途。建立国家公园体制,改革各部门分头设置自然保护区、风景名胜区、文化自然遗产、地质公园、森林公园等的体制,进行功能重组,合理界定国家公园范围,实行更严格保护,禁止其他开发建设,构建保护珍稀野生动植物的长效机制。完善自然资源监管体制,将分散在各部门的有关用途管制职责,逐步统一到一个部门,统一行使所有国土空间的用途管制职责。

(3)国土空间规划体系。

国土空间规划体系以促进永续发展为基本战略导向,以空间资源的合理保护和有效利用为核心,以空间治理和空间结构优化为主要内容,从空间资源(土地、海洋、生态等)保护、空间要素统筹、空间结构优化、空间效率提升、空间权利公平等方面为突破,实现全国统一、权责清晰、相互衔接、分级管理、科学高效。空间规划分为国家、省、市县(设区的市空间规划范围为市辖区)三级,编制统一的空间规划,整合目前各部门分头编制的各类空间性规划,实现规划全覆盖。推进市县多规合一,统一编制市县空间规划,逐步形成一个市县一个规划、一张蓝图,研究制定市县空间规划编制指引和技术规范,形成可复制、能推广的经验。创新市县空间规划编制方法,扩大社会参与,进行规划编制部门整合,由一个部门负责市县空间规划的编制,规划编制前、中、后和成果都有章可循,要实行监督和问责。

(4)资源总量管理和全面节约制度。

完善最严格的耕地保护制度和土地节约集约利用制度,完善基本农田保护制度,划定永久基本农田红线,加强耕地质量等级评定与监测,强化耕地质量保护与提升建设,完善耕地占补平衡制度,对新增建设用地占用耕地规模实行总量控制,实施建设用地总量控制和减量化管理,建立节约集约用地激励和约束机制。完善最严格的水资源管理制度,健全用水总量控制制度,保障水安全,加强水产品产地保护和环境修复,控制水产养殖,构建水生动植物保护机制,完善水功能区监督管理,建立促进非常规水资源利用制度。建立能源消费总量管理和节约制度,健全节能目标责任制和奖励制度,完善能源统计制度,健全重点用能单位节能管理制度,完善节能标准体系,健全节能低碳产品和技术装备推广机制,强化节能评估审查和节能监察,加强对可再生能源发展的扶持,逐步取消对化石能源的普遍性补贴,建立全国碳排放总量控制制度和分解落实机制,建立增加森林、草原、湿地、海洋碳汇的有效机制。建立天然林、草原、湿地保护制度,稳定和完善承包经营制度,规范保护利用行为,建立生态修复机制。建立沙化土地封禁保护制度,加强沙化土地治理,增加植被,合理发展沙产业,完善以购买服务为主的管护机制,探索开发与治理结合新机制。健全海洋资源开发保护制度,实施海洋主体功能区制度、围填海总量控制制度、自然岸线保有率控制制度,完善海洋渔业资源总量管理制度,严格执行休渔禁渔制度,推行近海捕捞限额管理,控制近海和滩涂养殖规模,健全海洋督察制度。健全矿产资源开发利用管理制度,建立矿产资源开发利用水平调查评估制度,加强矿产资源查明登记和有偿计时占用登记管理,建立矿产资源集约开发机制,完善重要矿产资源开采回采率、选矿回收率、综合利用率等国家标准,建立矿山企业高效和综合利用信息公示制度和矿业权人"黑名单"制度,完善矿山地质环境保护和土地复垦制度。完善资源循环利用制度,建立健全资源产出率统计体系,推动生产者落实废弃产品回收处理等责任,建立种养业废弃物资源化利用制度、垃圾强制分类制度,制定再生资源回收目录、资源分类回收利用标准,建立资源再生产品和原料推广使用制度,完善限制一次性用品使用制度,落实并完善资源综合利用和促进循环经济发展的税收政策。

(5)资源有偿使用和生态补偿制度。

反映市场供求和资源稀缺程度、体现自然价值和代际补偿。加快自然资源及其产品价格改革,建立自然资源开发使用成本评估机制,加强对自然垄断环节的价格监管,推进农业水价综合改革,全面推行城镇居民用水阶梯价格制度。完善土地、矿产资源、海域海岛有偿使用制度,扩大土地有偿使用范围和招拍挂出让比例,完善矿业、海域、无居民海岛使用权出让制度。加快资源环境税费改革,合理确定税收调控范围,推进资源税从价计征和环境保护税立法。完善生态补偿机制,探索建立多元化补偿机制,逐步增加对重点生态功能区转移支付,完善生态保护成效与资金分配挂钩的激励约束机制,制定横向生态补偿机制办法,以地方补偿为主,中央财政给予支持。完善生态保护修复资金使用机制,按照山水林田湖系统治理的要求,完善相关资金使用管理办法,整合现有政策和渠道,在深入推进国土江河综合整治的同时,更多用于国家生态安全屏障的保护修复。建立耕地草原河湖休养生息制度,调整严重污染和地下水严重超采地区的耕地用途,将不适宜耕种且有损生态的陡坡地退出基本农田,巩固退耕还林还草、退牧还草成果长效机制,开展退田还湖还湿试点。

(6)环境治理体系。

以改善环境质量为导向,监管统一、执法严明、多方参与。完善污染物排污许可制,依法核发排污许可证。建立污染防治区域联动机制,包括区域大气污染防治联防联控协作机制、流域水环境保护协作机制和风险预警防控体系、陆海统筹的污染防治机制和重点海域污染物排海总量控制制度,完善突发环境事件应急机制。建立农村环境治理体制机制,建立以绿色生态为导向的农业补贴制度,完善农作物秸秆综合利用制度,健全化肥农药包装物、农膜回收贮运加工网络,加强农村污水和垃圾处理等环保设施建设,培育发展各种形式的农业面源污染治理、农村污水垃圾处理市场主体,加强环境监管能力建设,财政支农资金的使用要统筹考虑增强农业综合生产能力和防治农村污染。健全环境信息公开制度,全面推进大气、水、排污单位、监管部门、建设项目等环境影响评价信息公开机制,健全环境新闻发言人制度,保障人民群众依法有序行使环境监督权,健全举报、听证、舆论监督等制度。严格实行生态环境损害赔偿制度,强化生产者环境保护法律责任,大幅度提高违法成本,健全环境损害赔偿方面的法律制度、评估方法和实施机制,对违反环保法律法规的,依法严惩重罚。完善环境保护管理制度,将分散在各部门的环境保护职责调整到一个部门,有序整合不同领域、不同部门、不同层次的监管力量,建立权威统一的环境执法体制,完善行政执法和环境司法的衔接机制。

(7)环境治理和生态保护市场体系。

培育环境治理和生态保护市场主体,鼓励各类投资进入环保市场,吸引社会资本参与建设和运营,加大对环境污染第三方治理的支持力度。推行用能权和碳排放权交易制度,开展项目节能量交易,建立用能权交易系统、测量与核准体系,推广合同能源管理,制定全国碳排放权交易总量设定与配额分配方案,完善碳交易注册登记系统,建立碳排放权交易市场监管体系。推行排污权交易制度,完善初始排污权核定,强化以企业为单元进行总量控制、通过排污权交易获得减排收益的机制,合理推进跨行政区域排污权交易,加强排污权交易平台建设,制定排污权核定、使用费收取使用和交易价格等规定。推行水权交易制度,合理界定和分配水权,探索水权交易方式,制定水权交易管理办法,明确可交易水权的范围和类型、交易主体和期限、交易价格形成机制、交易平台运作规则等,开展水权交易平台建设。建立绿色金融体系,推广绿色信贷,明确贷款人的尽职免责要求和环境保护法律责任,设立绿色股票指数和发展相关投资产品,发行绿色债券,支持设立各类绿色发展基金,建立上市公司环保信息强制性披露机制,完善对节能低碳、生态环保项目的各类担保机制,建立环境污染强制责任保险制度、绿色评级体系以及公益性的环境成本核算和影响评估体系。建立统一的绿色产品体系,包括绿色产品标准、认证、标识等,完善对绿色产品研发生产、运输配送、购买使用的财税金融支持和政府采购等政策。

(8)生态文明绩效评价考核和责任追究制度。

充分反映资源消耗、环境损害、生态效益。建立生态文明制度体系,主要是绿色发展指标体系,制定目标评价考核办法,实行差异化绩效评价考核。建立资源环境承载能力监测预警机制,包括数据库和信息技术平台,定期编制报告,实行预警提醒和限制性措施。编制自然资源资产负债表,构建资产和负债核算方法,建立实物量核算账户,明确分类标准和统计规范,定期评估自然资源资产变化状况。对领导干部实行自然资源资产离任审计,包括离任审计的目标、内容、方法和评价指标体系,客观评价领导干部履行自然资源资产管理责任情况,依法界定领导干部应当承担的责任,加强审计结果运用。建立生态环境损害责任终身追究制,实行地方党委和政府领导成员生态文明建设"一岗双责"制,区分情节轻重,予以诫勉、责令公开道歉、组织处理或党纪政纪处分、依法追究刑事责任和终身追责等,建立国家环境保护督察制度。

5. 生态安全体系

生态安全体系保障经济社会发展过程中生态系统良性循环和环境风险有效防控。生态环境安全是国家安全的重要组成部分,是一道生命与健康的警戒线,是人类生产、生活和健康等方面不受生态破坏与环境污染等影响的保障,也是经济社会持续健康发展的重要保障。要维护生态系统的完整性、稳定性和功能性,确保生态系统的良性循环,把生态环境风险纳入常态化管理,系统构建全过程、多层级生态环境风险防范体系。具体来说,生态安全是一个由生物安全、环境安全和系统安全三个方面组成的动态安全体系。

(1)生物安全。

①生物多样性的消失。地球上动物、植物和微生物之间相互作用以及与其所生存自然环境间的相互作用,形成了地球上丰富的生物和生态系统多样性。由于食物链的作用,地球上每消失一种植物,往往有10~30种依附于这种植物的动物和微生物也随之消失。每一物种的消失,必然减少自然和人类适应变化条件的选择余地。生物多样性的减少,不仅恶化了人类和其他生物的生存环境,而且限制了人类和其他生物生存和发展机会的选择,甚至严重威胁人类和其他生物的生存与发展。②外来生物入侵。我国34个省市均发现了外来侵入物种,几乎涉及了所有的生态系统,物种类型包括脊椎动物和无脊椎动物,从高等植物到低等植物。如草本植物大米草、豚草、紫茎泽兰、空心莲子草、凤眼莲等;动物类麝鼠、非洲大牛蛙、食蚊鱼;外来病害口蹄疫、疯牛病、禽流感等。生物入侵在我国不断加剧,潜在威胁到我国生物物种的安全,生态灾害频发,甚至直接危害人体健康。生物入侵是指外来物种给当地生物和环境造成的危害,而这种危害常常是灾难性的。③转基因生物。人类为了自身的生活并获得足够的食物,大量运用现代科学技术来改造目前人类栽培、养殖的生物和基因,出现了转基因生物,其对于一个地区和全球生态系统是福是祸仍然是一个未知数,因此可能存在转基因生物的安全性问题。地球上的生物经过千百万年的演变进化,各自拥有区别于其他物种生物并且相对稳定的遗传物质基础——基因。在自然规律下,交叉繁殖只会在相同的物种之内发生,使得物种的变化速度相对缓慢。现代生物技术的迅速发展,在给人类带来巨大利益的同时,基因技术的进步对自然界中存在的生物种群也带来了基因杂交、漂移、变异的风险。大量的转基因生物形成了特殊的生命形式,以超过自然进化千百万倍的速度介入自然界中。这可能会打破自然界的生态平衡,从而导致对环境的危害。转基因生物对生态环境的潜在威胁可能造成农作物品种单一化、形成害虫害草的抗药性,威胁生物多样性及其生物遗传。转基因生物还可能导致野生生物种类资源缺失,并极有可能使变异后的基因或转基因通过生态和遗传渠道影响整个地球的生物和生存环境。

(2)环境安全。

在现代化的工业生产和农业生产过程中,诸如工业"三废"、化肥、农药等物质对人类生存的环境造成了巨大的环境危害,加上人类的生活方式和大量消耗能源,造成全球气候变暖、臭氧层破坏、生物多样性的减少和区域性的酸雨等,通过食物链以及物质和能量的流动转移,所有这些问题会在生物、环境中积累,最终在生态系统安全方面爆发和体现,从而威胁到整个地球。我国深化生态环境监测评价改革创新统一监测和评价技术标准规范,依法明确各方监测事权,建立部门间分工协作、有效配合的工作机制,统筹实施覆盖环境质量、城乡各类污染源、生态状况的生态环境监测评价,加快构建陆海统筹、天地一体、上下协调、信息共享的生态环境监测网络,客观反映污染治理成效,强化对生态环境污染的成因分析、预测预报和风险评估。建立中央生态环境保护督察制度,经常督察,实现全覆盖,及时发现并督促解决了各地区存在的大量生态环境问题,促进各地生态环境质量的提升。推动各级党委和政府层层压实环保责任、形成自上而下和自下而上的环保合力,推动中央生态环保督察不断向纵深发展,拓展督察内容,从单方面的督察生态环保向促进经济、社会发展与环境保护相协调延伸,指导督促加大省级生态环保督察力度,从着重纠正环保违法向纠正违法和提升守法能力相结合转变,指导地方全面提高生态环境保护能力。

(3)生态系统安全。

生态系统安全主要受人类土地利用与覆盖变化的驱动力及其动态的影响。大量案例研究表明,土地利用与覆盖变化是在自然的生物物理条件与人类社会因素共同作用下,在不同时空尺度上所表现出来的一系列景观变化。其中气候变化、水文条件的变化、土地使用制度的变化、经济体制的变化、技术进步的变化、人类社会行为的变化是引起土地利用及其覆盖变化的主要因素。国家启动针对我国生态环境安全问题的重大研究项目,建立中国生态系统评估与生态安全格局数据库,整合生态环境研究中心在我国生态系统评估、格局等研究方面的数据资源和研究成果,实现生态学研究的科研数据逐步共享、研究成果向应用转化,服务于广大科研人员,并为国家生态格局分析、生态系统评估、生态保护规划,生物多样性保护和生态补偿等重大决策提供信息支持。经过统一规范整理,形成中国生态系统格局、中国生态系统质量、中国生态系统服务功能、中国生态环境问题和中国生态胁迫数据等。在生态风险评价的基础之上,采取生态风险管理的措施,防止生态系统环境退化、结构损害等。为有效控制全球范围内的生态系统风险,广泛开展国际交流与合作。

(三)美丽中国的举措

美丽中国建设不是空喊口号,而是要脚踏实地,撸起袖子加油干,需要全社会积极地进行推动和实施。所以,要早日实现美丽中国的蓝图,落实是关键,我们要加快推进生态文明建设,抓好已出台举措的落地,扎实有序推进生态文明建设,让美好蓝图在神州大地铺展。

1.推进绿色发展

推进绿色发展是建设美丽中国的重要基础,它主要从节能减排及污染物治理的角度出发,突出绿色的理念和内涵,以效率、和谐、持续为目标,把发展绿色产业作为推动经济结构调整的重要途径。推进绿色发展的主要措施如下:

第一,促进经济发展方式的转变,积极培育以低碳排放为特征的新的经济增长点。升级改造传统产业,对重点行业、重点企业、重点项目以及重点工艺流程进行技术改造,提高资源生产效率,制定更加严格的环境、安全、能耗、水耗、资源综合利用技术标准,严格控制高耗能、高污染工业规模,控制污染物和温室气体排放。加大节能技术、装备与部件的研发和攻关力度,采取财政、税收等措施,促进成熟的技术、装备和产品的推广应用,大力发展资源综合利用产业,大力发展低碳清洁的新材料、新能源、电子技术、生物、航空航天、海洋等新兴节能环保产业。

第二,建立和完善有利于绿色发展的体制机制,积极研究绿色投资政策,从再生产全过程制定环境经济政策,推动资源性产品的价格改革,建立相应的统计、跟踪和评价机制,科学预测绿色发展趋势,为更好地制定绿色发展相关政策提供有效支持。我国陆续颁布了多项法律法规制度,如《环境保护督察方案(试行)》《生态环境监测网络建设方案》《生态环境损害赔偿制度改革试点方案》《中华人民共和国节约能源法》《中华人民共和国循环经济促进法》《中共中央、国务院关于加快推进生态文明建设的意见》《生态文明体制改革总体方案》《党政领导干部生态环境损害责任追究办法(试行)》《生态文明建设目标评价考核办法》等,把绿色发展纳入法治化、制度化、系统化、常态化的轨道。

第三,加快建立绿色技术创新体系。培育壮大绿色技术创新主体,强化企业的绿色技术创新主体地位,激发高校、科研院所绿色技术创新活力,推进"产学研金介"深度融合,加强绿色技术创新基地平台建设。强化绿色技术创新的导向机制,加强绿色技术创新方向引导,进行绿色技术标准引领,建立健全政府绿色采购制度,推进绿色技术创新评价和认证。推进绿色技术创新成果转化示范应用,建立健全绿色技术转移转化市场交易体系,完善绿色技术创新成果转化机制,强化绿色技术创新转移转化综合示范。优化绿色技术创新环境,强化绿色技术知识产权保护与服务,加强绿色技术创新金融支持,推进全社会绿色技术创新。由此,为推动绿色发展提供相应的支撑。

第四,牢固树立生态文明理念,大力倡导绿色消费,把节约文化、环境道德纳入社会运行的公序良俗,把资源承载能力、生态环境容量作为经济活动的重要条件,引导公众自觉选择节约环保、低碳排放的消费模式。加快建立绿色消费的法律制度和政策导向,坚持节约资源的基本国策,推进消费革命,引导资源全面节约和循环利用,实施国家节能、节水、节地、节材、节矿行动,节约一切自然资源,降低能耗、物耗,实现生产系统和生活系统循环链接。倡导简约适度、绿色低碳的生活方式,反对奢侈浪费和不合理消费,开展创建节约型机关、绿色家庭、绿色学校、绿色社区和绿色出行等行动。

第五,加强国际合作交流,创新合作方式。深度参与全球环境治理,促进绿色技术创新领域的国际交流合作。以二十国集团(G20)、"一带一路"、金砖国家等合作机制为依托,推进建立"一带一路"绿色技术创新联盟等合作机构,强化绿色技术创新国际交流。积极学习借鉴国际先进理念,引进国际先进绿色技术,鼓励国际绿色技术持有方通过技术入股、合作设立企业等方式,推动绿色技术创新成果在国内转化落地,强化对国际绿色技术的产权保护。支持国家级经济技术开发区等建设国际合作生态园区,国外绿色技术创新企业独资或合资在国内设立绿色技术创新园区或建设"园中园",按规定享有与国内企业同等优惠的政策。积极创造便利条件,鼓励有条件的企业、本科高校、职业院校和科研院所"走出去",按照国际规则开展互利合作,促进成熟绿色技术在其他国家转化和应用。

2.着力解决突出环境问题

着力解决突出环境问题是人民群众最为关心的问题,要紧盯环境保护重点领域、关键问题和薄弱环节,坚持全民共治、源头防治。

第一,打赢蓝天保卫战。大气污染形成的主要原因在于产业结构、能源结构、交通结构和生活方式等方面出了问题。要持续实施大气污染防治行动,推进供给侧结构性改革,严格执行环保等标准,推动"散乱污"企业整治、重点行业污染源治理,加快不达标产能依法关停退出;抓好北方地区清洁供暖,推动煤炭等化石能源清洁高效利用,减少重点区域煤炭消费;加强机动车尾气治理,提高铁路货运量,降低公路货运量。深化重点区域大气污染联防联控,有效应对重污染天气,让群众享有更多蓝天白云。

第二,加快水污染防治,实施流域环境和近岸海域综合治理。当前,我国部分重点流域的支流污染严重,重点湖库和部分海域富营养化问题突出,城市黑臭水体大量存在,饮用水安全保障有待加强。要系统推进水环境治理、水生态修复、水资源管理和水灾害防治,抓好重点流域、近岸海域污染防治,大力整治不达标水体、黑臭水体和纳污坑塘,严格保护良好水体和饮用水水源,加强地下水污染综合防治。实施流域环境综合治理和管理。流域是由山水林田湖草等构成的生命共同体,要将流域作为管理单元,统筹上下游、左右岸、陆地水域,进行系统保护、宏观管控、综合治理。推进按流域设置环境监管和行政执法机构试点,调整现行以行政区为主的管理体制,增强流域环境监管和行政执法的独立性、统一性、有效性、权威性。加强近岸海域污染治理。按照从山顶到海洋、海陆一盘棋的理念,坚持河海兼顾、区域联动,开展入海河流综合整治,加强沿海城市污染源治理,清理非法或设置不合理入海排污口,逐步减少陆源污染排放。严控围填海和占用自然岸线的开发建设活动,推进海洋生态整治修复,增强污染防治和生态保护的系统性、协同性。

第三,强化土壤污染管控。土壤是人类赖以生存和发展的物质基础,保护土壤环境质量,提高农产品质量和全民健康水平,是实现建设美丽中国的必然要求。我国土壤污染总体状况不容乐观,如农用地土壤环境质量堪忧,工矿企业及其周边土壤环境问题突出,污染地块和农用地环境风险日益凸显。要以农用地和重点行业企业用地为重点,开展土壤污染状况详查。要建立生活垃圾分类处理系统,提高危险废物处置水平,夯实化学品风险防控基础,防止污染土壤和地下水。实施农用地土壤环境分类管理和建设用地准入管理,开展土壤污染治理,保障农产品质量。在重金属污染特别重的地方,种植一些吸收重金属比较强的作物。土壤污染要"治"更要"防",必须从根源上切断污染源,才能更长远地治标又治本,解除危险。

第四,开展农村人居环境整治提升行动。我国农村地区环境基础设施建设严重滞后,化肥、农药等不合理使用造成的农业面源污染量大面广。针对农业农村污染防治相对薄弱的问题,坚持城乡环境治理并重,加大对农业农村污染防治的工作力度和资金投入,发展绿色农业。要加强农业面源污染治理,推进农业清洁生产,深入开展化肥、农药零增长行动,加大畜禽养殖废弃物和农作物秸秆综合利用力度。加快农村环境综合整治,把清理农村垃圾、治理生活污水、保护饮用水源地、整治村庄畜禽污染、建立健全长效保洁机制、提升村容村貌作为人居环境整治工作重点。推进美丽乡村建设,加强村域规划管理,开展农房及院落风貌整治和村庄绿化美化,推进农村地区分散布局的工业企业向工业园区集中。

第五,加强固体废弃物和垃圾处置。中国工程院院士杜祥琬介绍,我国目前各类固体废物累计堆存量约为800亿吨,每年产生量近120亿吨。如果不进行妥善处理和利用,将对环境造成严重污染,对资源造成极大浪费,对美丽中国建设极为不利。要提高产品质量,生产使用寿命长的产品,使物品不致很快变成废物;采用精料,减少生产过程中的废物排放量;发展物质循环利用工艺;改革传统工艺,发展物质循环利用工艺,使生产第一种产品的废物,成为第二种产品的原料,使生产第二种产品的废物又成为生产第三种产品的原料等,最后只剩下少量废物排入环境,这样能取得经济、环境和社会的多方面的效益;制定固体废物资源化方针和鼓励利用固体废物的政策,建立起固体废物资源化体系,把固体废物纳入资源管理范围,暂时不能利用的废物作为后备资源储藏起来,把有明确用途的废物纳入资源分配计划。例如,利用矿物废料作建筑材料、道路工程材料、填垫材料、工业原料,利用含碳、油或其他有机物质的废物从中回收能源,利用含有土壤、植物所需要的元素或化合物的废物用作土壤改良剂和肥料。

3.加大生态系统保护力度

加大生态系统保护力度是建设美丽中国的长远大计,主要从以下三个方面着手:

第一,严守生态保护红线。抓保护,就必须定红线,要加快构建三大红线:生态功能保障基线、环境质量安全底线、自然资源利用上线。

首先,划定生态功能保障基线。生态功能保障基线是在重要生态功能区、生态敏感区、脆弱区等区域划定的最小生态保护空间,加强监测监管,确保生态功能不弱化、面积不减少、性质不改变。它是国家和区域生态安全的底线。构建生态功能红线能有效保护我国珍稀、濒危并具代表性的动植物物种及生态系统,维护我国重要生态系统的主导功能。重要生态功能区红线,既可保护生态系统中供给生态服务的关键区域,也能够从根本上解决资源开发与生态保护之间的矛盾。生态环境敏感区、脆弱区红线,将为人居环境安全提供生态保障,为协调区域生态保护与生态建设提供重要支撑。禁止开发的红线范围包括自然保护区、森林公园、风景名胜区、世界文化自然遗产、地质公园等。自然保护区应全部纳入生态保护红线的管控范围,明确其空间分布界线。构建生态功能红线必须落到具体实地上,落实在具体空间上,确保生态功能红线划定兼具科学性与操作性,国家层面要从全国总体要求划定重要生态功能保护区域,地方层面要根据实际情况确定具体边界。

其次,划定环境质量安全底线。环境质量安全底线是指为维护人居环境与人体健康的基本需要,必须严格执行的最低环境管理限值,具体分为水环境红线、大气环境红线和土壤环境红线三类红线。水环境红线指基于水环境功能重要性、敏感性及脆弱性评价结果,划定水环境红线控制单元,并设立相应的环境质量目标、污染物排放控制目标和风险管理要求。大气环境红线指基于大气环境功能重要性、敏感性与脆弱性评价结果,划定大气环境红线控制单元,并设立相应的环境质量目标、污染物排放控制目标和风险管理要求。土壤环境红线指为保障农产品质量安全,将18亿亩耕地划定为土壤环境红线区予以管控,并设立相应的土壤环境质量目标和风险管理要求。构建环境质量红线要保障人民群众能够吸上新鲜的空气、喝上干净的水、吃上放心的粮食,保证我们生存的基本环境质量需求,保障基本民生和安全。

最后,划定自然资源利用上线。资源利用红线是指为促进资源能源节约,保障能源、水、土地等资源安全利用和高效利用的最高或最低要求。资源利用红线应符合经济社会发展的基本需求,与现阶段资源环境承载能力相适应。资源利用红线包括能源利用红线、水资源利用红线和土地资源利用红线。能源利用红线是特定经济社会发展目标下的能源利用水平,包括能源消耗总量、能源结构和单位国内生产总值能耗等。水资源利用红线是建设节水型社会、保障水资源安全的基本要求,包括用水总量和用水效率等。土地资源利用红线是优化国土空间开发格局、促进土地资源有序利用与保护的用地配置要求,使耕地、森林、草地、湿地等自然资源得到有效保护。构建资源利用红线的关键是要推动资源利用方式的根本转变,坚持资源节约优先,进行供需双向调节,以资源总量控制,倒逼资源开发利用方式的转变,大力发展循环经济,更有效地利用资源和保护环境,以尽可能小的资源消耗和环境成本,获得尽可能大的经济效益和社会效益。

生态保护红线是国家生态安全的底线和生命线,这个红线绝对不能逾越,一旦逾越,必将危及生态安全。

第二,加强生态保护修复。遵循生态系统内在的机理和规律,坚持自然恢复为主的方针,停止人为干扰,以减轻负荷压力,依靠生态系统的自我调节能力与自我组织能力使其向有序的方向进行演化,或者利用生态系统的这种自我恢复能力,辅以人工措施,使遭到破坏的生态系统逐步恢复或使生态系统向良性循环方向发展,把"自然休养"发展为更为积极主动的"生态修复",把修复生态环境摆在压倒性位置,给自然留下更多修复空间。大力实施天然林资源保护工程、新一轮退耕还林工程、湿地保护与恢复工程、濒危野生动植物抢救性保护及自然保护区建设工程等重大工程,推进耕地草原森林河流湖泊休养生息,让透支的资源环境逐步得到修复。实施重要生态系统保护和修复重大工程,在国家重点生态功能区构筑生态安全战略格局。优化生态安全屏障体系,构建生态廊道和生物多样性保护网络,提升生态系统质量和稳定性。开展国土绿化行动,针对我国缺林少绿的国情,集中连片建设森林,并持之以恒地推进荒漠化、石漠化、水土流失综合治理,强化湿地保护和恢复,加强地质灾害防治,为国土增添绿装。扩大退耕还林还草,就是要在25度以上坡耕地、严重沙化耕地、重要水源地等恢复这类国土的生态功能。严格保护耕地,扩大轮作休耕制度试点,就是要在坚持最严格的耕地保护制度基础上,针对耕地退化问题,抓住粮食高产量、高库存的有利时机,通过轮作休耕等使超载的耕地休养生息,健全耕地草原森林河流湖泊休养生息制度。

第三,建立市场化、多元化生态补偿机制,即建立政府主导、企业和社会各界参与、市场化运作、可持续的生态补偿机制。

要健全资源开发补偿制度。完善全民所有土地资源、水资源、矿产资源、森林资源、草原资源、海域海岛资源等自然资源资产有偿使用制度,健全自然资源收益分配制度,资源开发者应当对资源开发的不利影响进行补偿,合理界定资源开发边界和总量,确保生态系统功能不受影响,企业将资源开发过程中的生态环境投入和修复费用纳入资源开发成本,自身或者委托第三方专业机构实施修复。

优化排污权配置。建立生态保护地区排污权交易制度,在满足环境质量改善目标任务的基础上,企业通过淘汰落后和过剩产能、清洁生产、清洁化改造、污染治理、技术改造升级等产生的污染物排放削减量,可按规定在市场交易。以工业企业、污水集中处理设施等为重点,在有条件的地方建立省内分行业排污强度区域排名制度,排名靠后地区对排名靠前地区进行合理补偿。

完善水权配置。积极稳妥推进水权确权,合理确定区域取用水总量和权益,逐步明确取用水户水资源使用权。鼓励引导开展水权交易,对用水总量达到或超过区域总量控制指标或江河水量分配指标的地区,原则上要通过水权交易解决新增用水需求。鼓励取水权人通过节约使用水资源有偿转让相应取水权。健全水权交易平台,加强对水权交易活动的监管,强化水资源用途管制。

健全碳排放权抵消机制。建立健全以国家温室气体自愿减排交易机制为基础的碳排放权抵消机制,将具有生态、社会等多种效益的林业温室气体自愿减排项目优先纳入全国碳排放权交易市场,充分发挥碳市场在生态建设、修复和保护中的补偿作用。引导碳交易履约企业和对口帮扶单位优先购买贫困地区林业碳汇项目产生的减排量。鼓励通过碳中和、碳普惠等形式支持林业碳汇发展。

发展生态产业。在生态功能重要、生态资源富集的贫困地区,加大投入力度,提高投资比重,积极稳妥发展生态产业,将生态优势转化为经济优势。中央预算内投资向重点生态功能区内的基础设施和公共服务设施倾斜。鼓励大中城市将近郊垃圾焚烧、污水处理、水质净化、灾害防治、岸线整治修复、生态系统保护与修复工程与生态产业发展有机融合,完善居民参与方式,引导社会资金发展生态产业,建立持续性惠益分享机制。

完善绿色标识。完善绿色产品标准、认证和监管等体系,发挥绿色标识促进生态系统服务价值实现的作用。推动现有环保、节能、节水、循环、低碳、再生、有机等产品认证逐步向绿色产品认证过渡,建立健全绿色标识产品清单制度。结合绿色电力证书自愿认购,建立绿色能源制造认证机制。健全无公害农产品、绿色食品、有机产品认证制度和地理标志保护制度,实现优质优价。完善环境管理体系、能源管理体系、森林生态标志产品和森林可持续经营认证制度,建立健全获得相关认证产品的绿色通道制度。

推广绿色采购。综合考虑市场竞争、成本效益、质量安全、区域发展等因素,合理确定符合绿色采购要求的需求标准和采购方式。推广和实施绿色采购,完善绿色采购清单发布机制,优先选择获得环境管理体系、能源管理体系认证的企业或公共机构,优先采购经统一绿色产品认证、绿色能源制造认证的产品,为生态功能重要区域的产品进入市场创造条件。有序引导社会力量参与绿色采购供给,形成改善生态保护公共服务的合力。

发展绿色金融。完善生态保护补偿融资机制，根据条件成熟程度，适时扩大绿色金融改革创新试验区试点范围。鼓励各银行业金融机构针对生态保护地区建立符合绿色企业和项目融资特点的绿色信贷服务体系，支持生态保护项目发展。在坚决遏制隐性债务增量的基础上，支持有条件的生态保护地区政府和社会资本按市场化原则共同发起区域性绿色发展基金，支持以PPP（政府与社会资本合作）模式规范操作的绿色产业项目。鼓励有条件的非金融企业和金融机构发行绿色债券，鼓励保险机构创新绿色保险产品，探索绿色保险参与生态保护补偿的途径。

建立绿色利益分享机制。鼓励生态保护地区和受益地区开展横向生态保护补偿。探索建立流域下游地区对上游地区提供优于水环境质量目标的水资源予以补偿的机制。积极推进资金补偿、对口协作、产业转移、人才培训、共建园区等补偿方式，选择有条件的地区开展试点。

4. 生态环境监管体制改革

生态环境监管体制改革是建设美丽中国的体制保障。改革生态环境监管体制，主要涉及自然资源资产管理和自然生态监管两个大的方面。

第一，在自然资源资产管理方面，长期以来，我国自然资源资产产权主管部门依照资源的种类不同分别由土地部门、林业部门、渔业部门、海洋部门等相关部门代表国家行使，环境保护行政体制中横向各部门在事权划分、职能配置和机构设置等方面的分散交叉问题严重，统筹不足，增加了很多无形的成本。尽管经过历次改革，形成了环境保护行政部门统管和其他部门分管相结合的管理体制，但一些突出的职责交叉问题仍没有解决。以水污染为例，企业排的污水，在岸上归生态环境部门管，到了河里归水利部门管，既难以全面真实反映污染状况，也容易导致权责不清、推诿扯皮。随着时代发展、社会变迁，权责分工的界限越来越清晰，机构重叠、政出多门、协调困难的问题越来越严重地暴露出来。

针对资源和生态环境领域"九龙治水"的管理体制，需要加强对生态文明建设的总体设计和组织领导，设立国有自然资源资产管理和自然生态监管机构，完善生态环境管理制度，统一行使全民所有自然资源资产所有者职责，统一行使所有国土空间用途管制和生态保护修复职责，统一行使监管城乡各类污染排放和行政执法职责。由此，设立自然资源部，进一步增强权威性，加大工作力度，推进资源和生态环境保护领域国家治理体系和治理能力现代化。这一制度安排，着眼生态环境保护监管的系统性和综合性，能够有效地改变自然资源权属管理中的职能分散和交叉，有效解决自然资源所有者不到位、权力与责任不对等、空间规划重叠、环境与发展的综合决策体系不健全等问题，终结机构多元、多头监管导致环保职能碎片化、合力不够效率偏低的局面，避免出现"谁都在管、谁都不担责"的监管真空，实现山水林田湖草整体保护、系统修复、协同共治。还可以打破区域行政界线，创新跨区域生态环境监管体制机制，打破行政区划下各地区各自为政的局面，健全覆盖所有区域、流域、海域的生态环境监管体制，加快大区督察中心的建设步伐，全面督察区域内重大环境污染与生态破坏案件。

第二，在自然生态监管方面，构建国土空间开发保护制度，完善主体功能区配套政策,建立以国家公园为主体的自然保护地体系,坚决制止和惩处破坏生态环境行为。构建国土空间开发保护制度,就是要建立健全以法律为依据、以空间规划为基础、以用途管制和市场化机制为重要手段的制度体系。完善主体功能区配套政策,就是以主体功能区规划为基础,完善相关的财政、投资、产业、土地、人口、环境等政策,统筹各类空间规划,推进"多规合一",明确各类空间的主体功能定位,合理划定城市化地区、粮食主产区和生态功能区,保障主体功能区制度有效落实。建立以国家公园为主体的自然保护地体系,明确国家公园与其他各类自然保护区的关系,整合目前分头设置的自然保护区、风景名胜区、森林公园、地质公园等,突出国家公园对于实施生态空间整体性保护的主体地位,制定国家公园建设中长期规划方案,推进国家公园统一管理和严格保护合理构建生态安全屏障,形成中国特色的自然保护地体系。坚决制止和惩处破坏生态环境行为,就是要对破坏生态环境的行为,严厉打击、严罚重惩,形成不敢且不能破坏生态环境的高压态势和社会氛围。另外,还要完善市场化的监管手段,提高企业作为市场主体参与生态环境监管的积极性和主动性,适当降低非政府环保组织的准入门槛,引导社会组织积极参与生态环境保护领域的建议咨询、第三方评估、外部监督等工作;同时,建立和拓宽环境信息的公开制度和渠道,加强环境信息公开的广度和深度,鼓励社会公众主动参与监督企业的污染行为。

在四项举措中,"着力解决突出环境问题"重在环保,"加大生态系统保护力度"重在生态保护,而"推进绿色发展"是前二者的集合和整个经济生活发展的总体思路,还包括产业发展的综合视角。"改革生态环境监管体制"则是在环境管理的重要抓手环境信息管理的事权上收中,实现中央对环保和生态的有效的管控体系,是真正将前三者落到实处的关键支撑点之一。四大举措表明,生态环境问题归根到底是发展问题,是由发展道路和发展方式导致的,必须走绿色、低碳、循环的发展道路。

五、以保障和改善民生为重点的社会建设

带领人民创造美好生活,是中国共产党始终不渝的奋斗目标。党的十八大以来,以习近平同志为核心的党中央坚持以人民为中心的发展思想,在发展中保障和改善民生,加强和创新社会治理,人民生活全方位改善,人民获得感、幸福感、安全感不断增强。

(一)坚持在发展中增进民生福祉

发展是解决民生问题的"总钥匙",民生是发展的"指南针"。要在发展过程中始终注重民生、保障民生、改善民生,根据经济发展和财力状况,逐步提高人民生活水平,让群众得到更多看得见、摸得着的实惠,不断厚植民生福祉。

正确把握民生和发展的关系,是保障和改善民生的重要前提。发展是改善民生的物质基础,离开发展谈改善民生是无源之水、无本之木。如果发展不能回应人民的期待,不能让群众得到实际利益,这样的发展就失去意义,也不可能持续。民生连着内需、连着发展。抓民生也是抓发展,持续不断改善民生,能够有效解决群众后顾之忧,调动人们发展

生产的积极性，增进社会消费预期，有利于扩大内需，催生新的增长点。要全面把握民生和发展相互牵动、互为条件的关系，使民生改善和经济发展有效对接、相得益彰，形成改善民生与促进发展有机统一的长效机制。

坚守底线、突出重点、完善制度、引导预期，是保障和改善民生的工作思路。坚守底线，就是形成以保障基本生活为主的社会公平保障体系，织牢民生安全网的"网底"，对困难群众实行应保尽保。突出重点，就是对重点群体和重点地区进行倾斜，特别是加大对革命老区、民族地区、边疆地区、相对贫困地区基本公共服务的支持力度。完善制度，就是形成系统全面的制度保障，使制度更加公平、普惠和可持续。引导预期，就是促进形成良好舆论氛围和社会预期，形成民生保障水平与经济社会发展水平相适应的合理认识。

解决人民群众最关心最直接最现实的利益问题，是保障和改善民生的重中之重。习近平指出，要"把人民群众安危冷暖放在心上，雪中送炭，纾难解困，扎扎实实解决好群众最关心最直接最现实的利益问题、最困难最忧虑最急迫的实际问题"。要及时准确地了解群众所思所忧所急所盼，把为人民排忧解难摆在党和政府工作的优先位置，厘清思路、强化责任、明确要求，增强民生工作的针对性、实效性、可持续性。坚持把完善制度机制同解决群众急难愁盼问题相结合，既立足眼前解决好具体问题，又着眼长远完善体制机制，实现工作常态化、长效化。

坚持尽力而为、量力而行，是保障和改善民生的重要方针。民生工作直接同老百姓见面、对账，来不得半点虚假，承诺了就要兑现，做就要做好。要把人民群众的小事当作大事，从人民群众关心的事情做起，从让人民群众满意的事情做起，不能裹足不前、铢施两较、该花的钱也不花。同时，又要坚持从社会主义初级阶段的实际出发，不提出超越阶段的过高标准，将收入提高建立在劳动生产率提高的基础上，将福利水平提高建立在经济和财力可持续增长的基础上，不能好高骛远、寅吃卯粮。只有这样，才能保障民生建设具有可持续性，才能真正有利于实现人民的长远利益。

坚持人人尽责、人人享有，让所有劳动者在推动发展中分享发展成果，是保障和改善民生的重要原则。改善民生既是党和政府工作的方向，也是人民群众自身奋斗的目标。对美好生活的向往，只有通过劳动才能实现；发展中的各种难题，只有通过劳动才能破解。要鼓励引导广大群众辛勤劳动、诚实劳动、创造性劳动，依靠共同奋斗创造美好生活。

（二）不断提高人民生活品质

保障和改善民生没有终点，只有连续不断的新起点。要采取更多惠民生、暖民心举措，健全基本公共服务体系，提高公共服务水平，增强均衡性和可及性，更好把发展成果转化为生活品质，不断满足人民日益增长的美好生活需要。

1.完善分配制度

收入分配是民生之源，是改善民生、实现发展成果由人民共享最重要最直接的方式。分配制度是促进共同富裕的基础性制度。在社会再生产过程中，分配是联结生产与消费的重要纽带，对激励生产者的积极性和创造性、保证和促进消费，具有重要作用。不断解放和发展社会生产力,创造更高的劳动生产率,就要正确处理生产和分配的关系,既要把"蛋糕"做大做好,又要把"蛋糕"切好分好,使全体人民共享改革发展的成果。

党的十八大以来,党和国家高度重视收入分配问题,着力深化收入分配制度改革,推动居民收入保持稳步增长。我国居民人均可支配收入从 2012 年的 1.65 万元增加到 2021 年的 3.51 万元;农村居民人均可支配收入增速快于城镇居民,2013 年到 2021 年间农村居民年均收入增速比城镇居民快 1.7 个百分点;地区收入相对差距不断缩小,2012 年到 2021 年间东部、中部、西部和东北地区居民人均可支配收入年均增长分别为 8.6%、8.9%、9.3% 和 7.4%,西部地区增速最快,中部次之;收入分配格局明显改善,中等收入群体规模超过 4 亿人,形成了世界上规模最大的中等收入群体。同时,我国城乡、区域、不同群体间收入差距较大问题仍客观存在。要继续深化收入分配制度改革,进一步优化收入分配结构,构建初次分配、再分配、第三次分配协调配套的制度体系。发挥初次分配的基础性作用,努力提高劳动报酬在初次分配中的比重,健全工资合理增长机制,探索通过土地、资本等要素使用权、收益权增加中低收入群体要素收入,切实保障劳动者待遇和权益,不断壮大中等收入群体。发挥再分配的调节作用,加大税收、社保、转移支付等的调节力度,提高精准性。建立健全第三次分配机制,引导、支持有意愿有能力的企业、社会组织和个人积极参与公益慈善事业。

2. 实施就业优先战略

就业是最基本的民生,是劳动者赖以生存和发展的基础、共享经济发展成果的基本条件,关系到亿万劳动者及其家庭的切身利益。解决好就业问题,是民生改善的"温度计",对国家长治久安具有重要支撑作用。习近平在第二次中央新疆工作座谈会上指出:"就业是最大的民生工程、民心工程、根基工程,必须抓紧抓实抓好。"充分就业则民心安、社会稳,如果就业出了问题、大规模失业则民心浮、社会乱。劳动者只有拥有一份职业、一份工作,才能平等融入社会生活,也才更有尊严。实施就业优先战略,把就业摆在经济社会发展优先位置,突出就业作为基本民生的重要作用,有利于不断扩大就业容量、创造和增加收入、改善人民生活品质。

进入新时代,党和国家持续实施就业优先战略和积极的就业政策,我国就业形势保持总体稳定。2012 年到 2021 年,城镇新增就业年均超过 1 300 万人,城镇就业人数增长至 4.7 亿人,重点群体就业平稳。同时,我国就业总量压力依然存在,结构性就业矛盾凸显。要加大民生保障力度,把稳就业提高到战略高度通盘考虑。强化就业优先政策,健全就业促进机制,促进高质量充分就业。健全就业公共服务体系,完善重点群体就业支持体系,扩大高校毕业生就业渠道,稳定农民工等重点群体就业,加强困难群体就业兜底帮扶。统筹城乡就业政策体系,破除妨碍劳动力人才流动的体制和政策弊端,消除影响平等就业的不合理限制和就业歧视,使人人都有通过勤奋劳动实现自身发展的机会。健全终身职业技能培训制度,推动解决结构性就业矛盾。完善促进创业带动就业的保障制度,支持和规范发展新就业形态。健全劳动法律法规,完善劳动关系协商协调机制,完善劳者权益保障制度,加强灵活就业和新就业形态劳动者权益保障。

(三)健全社会保障体系

社会保障体系是由国家立法规定并以国家作为给付义务主体,为保障社会成员的基本生活和福利、对生活困难社会成员给予物质或服务帮助的各项措施的统称,主要涉及社会保险、社会救助、社会福利、社会优抚等方面。社会保障伴随着现代工业社会的发展而产生和发展,对于国家的经济社会发展有着重要的作用和影响。习近平在十八届中央政治局第二十八次集体学习时强调:"社会保障是保障和改善民生、维护社会公平、增进人民福祉的基本制度保障,是促进经济社会发展、实现广大人民群众共享改革发展成果的重要制度安排,发挥着民生保障安全网、收入分配调节器、经济运行减震器的作用,是治国安邦的大问题。"中国特色的社会保障体系,是在坚持社会主义原则、立足中国实际、总结我国社会保障实践经验、学习借鉴国外有益经验基础上建立起来的。这一体系注重发挥我国社会主义制度的政治优势,坚持人民至上,坚持共同富裕,把增进民生福祉、促进社会公平作为根本出发点和落脚点,推动社会保障事业不断前进。

健全和完善社会保障体系是新时代加强社会建设的重要着力点。坚持以增强公平性、适应流动性、保证可持续性为重点,推动我国社会保障体系建设进入快车道,基本建成以社会保险为主体、功能完备的社会保障体系。截至 2022 年底,我国基本养老保险参保人数达 10.5 亿人,基本医疗保险参保率稳定在 95％以上,织就了世界上规模最大的社会保障安全网,牢牢守护着亿万人民的美好生活。同时,随着我国社会主要矛盾发生变化和城镇化、人口老龄化、就业方式多样化加快发展,我国社会保障体系仍存在不足,必须高度重视并切实加以解决。要全面深化社会保障制度改革,完善覆盖全民、统筹城乡、公平统一、安全规范、可持续的多层次社会保障体系。完善基本养老保险全国统筹制度,加快发展多层次、多支柱养老保险体系,健全基本养老、基本医疗保险筹资和待遇调整机制,扩大年金制度覆盖范围,规范发展第三支柱养老保险,积极发展商业医疗保险,更好满足人民群众多样化需求。推动基本医疗保险、失业保险省级统筹,完善工伤保险省级统筹。健全农民工、灵活就业人员、新业态就业人员参加社会保险制度,健全退役军人保障制度,健全老年人关爱服务体系,完善帮扶残疾人、孤儿等社会福利制度。

(四)推进健康中国建设

人民健康是社会文明进步的基础,是民族昌盛和国家富强的重要标志,是促进人的全面发展的必然要求。习近平指出,人民健康是社会主义现代化的重要标志。卫生健康事业在经济社会发展中处于基础性地位。拥有健康的人民,意味着拥有更强大的综合国力和可持续发展能力。加快提高卫生健康供给质量和服务水平,是适应我国社会主要矛盾变化、满足人民美好生活需要的要求,也是实现经济社会更高质量、更有效率、更加公平、更可持续、更为安全发展的基础。

我们党从成立起就把保障人民健康同争取民族独立、人民解放的事业紧紧联系在一起。中华人民共和国成立特别是改革开放以来,我国卫生与健康事业加快发展,人民健康水平显著提高。党的十八大以来,以习近平同志为核心的党中央坚持把人民群众的生命安全和身体健康放在第一位,不断深化医药卫生体制改革,老百姓健康获得感不断增强,人均预期寿命从 2012 年的 74.8 岁增长到 2021 年的 78.2 岁,主要健康指标居于中高收入国家前列。当前,人民群众对健康有了更高期待和需求,要求看得上病、看得好病、看病更舒心、服务更体贴,更希望不得病、少得病。要把保障人民健康放在优先发展的战略位置,坚持大卫生大健康理念,扎实推进健康中国建设,努力全方位、全周期保障人民健康;优化人口发展战略,建立生育支持政策体系;实施积极应对人口老龄化国家战略,发展养老事业和养老产业;深化医药卫生体制改革,促进医保、医疗、医药协同发展和治理;坚持基本医疗卫生事业公益属性,支持社会力量在医疗资源薄弱区域和短缺专科领域举办非营利性医疗机构;改革完善疾病预防控制体系,加强监测预警和应急反应能力,健全重大疫情救治体系,完善公共卫生法律法规,构建强大的公共卫生体系;重视心理健康和精神卫生,推动心理健康和精神卫生防治体系建设;大力发展中医药事业,促进中医药传承创新发展,推动中医药和西医药相互补充、协调发展;深入开展健康中国行动和爱国卫生运动,倡导文明健康生活方式。

思考题

1. 为什么要把维护政治安全放在维护国家安全的首要位置?
2. 怎样建设更高水平的法治中国?
3. 习近平生态文明思想有哪些主要内容?
4. 提高人民生活品质的主要内容有哪些?

推动构建人类命运共同体

> 世界各国犹如乘坐在同一条命运与共的大船上,这艘船承载的不仅是和平期许、经济繁荣、科技进步,还承载着文明多样性和人类永续发展的梦想。
>
> ——习近平在和平共处五项原则发表70周年纪念大会上的讲话

　　推动构建人类命运共同体,是当代中国共产党人回答和解决关乎人类前途命运的时代之问的中国方案,是应对人类共同挑战、建设更加繁荣美好世界的人间正道,也是新时代我国对外工作的总目标。要站在人类历史发展的高度,深刻把握构建人类命运共同体的丰富内涵、价值理念,积极参与全球治理体系改革和建设,以高质量共建"一带一路"等为平台,促进世界共同繁荣和发展。

一、推动构建人类命运共同体的时代背景

　　人类只有一个地球,各国共处一个世界。习近平总书记2013年在俄罗斯莫斯科国际关系学院的演讲中指出:"人类生活在同一个地球村里,生活在历史和现实交汇的同一个时空里,越来越成为你中有我、我中有你的命运共同体。"世界各国要顺应时代发展潮

流,作出正确选择,齐心协力应对挑战,开展全球性协作,构建人类命运共同体。

(一)人类相互依存是历史大势

从人类社会发展史看,人类从原始社会一路走来,经历了农业革命、工业革命、信息革命,但无论生产力如何发展进步,都没有改变一个最根本的现实:地球是人类赖以生存的唯一家园。各国有责任共同呵护地球的安全,守护人类的未来。如果为了争权夺利而恶性竞争甚至兵戎相见,最终只会走上自我毁灭的道路。

自古以来,人类最朴素的愿望就是和平与发展。经历战争和冲突的洗礼,尤其是遭受两次世界大战的浩劫后,世界各国人民珍视和平、扩大合作、共同发展的意识显著提升,人类大家庭的观念更加深入人心,人们对共同体的向往和追求更加殷切。

全球化在世界范围内优化了资本、信息、技术、劳动、管理等生产要素的配置,把一个个孤立的小湖泊、小河流连成了汪洋大海,各民族自给自足的原始封闭状态被打破,市场成为世界市场,历史也随之成为世界历史。

在信息化日新月异的今天,互联网、大数据、量子计算、人工智能迅猛发展。人类交往的世界性比过去任何时候都更深入、更广泛,各国相互联系和彼此依存比过去任何时候都更频繁、更紧密。全球化不是选择,而是现实,甚至成为一种生活方式。地球村正变得越来越"小",放眼寰宇,地球上最遥远的距离也不超过 24 小时的直飞航程。世界也正变得越来越"平",点一点手机屏幕,就可以瞬时连接到世界的另一端。一体化的世界就在那里,谁拒绝这个世界,这个世界也会拒绝他。

生活在同一片蓝天下,无论近邻还是远交,无论大国还是小国,无论发达国家还是发展中国家,正日益形成利益交融、安危与共的利益共同体、责任共同体、命运共同体。只有人类整体命运得以关照,每个国家、每个民族、每个人的美好希望才能实现。不管前途是晴是雨,携手合作、互利共赢是唯一正确选择。

(二)全球性挑战需要全球性应对

当今世界正处于百年未有之大变局,各种新旧问题与复杂矛盾叠加碰撞、交织发酵。人类社会面临前所未有的挑战,不稳定、不确定、难预料成为常态。

和平赤字不断加深。第二次世界大战结束以来,人类社会维持了 70 多年的总体和平,但威胁世界和平的因素仍在积聚。欧亚大陆战火重燃,局势持续紧张,热点问题此起彼伏,军备竞赛阴霾不散,核战争的"达摩克利斯之剑"高悬,世界面临重新陷入对抗甚至战争的风险。

发展赤字持续扩大。全球经济复苏乏力,单边主义、保护主义肆虐,一些国家构筑"小院高墙"、强推"脱钩断链"、鼓噪供应链"去风险",经济全球化遭遇逆流。新冠疫情吞噬全球发展成果,南北差距、发展断层、技术鸿沟等问题更加突出。人类发展指数 30 年来首次下降,世界新增 1 亿多贫困人口,近 8 亿人生活在饥饿之中。

安全赤字日益凸显。国际战略竞争日趋激烈,大国之间信任缺失,冷战思维卷土重来,意识形态对抗老调重弹,恃强凌弱、巧取豪夺、零和博弈等霸权霸道霸凌行径危害深重,恐怖主义、网络攻击、跨国犯罪、生物安全等非传统安全挑战上升。

治理赤字更加严峻。世界正面临多重治理危机,能源危机、粮食危机、债务危机等不断加剧;全球气候治理紧迫性凸显,绿色低碳转型任重道远;数字鸿沟日益扩大,人工智能治理缺位。

面对全球性危机,各国不是乘坐在190多条小船上,而是乘坐在一艘命运与共的大船上。小船经不起风浪,只有巨舰才能顶住惊涛骇浪。任何一国即使再强大也无法包打天下,必须开展全球合作。各国应携起手来,把"我"融入"我们",共同构建人类命运共同体,才能共渡难关、共创未来。

(三)新时代呼唤新理念

全球所处的是一个风云变幻的时代,面对的是一个日新月异的世界。传统国际关系理论越来越难以解释今天的世界、无法破解人类面临的困局,国强必霸、崇尚实力、零和博弈等思维越来越不符合时代前进的方向。人类社会亟须符合时代特征、顺应历史潮流的新理念。

"国强必霸"并非绕不开的历史定律。"国强必霸"本质是典型的霸权主义思维,反映的是历史上大国霸权战争的灾难性实践。中国从不认同"国强必霸",中国的历史智慧是"国霸必衰"。中国发展振兴靠的是自身努力,而非侵略扩张。中国所做的一切都是为了本国人民过上更加幸福的生活,为世界人民提供发展机会,而不是要取代谁、打败谁。

"弱肉强食"不是人类共存之道。这一逻辑将自然界的丛林法则简单移植到人类社会,信奉权力至上,从根本上破坏了国家主权平等原则和世界和平稳定。全球化时代你中有我、我中有你,决定了弱肉强食、赢者通吃是一条越走越窄的死胡同,包容普惠、互利共赢才是越走越宽的人间正道。中国一贯主张公平正义,坚持在和平共处五项原则基础上同各国发展友好合作,致力于推进国际关系民主化。

"你输我赢"的零和游戏终将玩不转。一些国家抱守零和思维,片面追求绝对安全和垄断优势,这既无助于本国的长远发展,也对世界和平与繁荣构成严重威胁。任何国家都不应盼着别人输,而要致力于同他国一道赢。中国始终把自身发展和世界发展统一起来,始终把中国人民利益同各国人民共同利益结合起来。世界好,中国才能好;中国好,世界才更好。

构建人类命运共同体理念顺应了历史潮流,回应了时代要求,凝聚了各国共识,为人类社会实现共同发展、持续繁荣、长治久安绘制了蓝图,对中国的和平发展、世界的繁荣进步都具有重大而深远的意义。世界命运握在各国人民手中,人类前途系于各国人民的抉择。中国人民同世界各国人民一起,在构建人类命运共同体这条人间正道上携手前行,共同创造更加繁荣美好的世界。

二、推动构建人类命运共同体的价值基础

推进全球治理体系改革和建设,是完善全球治理、增进世界各国人民福祉的客观要

求,也是构建人类命运共同体的内在要求。当前,全球治理经历深刻变革,治理滞后问题突出,国际秩序面临严峻挑战。要秉持共商共建共享的全球治理观,坚持真正的多边主义,推动全球治理体系朝着更加公正合理的方向发展,积极做全球治理变革进程的参与者、推动者、引领者。

(一)和平发展是构建人类命运共同体的发展前提

习近平总书记在党的二十大报告中指出:"中国始终坚持维护世界和平、促进共同发展的外交政策宗旨,致力于推动构建人类命运共同体。"和平发展是世界各国人民期盼和渴望达到的社会发展状态,是满足人类物质需要和精神需要的基石,是构建人类命运共同体的发展前提。

和平是促进国家协调和良性互动的先决条件。习近平总书记在中国—东盟建立对话关系 30 周年纪念峰会上指出:"和平是我们最大的共同利益,也是各国人民最大的共同期盼。"构建人类命运共同体的出发点就是促进世界和平,只有和平才能牢牢把握话语权和发展权,才能消除隔阂和矛盾,才能在新发展格局下抓住发展机遇,培育新的发展动能。构建人类命运共同体所倡导的和平是体现发展、利益、治理之间权力的公平,是反对冷战思维,体现共同、综合、合作的发展和平,是着力构建一个持久和平及普遍安全的世界环境的国际和平。

发展是推动国与国之间友好合作和提升人类生活质量的重要保障。构建人类命运共同体视域下的发展是坚持多边主义,凝聚共同利益,惠及世界各国人民的合作发展,是坚持合作创新,提高国际竞争力的根本保障。百年未有之大变局,只有抓住发展机遇,树立共赢、双赢、多赢的发展理念,才能提高自身竞争力。和平发展是构建人类命运共同体的重要价值基础,二者相辅相成,和平发展既重视科学发展,又注重开放发展,同世界各国并肩携手,实现共同发展繁荣。

(二)公平正义是构建人类命运共同体的核心价值

公平正义是人类文明发展的重要标志,是衡量社会和谐发展的重要条件,是构建人类命运共同体的核心价值。我们党的性质和宗旨,决定了党从诞生之日起,就把实现社会公平正义作为一项政治主张和奋斗目标。构建人类命运共同体思想被众多国家响应和拥护,它必然是公平正义的。

公平是执政党的崇高价值追求,是对"天下为公"和"伸张正义"的应然性价值诉求。构建人类命运共同体视域下的公平是在独立自主、互相尊重原则基础上不偏不倚地赋予权力和机会的公平,是对霸权主义、弱肉强食、唯我独尊的冷战思维的谴责和排斥。公平是处理国际关系的重要准则,世界各国在国际事务中既要承担主体责任,又要履行主体义务,实现权利与义务的对等,既要尊重世界各国的道路选择和国际地位,又要平等地分享发展机遇,不以权谋私和以公谋私。

正义是推动世界各国恪守发展原则的一种道德规范。正义是世界各个国家和睦相处、合作共赢的重要价值尺度,是纠正恶性竞争的底线思维,是树立社会秩序的基础。构建人类命运共同体的正义是国家相互关系应遵循的原则和道德规范,在发展中应尊重国家主权和领土完整,互不干涉他国内政,和平解决国际争端。人类命运共同体的公平正义原则要求国家之间的经济合作要诚实守信,文明发展要交流互鉴,以共同进步和发展为目标,推动构建世界发展新秩序。

(三)民主自由是构建人类命运共同体的重要保障

"民主自由为旗帜的政治解放,是人类文明历史的进步。"民主自由是人类文明发展到一定程度的必然趋势,是国际合作和政治外交的主流价值取向,是实现国际关系民主化和国家之间独立自主发展的重要保障。民主自由"建构性世界观"的伦理信念推动人类共同价值建设,使民主自由的观念更加深入人心。其一,构建人类命运共同体视域下的民主是一种国际关系民主,是主体素质和行为的统一,是主体民主化程度、民主意识、民主能力建设的外化。构建人类命运共同体所倡导的民主是以多数决定,同时尊重少数和个人意愿为原则,注重各个国家在国际事务中的主体平等和权利平等。构建人类命运共同体的民主突出人民的主体作用,但是反对人权高于主权,在合作共赢的发展理念下,推动国际关系民主化纵深发展。

自由是在遵守国际行为规则,履行国际责任和义务的基础上具有相对条件的自由,是构建人类命运共同体的重要价值取向。自由以安全为前提,安全是人类最基本的要求,构建人类命运共同体所倡导的自由是在国际法律体系框架下的自由,在平稳安全的制度框架中,实现自身自由而全面的发展,是提高发展的开放性、包容性和普惠性的自由。"人类历史,就是一个从必然王国向自由王国发展的历史。"在特定的制度体系框架中以发展促进人权,突出发展中国家的生存权和发展权,在民主自由的伦理信念下凝聚世界各国人民的力量,推动构建世界文明新秩序。

和平、发展、公平、正义、民主、自由作为全人类共同价值的六大要素,并非一种相互孤立、相互排斥的状态,而是一种相辅相成、层层递进的关系。没有和平与发展,其他要素只能是空中楼阁;没有公平与正义,其他要素只能是少数人、少数国家的专利;没有民主与自由,其他要素就会失去目标和动力。全人类共同价值的六大要素,融会贯通了个人、国家、世界三个层面,科学勾勒了有别于西方"普世价值"的完整话语体系,共同构筑了构建人类命运共同体的价值观基础。

三、积极参与全球治理体系改革和建设

中国就积极参与全球治理体系改革作出顶层设计和战略谋划。习近平总书记指出,中国将继续发挥负责任大国作用,积极参与全球治理体系改革和建设,不断贡献中国智慧和力量。要高举构建人类命运共同体旗帜,推动全球治理体系朝着更加公正合理的方向发展。要坚持以公平正义为理念引领全球治理体系改革,彰显大国担当。

(一)积极做全球治理变革进程的参与者、推动者、引领者

全球治理体制变革正处在历史转折点上。新兴市场国家和大批发展中国家快速发

展,国际影响力不断增强。数百年来列强通过战争、殖民、划分势力范围等方式争夺利益和霸权逐步向各国以制度规则协调关系和利益的方式演进。世界上的事情越来越需要各国共同商量着办,建立国际机制、遵守国际规则、追求国际正义成为多数国家的共识。

中国始终是国际合作的倡导者和多边主义的支持者。中华人民共和国成立70多年来,中国维护世界和平、促进共同发展的愿望从未改变,并用实际行动为之不懈努力。1971年中国恢复在联合国的合法席位之后,特别是改革开放以来,中国加入一系列国际和地区组织及国际公约,参与国际事务日益广泛。进入21世纪,中国综合国力持续提升,更加积极、深入地参与全球治理体系改革和建设,在国际秩序和体系中发挥着越来越重要的作用。

参与全球治理体系改革,要坚持从中国国情出发,坚持发展中国家定位,把维护中国利益同维护广大发展中国家共同利益结合起来,坚持权利和义务相平衡,不仅要看到中国发展对世界的要求,也要看到国际社会对中国的期待。要继续发挥独特优势,既注重与发达国家沟通协调,又加强与新兴市场国家和发展中国家的团结合作,坚持为发展中国家仗义执言。要坚持以经济建设为中心,集中力量办好自己的事情,不断增强中国在国际上说话办事的实力。要积极参与全球治理,主动承担国际责任,但也要尽力而为、量力而行。

参与全球治理体系改革,要推动全球治理理念创新发展。全球治理体系变革离不开理念的引领。全球治理规则体现更加公正合理的要求,离不开对人类各种优秀文明成果的吸收。要积极发掘中华文化中符合当今时代共鸣特点的、具有积极意义的处世之道和治理理念,继续丰富打造人类命运共同体等主张,弘扬共商共建共享的全球治理理念。

参与全球治理体系改革,要提高中国参与全球治理的能力。参与全球治理需要大批熟悉党和国家方针政策、了解中国国情、具有全球视野、熟练运用外语、通晓国际规则、精通国际谈判的人才。要加强全球治理人才队伍建设,突破人才瓶颈,做好人才储备,为中国参与全球治理提供有力人才支撑。

(二)以公平正义为理念积极参与引领全球治理体系改革

推动全球治理体系变革是国际社会大家的事,要坚持共商共建共享的全球治理观。坚持全球事务由各国人民商量着办,积极推进全球治理规则民主化。各国应该有以天下为己任的担当精神,坚持公正合理、互商互谅、同舟共济、互利共赢,携手破解治理赤字、信任赤字、和平赤字、发展赤字,通过充分协商形成全球治理体系变革方案的共识和一致行动,使全球治理体系符合变化中的世界政治经济,满足应对全球性挑战的现实需要,顺应和平发展合作共赢的历史趋势。国家之间有分歧是正常的,应该通过对话协商妥善化解。国家之间可以有竞争,但必须是积极和良性的,要守住道德底线和国际规范。各国应将互尊互信挺在前头,把对话协商利用起来,坚持求同存异、聚同化异,通过坦诚深入的对话沟通,增进战略互信,减少相互猜疑,以交流促合作,以合作促共赢。大国更应该有大国的样子,要提供更多全球公共产品,承担大国责任,展现大国担当。

要摒弃意识形态偏见和冷战思维,反对单边主义、保护主义,反对搞"一国独霸"或

"几方共治"。国际规则不是谁的胳膊粗、气力大，谁就说了算；更不能搞实用主义、双重标准，合则用、不合则弃。全球治理变革过程应该体现平等、开放、透明、包容精神，遇到分歧时应该通过协商解决，不能搞"小圈子"，不能强加于人。

加强全球经济治理，主动适应和积极引导经济全球化发展。经济全球化是社会生产力发展的客观要求和科技进步的必然结果，不是哪些人、哪些国家人为造出来的。经济全球化为世界经济增长提供了强劲动力，促进了商品和资本流动、科技和文明进步、各国人民交往。经济全球化也是一把"双刃剑"，反全球化的呼声反映了经济全球化进程的不足，值得重视和深思。经济全球化确实带来了新问题，但不能就此把经济全球化一棍子打死，而是要适应和引导经济全球化，消解经济全球化的负面影响，让它更好惠及每个国家、每个民族。

面对经济全球化带来的机遇和挑战，正确的选择是，充分利用一切机遇，合作应对一切挑战，推动经济全球化朝着开放、包容、普惠、平衡、共赢方向发展。要主动作为、适度管理，让经济全球化的正面效应更多释放出来，实现经济全球化进程再平衡；要顺应大势、结合国情，正确选择融入经济全球化的路径和节奏；要讲求效率、注重公平，让不同国家、不同阶层、不同人群共享经济全球化的好处。

倡导平等、开放、合作、共享的全球经济治理观。2008年国际金融危机以来，世界经济复苏进程艰难，面临增长动力不足、需求不振、金融市场动荡、国际贸易和投资持续低迷等多重风险和挑战。习近平总书记指出，全球经济治理需要与时俱进、因时而变。应该以平等为基础，更好反映世界经济格局新现实，增加新兴市场国家和发展中国家在国际事务中的代表性和发言权，确保各国在国际经济合作中权利平等、机会平等、规则平等。应该以开放为导向，坚持理念、政策、机制开放，适应形势变化，广纳良言，充分听取社会各界建议和诉求，鼓励各方积极参与和融入，不搞排他性安排，防止治理机制封闭化和规则碎片化。应该以合作为动力，全球性挑战需要全球性应对，合作是必然选择，各国要加强沟通和协调，照顾彼此重大关切，共商规则，共建机制，共迎挑战。应该以共享为目标，提倡所有人参与，所有人受益，不搞一家独大或者赢者通吃，而是寻求利益共享，实现共赢目标。

倡导共同走出一条公平、开放、全面、创新的发展之路。习近平总书记指出，要争取公平的发展，让发展机会更加均等。各国都应成为全球发展的参与者、贡献者、受益者。不能一个国家发展、其他国家不发展，一部分国家发展、另一部分国家不发展。要坚持开放的发展，让发展成果惠及各方。各国要打开大门搞建设，促进生产要素在全球范围更加自由便捷地流动，构建开放型经济，实现共商、共建、共享。要追求全面的发展，让发展基础更加坚实。在消除贫困、保障民生的同时，要维护社会公平正义，努力实现经济、社会、环境协调发展。要促进创新发展，让发展潜力充分释放。各国要以改革创新激发发展潜力、增强增长动力、培育新的核心竞争力。

加强全球安全治理，坚持推进国际共同安全。高举合作、创新、法治、共赢的旗帜，推动树立共同、综合、合作、可持续的全球安全观，加强国际安全合作，完善全球安全治理体系，共同构建普遍安全的人类命运共同体。共同，就是要尊重和保障每个国家安全。综合,就是要统筹维护传统领域和非传统领域安全,通盘考虑安全问题的历史经纬和现实状况,多管齐下、综合施策,协调推进地区安全治理。合作,就是要通过对话合作,促进各国、地区和全球安全,通过坦诚深入的对话沟通,增进战略互信,减少相互猜疑,求同化异、和睦相处。可持续,就是要发展和安全并重,以实现持久安全。

反恐是全球安全治理的重要组成部分。当今世界安全形势乱变交织,恐怖主义活动持续活跃,贫穷落后、极端思想等滋生恐怖主义的旧土壤并未消除,网络恐怖主义等助推恐怖活动的新问题层出不穷,对世界和平、稳定、发展构成持续冲击。应对恐怖主义威胁,是全球安全治理的一个突出难题。面对恐怖主义挑战,任何一个国家都不可能独善其身。反恐是各国共同义务,既要治标,更要治本。要加强协调,建立全球反恐统一战线,为各国人民撑起安全伞。

核安全是全球安全治理体系的重要一环,是保障核能持续发展的"安全阀",是防范核恐怖主义的"防火墙",是增进地区安全互信的"助推器"。习近平总书记指出,应坚持理性、协调、并进的核安全观,建立公平、合作、共赢的国际核安全体系,努力打造核安全命运共同体。人类要更好利用核能、实现更大发展,就必须应对好各种核安全挑战。强调发展和安全并重,以确保安全为前提发展核能事业;权利和义务并重,以尊重各国权益为基础推进国际核安全进程;自主和协作并重,以互利共赢为途径寻求普遍核安全;治标和治本并重,以消除根源为目标全面推进核安全努力。

加强网络空间治理,推进全球互联网治理体系变革。每一个国家在信息领域的主权权益都不应受到侵犯,互联网技术再发展也不能侵犯他国的信息主权。国际社会要本着相互尊重和相互信任的原则,通过积极有效的国际合作,共同构建和平、安全、开放、合作的网络空间,建立多边、民主、透明的国际互联网治理体系。推进全球互联网治理体系变革,应该坚持尊重网络主权、维护和平安全、促进开放合作、构建良好秩序四大原则。加快全球网络基础设施建设,促进互联互通;打造网上文化交流共享平台,促进交流互鉴;推动网络经济创新发展,促进共同繁荣;保障网络安全,促进有序发展;构建互联网治理体系,促进公平正义。把握信息革命历史机遇,培育创新发展新动能,开创数字合作新局面,打造网络安全新格局,构建网络空间命运共同体,携手创造人类更加美好的未来。

加强全球环境治理,开创公平合理、合作共赢的全球环境治理体系,共同构建人与自然生命共同体。人类进入工业文明时代以来,在创造巨大物质财富的同时,也加速了对自然资源的攫取,打破了地球生态系统平衡,人与自然深层次矛盾日益显现。近年来,气候变化、生物多样性丧失、荒漠化加剧、极端气候事件频发,给人类生存和发展带来严峻挑战。面对全球环境治理前所未有的困难,国际社会要以前所未有的雄心和行动,勇于担当,勠力同心,共同构建人与自然生命共同体。

坚持人与自然和谐共生。"万物各得其和以生,各得其养以成。"大自然是包括人在内一切生物的摇篮,是人类赖以生存发展的基本条件。大自然孕育抚养了人类,人类应该以自然为根,尊重自然、顺应自然、保护自然。不尊重自然,违背自然规律,只会遭到自然报复。自然遭到系统性破坏,人类生存发展就成了无源之水、无本之木。要像保护眼睛一样保护自然和生态环境,推动形成人与自然和谐共生新格局。

坚持绿色发展。绿水青山就是金山银山。人类需要一场自我革命，加快形成绿色发展方式和生活方式，建设生态文明和美丽地球。生态兴则文明兴。保护生态环境就是保护生产力，改善生态环境就是发展生产力，这是朴素的真理。要摒弃损害甚至破坏生态环境的发展模式，摒弃以牺牲环境换取一时发展的短视做法。要顺应当代科技革命和产业变革大方向，抓住绿色转型带来的巨大发展机遇，以创新为驱动，大力推进经济、能源、产业结构转型升级，让良好生态环境成为全球经济社会可持续发展的支撑。

坚持系统治理。山水林田湖草沙是不可分割的生态系统。保护生态环境，不能头痛医头、脚痛医脚。要按照生态系统的内在规律，统筹考虑自然生态各要素，从而达到增强生态系统碳汇能力、维护生态平衡的目标。

坚持以人为本。生态环境关系各国人民的福祉，必须充分考虑各国人民对美好生活的向往、对优良环境的期待、对子孙后代的责任，探索保护环境和发展经济、创造就业、消除贫困的协同增效，在绿色转型过程中努力实现社会公平正义，增加各国人民获得感、幸福感、安全感。

坚持多边主义。要坚持以国际法为基础、以公平正义为要旨、以有效行动为导向，维护以联合国为核心的国际体系，遵循《联合国气候变化框架公约》及其《巴黎协定》的目标和原则，努力落实 2030 年可持续发展议程；强化自身行动，深化伙伴关系，提升合作水平，在实现全球碳中和新征程中互学互鉴、互利共赢。要携手合作，不要相互指责；要持之以恒，不要朝令夕改；要重信守诺，不要言而无信。

坚持共同但有区别的责任原则。共同但有区别的责任原则是全球气候治理的基石。发展中国家面临发展经济、应对气候变化等多重挑战。要充分肯定发展中国家应对气候变化所作的贡献，照顾其特殊困难和关切。发达国家应该展现更大雄心和行动，同时切实帮助发展中国家提高应对气候变化的能力和韧性，为发展中国家提供资金、技术、能力建设等方面支持，避免设置绿色贸易壁垒，帮助他们加速绿色低碳转型。作为最大的发展中国家，中国采取切实行动应对气候变化，更加积极、建设性地参与全球气候治理，成为不可或缺的重要参与方。中国承诺实现从碳达峰到碳中和的时间，远远短于发达国家所用时间，需要中方付出艰苦努力。作为全球生态文明建设的参与者、贡献者、引领者，中国坚定践行多边主义，努力推动构建公平合理、合作共赢的全球环境治理体系。中方秉持"授人以渔"理念，通过多种形式的南南务实合作，尽己所能帮助发展中国家提高应对气候变化能力。中方还将生态文明领域合作作为共建"一带一路"重点内容，发起了系列绿色行动倡议，采取绿色基建、绿色能源、绿色交通、绿色金融等一系列举措，持续造福参与共建"一带一路"的各国人民。

推动完善新疆域治理规则。习近平总书记指出，要秉持和平、主权、普惠、共治原则，把深海、极地、外空、互联网等领域打造成各方合作的新疆域，而不是相互博弈的竞技场。要完善新疆域的治理规则，确保各国权利共享、责任共担。在制定新疆域治理新规则时，要充分听取新兴市场国家和发展中国家意见，反映他们的利益和诉求，确保他们的发展空间。中国提出《全球数据安全倡议》，将以此为基础，同各方探讨并制定全球数字治理规则。

(三)坚定维护多边主义

习近平总书记指出,世界上的问题错综复杂,解决问题的出路是维护和践行多边主义,推动构建人类命运共同体。

坚持开放包容,不搞封闭排他。多边主义的要义是国际上的事由大家共同商量着办,世界前途命运由各国共同掌握。在国际上搞"小圈子""新冷战",排斥、威胁、恐吓他人,动不动就搞脱钩、断供、制裁,人为造成相互隔离甚至隔绝,只能把世界推向分裂甚至对抗。一个分裂的世界无法应对人类面临的共同挑战,对抗将把人类引入死胡同。秉持人类命运共同体理念,坚守和平、发展、公平、正义、民主、自由的全人类共同价值,摆脱意识形态偏见,最大程度增强合作机制、理念、政策的开放性和包容性,共同维护世界和平稳定。

坚持以国际法则为基础,不搞唯我独尊。国际社会应该按照各国共同达成的规则和共识来治理,而不能由一个或几个国家来发号施令。《联合国宪章》是公认的国与国关系的基本准则。没有这些国际社会共同制定、普遍公认的国际法则,世界最终将滑向弱肉强食的丛林法则,给人类带来灾难性后果。毫不动摇维护以联合国为核心的国际体系、以国际法为基础的国际秩序。多边机构是践行多边主义的平台,也是维护多边主义的基本框架,其权威性和有效性理应得到维护。多边主义离不开联合国,离不开国际法,也离不开各国合作。世界需要真正的多边主义。不能以多边主义之名行单边主义之实。要坚持原则,规则一旦确定,大家都要有效遵循。"有选择的多边主义"不应成为我们的选择。

坚持协商合作,不搞冲突对抗。各国历史文化和社会制度差异不是对立对抗的理由,而是合作的动力。要尊重和包容差异,不干涉别国内政,通过协商对话解决分歧。历史和现实一再告诉我们,当今世界,如果走对立对抗的歧路,无论是搞冷战、热战,还是贸易战、科技战,最终将损害各国利益、牺牲人民福祉。摒弃冷战思维、零和博弈的旧理念,坚持互尊互谅,通过战略沟通增进政治互信。要恪守互利共赢的合作观,拒绝以邻为壑、自私自利的狭隘政策,抛弃垄断发展优势的片面做法,保障各国平等发展权利,促进共同发展繁荣。要提倡公平公正基础上的竞争,开展你追我赶、共同提高的田径赛,而不是搞相互攻击、你死我活的角斗赛。

坚持与时俱进,不搞故步自封。世界正在经历百年未有之大变局,既是大发展的时代,也是大变革的时代。21世纪的多边主义要守正出新、面向未来,既要坚持多边主义的核心价值和基本原则,也要立足世界格局变化,着眼应对全球性挑战需要,在广泛协商、凝聚共识基础上改革和完善全球治理体系。

坚定支持加强联合国作用。联合国是第二次世界大战后建立起来的最具普遍性、代表性和权威性的政府间国际组织,自成立以来,在维护世界和平、促进共同发展、推动国际合作方面发挥了不可替代的重要作用,作出了有目共睹的重大贡献。作为最大的发展中国家和联合国安理会常任理事国,中国一贯高度重视并积极参与、支持联合国工作。

当前,国际形势和世界格局都在发生深刻的调整变化,一些威胁和挑战在增加,各方对联合国的期待也在上升,希望联合国发挥更大作用。联合国的地位同以前相比不是下降了,而是上升了,世界比以往更加需要一个强有力的联合国。联合国是多边主义的旗帜,应坚定不移地维护《联合国宪章》的宗旨和原则,积极有为地维护国际和平和安全,持之以恒地促进共同发展。中国支持联合国安理会进行合理、必要改革,以更好履行《联合国宪章》赋予的职责。联合国安理会要发挥集体安全机制作用,常任理事国要作表率。搞单边主义和霸权必失人心。

参与并引领二十国集团合作。习近平总书记在出席或主持二十国集团领导人峰会期间,就推动二十国集团合作、加强国际宏观政策协调等发表一系列重要讲话。二十国集团是发达国家和发展中国家就国际经济事务进行充分协商的重要平台。开展国际经济合作的主要论坛,在促进世界经济稳定和增长方面肩负着重要使命,影响和作用举足轻重,也身处应对风险挑战、开拓增长空间的最前沿。二十国集团不仅属于二十个成员,也属于全世界,目标是让增长和发展惠及所有国家和人民,让各国人民特别是发展中国家人民的日子都一天天好起来。二十国集团要从历史大势中把握规律,引领方向,展示战略视野,确保世界经济开放、包容、平衡、普惠发展。面对重大突出问题,二十国集团有责任发挥领导作用,为世界经济指明方向,开拓路径。要树立利益共同体和命运共同体意识,让二十国集团走得更好更远,真正成为世界经济的稳定器、全球增长的催化器、全球经济治理的推进器。二十国集团应该根据世界经济需要,调整自身发展方向,进一步从危机应对向长效治理机制转型,从侧重短期政策向短中长期政策并重转型,巩固作为全球经济治理主要平台的地位。应该继续加强二十国集团机制建设,确保合作延续和深入。广纳良言,充分倾听世界各国特别是发展中国家声音,使二十国集团工作更具包容性,更好回应各国人民诉求。

积极推动亚太区域合作。亚太经济合作组织是亚太和全球经济合作的先行者、引领者、开拓者,是亚太地区层级最高、领域最广、最具影响力的经济合作机制,对促进亚太区域和全球经济发展具有重要作用。作为亚太大家庭的一员,中国一贯重视并积极参与亚太经合组织各领域合作,一直是亚太区域合作的参与者、推动者、引领者。习近平总书记在出席或主持亚太经合组织领导人非正式会议期间,倡导构建互信、包容、合作、共赢的亚太伙伴关系,引领打造发展创新、增长联动、利益融合的开放型亚太经济格局,推动实现共同发展、繁荣、进步的亚太梦想,坚定推进区域经济一体化和亚太自由贸易区建设,指明了未来亚太合作的方向与目标,指引亚太经合组织合作始终沿着正确轨道前进。

推动金砖合作机制发展。作为新兴市场国家和发展中国家的代表,金砖国家共同致力于推动世界经济增长、完善全球经济治理、推动国际关系民主化,成为国际关系中的重要力量和国际体系的积极建设者。中国高度重视金砖国家合作机制。习近平总书记在出席或主持金砖国家领导人会晤期间,就金砖合作提出一系列重要主张,积极推动金砖合作走深走实,不断为金砖合作的发展指明方向。金砖国家携手同行,成长为世界经济的新亮点。金砖国家坚持"平等相待、求同存异""务实创新、合作共赢""胸怀天下、立己达人"三条重要启示,强调金砖国家不搞一言堂,凡事大家商量着来;金砖国家不是碌碌无为的清谈馆,而是知行合一的行动队;金砖国家从发起之初便以"对话而不对抗,结伴而不结盟"为准则,成为国际社会的一股正能量。

改革完善国际贸易、投资、金融治理机制和架构。国际贸易是促进全球经济增长的重要引擎,以世界贸易组织为核心的多边贸易体制是经济全球化和自由贸易的基石。中国是多边贸易体制的积极参与者、坚定维护者和重要贡献者。中国支持对世贸组织进行必要改革,让世贸组织在扩大开放、促进发展方面发挥更大作用,增强多边贸易体制的权威性和有效性。改革的目的应该是让世贸组织更好发挥作用,关键是要维护开放、包容、非歧视等世贸组织核心价值和基本原则,而不是推倒重来。"特殊与差别待遇"是世贸组织的重要基石。这一原则不能否定,否则将动摇多边贸易体制的根基。要保障发展中国家发展利益和政策空间,要坚持各方广泛协商,循序推进,不搞一言堂。

(四)加强全球公共卫生安全治理,构建人类卫生健康共同体

公共卫生问题是全球性挑战。中国在发展公共卫生事业、履行国际义务、参与全球公共卫生治理方面取得重要进展,全面展示了我国秉持国际人道主义和负责任大国的形象。

2014年埃博拉疫情在西非肆虐之际,我国率先驰援几内亚、利比里亚、塞拉利昂三国,开展了新中国历史上规模最大的援外医疗行动,先后提供了四轮总价值7.5亿元人民币的紧急援助,派出1 000多人次专家和医疗人员赶赴一线参与救援,在疫区及时援建治疗中心,在国际援非抗疫行动中发挥了示范作用。

2017年1月,习近平总书记访问世界卫生组织时指出,卫生问题是全球性挑战。推进全球卫生事业,是落实联合国2030年可持续发展议程的重要组成部分。世界卫生组织是卫生领域影响最大的联合国专门机构,在全球卫生事务中发挥着领军作用。中国积极参与世界卫生组织应对各项挑战的努力,愿同世界卫生组织加强协作,为建设人类命运共同体共同作出努力。

中国践行人类命运共同体理念,引领抗疫国际合作方向。流行性疾病不分国界和种族,是人类共同的敌人,国际社会只有共同应对,才能战而胜之。习近平总书记多次出席国际会议,与数十个国家领导人和国际组织负责人会见或通电话,商讨抗疫大计,传递中国愿同国际社会同舟共济的真诚意愿,倡导携手共建人类卫生健康共同体。

中国始终不忘国际道义与大国责任。习近平总书记多次作出重要指示,要求同世界卫生组织保持良好沟通,同各国加强合作,积极为国际抗疫合作贡献力量,发挥全球抗疫物资最大供应国作用,共同维护地区和世界公共卫生安全。中国坚持公开、透明、负责任的态度,迅速采取了一系列合作举措。中国的倡议和行动,对于加强全球公共卫生安全治理,构建人类卫生健康共同体,起到示范和引领作用。

四、高质量共建"一带一路"

共建"一带一路"倡议是构建人类命运共同体的生动实践,是中国为世界提供的广受欢迎的国际公共产品和国际合作平台。我国共建"一带一路"倡议,自提出已有10年时

间,一直坚持共商、共建、共享原则,秉持开放、绿色、廉洁理念,以高标准、可持续、惠民生为目标,沿着高质量发展方向不断前进,从夯基垒台、立柱架梁到落地生根、持久发展,奏响"硬联通""软联通""心联通"的交响乐,搭建了各方广泛参与、汇聚国际共识、凝聚各方力量的重要实践平台。

(一)"一带一路"铺就共同发展繁荣之路

共建"一带一路"秉持人类命运共同体理念,倡导并践行适应时代发展的全球观、发展观、安全观、开放观、合作观、文明观、治理观,为世界各国走向共同发展繁荣提供了理念指引和实践路径。

1. 坚持共商、共建、共享的原则

共建"一带一路",以共商、共建、共享为原则,积极倡导合作共赢理念与正确义利观,坚持各国都是平等的参与者、贡献者、受益者,推动实现经济大融合、发展大联动、成果大共享。

坚持共商原则。共建"一带一路",不是中国一家的独奏,而是各方的大合唱,倡导践行真正的多边主义,坚持大家的事由大家商量着办,充分尊重各国发展水平、经济结构、法律制度和文化传统的差异,强调平等参与、沟通协商、集思广益,不附带任何政治或经济条件,以自愿为基础,最大程度凝聚共识。各国无论大小、强弱、贫富,都是平等参与,都可以在双多边合作中积极建言献策。各方加强双边或多边沟通和磋商,共同探索、开创性设立诸多合作机制,为不同发展阶段的经济体开展对话合作、参与全球治理提供共商合作平台。

坚持共建原则。共建"一带一路",不是中国的对外援助计划和地缘政治工具,而是联动发展的行动纲领;不是现有地区机制的替代,而是与其相互对接、优势互补。坚持各方共同参与,深度对接有关国家和区域发展战略,充分发掘和发挥各方发展潜力及比较优势,共同开创发展新机遇、谋求发展新动力、拓展发展新空间,实现各施所长、各尽所能、优势互补、联动发展。通过双边合作、第三方市场合作、多边合作等多种形式,鼓励更多国家和企业深入参与,形成发展合力。遵循市场规律,通过市场化运作实现参与各方的利益诉求,企业是主体,政府主要发挥构建平台、创立机制、政策引导的作用。中国发挥经济体量和市场规模巨大,基础设施建设经验丰富,装备制造能力强、质量好、性价比高以及产业、资金、技术、人才、管理等方面的综合优势,在共建"一带一路"中发挥引领作用。

坚持共享原则。共建"一带一路",秉持互利共赢的合作观,寻求各方利益交会点和合作最大公约数,对接各方发展需求、回应人民现实诉求,实现各方共享发展机遇和成果,不让任何一个国家掉队。共建国家大多属于发展中国家,各方聚力解决发展中国家基础设施落后、产业发展滞后、工业化程度低、资金和技术缺乏、人才储备不足等短板问题,促进经济社会发展。中国坚持道义为先、义利并举,向共建国家提供力所能及的帮助,真心实意帮助发展中国家加快发展,同时,以共建"一带一路"推动形成陆海内外联动、东西双向互济的全面开放新格局,建设更高水平开放型经济新体制,加快构建以国内

大循环为主体、国内国际双循环相互促进的新发展格局。

2. 坚持开放、绿色、廉洁的理念

共建"一带一路"始终坚守开放的本色、绿色的底色、廉洁的亮色，坚持开放包容，推进绿色发展，以零容忍态度惩治腐败，在高质量发展的道路上稳步前行。

共建"一带一路"是大家携手前行的光明大道，不是某一方面的私家小路，不排除，也不针对任何一方，不打地缘博弈小算盘，不搞封闭排他"小圈子"，也不搞基于意识形态标准划界的小团体，更不搞军事同盟。从亚欧大陆到非洲、美洲、大洋洲，无论什么样的政治体制、历史文化、宗教信仰、意识形态、发展阶段，只要有共同发展的意愿都可以参与其中。各方以开放包容为导向，坚决反对保护主义、单边主义、霸权主义，共同推进全方位、立体化、网络状的大联通格局，探索开创共赢、共担、共治的合作新模式，构建全球互联互通伙伴关系，建设和谐共存的大家庭。

共建"一带一路"顺应国际绿色低碳发展趋势，倡导尊重自然、顺应自然、保护自然，尊重各方追求绿色发展的权利，响应各方可持续发展需求，形成共建绿色"一带一路"共识。各方积极开展"一带一路"绿色发展政策对话，分享和展示绿色发展理念和成效，增进绿色发展共识和行动，深化绿色基建、绿色能源、绿色交通、绿色金融等领域务实合作，努力建设资源节约、绿色低碳的丝绸之路，为保护生态环境、实现碳达峰碳中和、应对气候变化作出重要贡献。中国充分发挥在可再生能源、节能环保、清洁生产等领域优势，运用中国技术、产品、经验等，推动绿色"一带一路"合作蓬勃发展。

共建"一带一路"将廉洁作为行稳致远的内在要求和必要条件，始终坚持一切合作在阳光下运行。各方一道完善反腐败法治体系建设和机制建设，深化反腐败法律法规对接，务实推进国际反腐合作，坚决反对各类腐败和其他国际犯罪活动，持续打击商业贿赂行为，让资金、项目在廉洁中高效运转，让各项合作更好地落地开展，让"一带一路"成为风清气正的廉洁之路。

3. 坚持高标准、可持续、惠民生的目标

共建"一带一路"以高标准、可持续、惠民生为目标，努力实现更高合作水平、更高投入效益、更高供给质量、更高发展韧性，推动高质量共建"一带一路"不断走深走实。

共建"一带一路"引入各方普遍支持的规则标准，推动企业在项目建设、运营、采购、招投标等环节执行普遍接受的国际规则标准，以高标准推动各领域合作和项目建设。倡导对接国际先进规则标准，打造高标准自由贸易区，实行更高水平的贸易投资自由化便利化政策，畅通人员、货物、资金、数据安全有序流动，实现更高水平互联互通和更深层次交流合作。坚持高标准、接地气，对标国际一流、追求高性价比，先试点、再推广，倡导参与各方采用适合自己的规则标准、走符合自身国情的发展道路。中国成立高规格的推进"一带一路"建设领导机构，发布一系列政策文件，推动共建"一带一路"顶层设计不断完善、务实举措不断落地。

共建"一带一路"对接联合国 2030 年可持续发展议程，走经济、社会、环境协调发展之路，努力消除制约发展的根源和障碍，增强共建国家自主发展的内生动力，推动各国实现持久、包容和可持续的经济增长，并将可持续发展理念融入项目选择、实施、管理等各

个方面。遵循国际惯例和债务可持续原则,不断完善长期、稳定、可持续、风险可控的投融资体系,积极创新投融资模式、拓宽投融资渠道,形成了稳定、透明、高质量的资金保障体系,确保商业和财政的可持续性。目前,没有任何一个国家因为参与共建"一带一路"合作而陷入债务危机。

共建"一带一路"坚持以人民为中心,聚焦消除贫困、增加就业、改善民生,让合作成果更好惠及全体人民。各方深化公共卫生、减贫减灾、绿色发展、科技教育、文化艺术、卫生健康等领域合作,促进政党、社会组织、智库和青年、妇女及地方交流协同并进,着力打造接地气、聚人心的民生工程,不断增强民众的获得感和幸福感。中国积极推进对外援助和惠及民生的"小而美"项目建设,足迹从亚洲到非洲,从拉丁美洲到南太平洋,涵盖一条条公路铁路、一座座学校医院、一片片农田村舍,助力共建国家减贫脱贫、增进民生福祉。

4. 坚持造福世界的幸福路的愿景

作为一个发展的倡议、合作的倡议、开放的倡议,共建"一带一路"追求的是发展、崇尚的是共赢、传递的是希望,目的是增进理解信任、加强全方位交流,进而促进共同发展、实现共同繁荣。

和平之路。和平是发展的前提,发展是和平的基础。共建"一带一路"超越以实力抗衡为基础的丛林法则、霸权秩序,摒弃你输我赢、你死我活的零和逻辑,跳出意识形态对立、地缘政治博弈的冷战思维,走和平发展道路,致力于从根本上解决永久和平和普遍安全问题。各国尊重彼此主权、尊严、领土完整,尊重彼此发展道路和社会制度,尊重彼此核心利益和重大关切。中国作为发起方,积极推动构建相互尊重、公平正义、合作共赢的新型国际关系,打造对话不对抗、结伴不结盟的伙伴关系,推动各方树立共同、综合、合作、可持续的新安全观,营造共建共享的安全格局,构建和平稳定的发展环境。

繁荣之路。共建"一带一路"不走剥削掠夺的殖民主义老路,不做凌驾于人的强买强卖,不搞"中心—边缘"的依附体系,更不转嫁问题、以邻为壑、损人利己,目标是实现互利共赢、共同发展繁荣。各方紧紧抓住发展这个最大公约数,发挥各自资源和潜能优势,激发各自增长动力,增强自主发展能力,共同营造更多发展机遇和空间,推动形成世界经济增长新中心、新动能,带动世界经济实现新的普惠性增长,推动全球发展迈向平衡协调包容新阶段。

开放之路。共建"一带一路"超越国界阻隔、超越意识形态分歧、超越发展阶段区别、超越社会制度差异、超越地缘利益纷争,是开放包容的合作进程;不是另起炉灶、推倒重来,而是对现有国际机制的有益补充和完善。各方坚持多边贸易体制的核心价值和基本原则,共同打造开放型合作平台,维护和发展开放型世界经济,创造有利于开放发展的环境,构建公正、合理、透明的国际经贸投资规则体系,推进合作共赢、合作共担、合作共治的共同开放,促进生产要素有序流动、资源高效配置、市场深度融合,促进贸易和投资自由化便利化,维护全球产业链供应链稳定畅通,建设开放、包容、普惠、平衡、共赢的经济全球化。

创新之路。创新是推动发展的重要力量。共建"一带一路"坚持创新驱动发展,把握数字化、网络化、智能化发展机遇,探索新业态、新技术、新模式,探寻新的增长动能和发展路径,助力各方实现跨越式发展。各方共同加强数字基础设施互联互通,推进数字丝绸之路建设,加强科技前沿领域创新合作,促进科技同产业、科技同金融深度融合,优化创新环境,集聚创新资源,推动形成区域协同创新格局,缩小数字鸿沟,为共同发展注入强劲动力。

文明之路。共建"一带一路"坚持平等、互鉴、对话、包容的文明观,弘扬和平、发展、公平、正义、民主、自由的全人类共同价值,以文明交流超越文明隔阂,以文明互鉴超越文明冲突,以文明共存超越文明优越,推动文明间和而不同、求同存异、互学互鉴。各方积极建立多层次人文合作机制,搭建更多合作平台,开辟更多合作渠道,密切各领域往来,推动不同国家间相互理解、相互尊重、相互信任,更好地凝聚思想和价值共识,实现人类文明创新发展。

(二)"一带一路"促进全方位多领域互联互通

共建"一带一路"围绕互联互通,以基础设施"硬联通"为重要方向,以规则标准"软联通"为重要支撑,以共建国家人民"心联通"为重要基础,不断深化政策沟通、设施联通、贸易畅通、资金融通、民心相通,不断拓展合作领域,成为当今世界范围最广、规模最大的国际合作平台。

1.政策沟通广泛深入

政策沟通是共建"一带一路"的重要保障。中国与共建国家、国际组织积极构建多层次政策沟通交流机制,在发展战略规划、技术经济政策、管理规则和标准等方面发挥政策协同效应,共同制定推进区域合作的规划和措施,为深化务实合作注入了"润滑剂"和"催化剂",共建"一带一路"日益成为各国交流合作的重要框架。

战略对接和政策协调持续深化。在全球层面,2016年11月,在第71届联合国大会上,193个会员国一致赞同将"一带一路"倡议写入联大决议;2017年3月,联合国安理会通过第2344号决议,呼吁通过"一带一路"建设等加强区域经济合作;联合国开发计划署、世界卫生组织等先后与中国签署"一带一路"合作协议。在世界贸易组织,中国推动完成《投资便利化协定》文本谈判,将在超过110个国家和地区建立协调统一的投资管理体系,促进"一带一路"投资合作。在区域和多边层面,共建"一带一路"同联合国2030年可持续发展议程、《东盟互联互通总体规划2025》、东盟印太展望、非盟《2063年议程》、欧盟欧亚互联互通战略等有效对接,支持区域一体化进程和全球发展事业。在双边层面,共建"一带一路"与俄罗斯欧亚经济联盟建设、哈萨克斯坦"光明之路"新经济政策、土库曼斯坦"复兴丝绸之路"战略、蒙古国"草原之路"倡议、印度尼西亚"全球海洋支点"构想、菲律宾"多建好建"规划、越南"两廊一圈"、南非"经济重建和复苏计划"、埃及苏伊士运河走廊开发计划、沙特"2030愿景"等多国战略实现对接。截至2023年8月底,中国与五大洲的150多个国家、30多个国际组织签署了200多份共建"一带一路"合作文件,形成一大批标志性项目和惠民生的"小而美"项目。

政策沟通长效机制基本形成。以元首外交为引领,以政府间战略沟通为支撑,以地方和部门间政策协调为助力,以企业、社会组织等开展项目合作为载体,建立起多层次、多平台、多主体的常规性沟通渠道。中国成功举办两届"一带一路"国际合作高峰论坛,为各参与国家和国际组织深化交往、增进互信、密切来往提供了重要平台。2017年的第一届"一带一路"国际合作高峰论坛,有29个国家的元首和政府首脑出席,140多个国家和80多个国际组织的1 600多名代表参会,形成了5大类、279项务实成果。2019年的第二届"一带一路"国际合作高峰论坛,38个国家的元首和政府首脑及联合国秘书长、国际货币基金组织总裁等40位领导人出席圆桌峰会,超过150个国家、92个国际组织的6 000余名代表参会,形成了6大类、283项务实成果。2023年的第三届"一带一路"国际合作高峰论坛,150多个国家和30多个国际组织的4 000多名代表参会,形成了5大类、458项务实成果。

多边合作不断推进。在共建"一带一路"框架下,中外合作伙伴发起成立了20余个专业领域多边对话合作机制,涵盖铁路、港口、能源、金融、税收、环保、减灾、智库、媒体等领域,参与成员数量持续提升。共建国家还依托中国—东盟(10+1)合作、中非合作论坛、中阿合作论坛、中拉论坛、中国—太平洋岛国经济发展合作论坛、中国—中东欧国家合作、世界经济论坛、博鳌亚洲论坛、中国共产党与世界政党领导人峰会等重大多边合作机制平台,不断深化务实合作。

规则标准对接扎实推进。标准化合作水平不断提升,截至2023年6月底,中国已与巴基斯坦、俄罗斯、希腊、埃塞俄比亚、哥斯达黎加等65个国家标准化机构以及国际和区域组织签署了107份标准化合作文件,促进了民用航空、气候变化、农业食品、建材、电动汽车、油气管道、物流、水电、海洋和测绘等多领域标准国际合作。"一带一路"标准信息平台运行良好,标准化概况信息已覆盖149个共建国家,可提供59个国家、6个国际和区域标准化组织的标准化题录信息精准检索服务,在共建国家间架起了标准互联互通的桥梁。中国标准外文版供给能力持续提升,发布国家标准外文版近1 400项、行业标准外文版1 000多项。2022年5月,亚洲—非洲法律协商组织在香港设立区域仲裁中心,积极为共建"一带一路"提供多元纠纷解决路径。中国持续加强与俄罗斯、马来西亚、新加坡等22个国家和地区的跨境会计审计监管合作,为拓展跨境投融资渠道提供制度保障。设施联通初具规模。设施联通是共建"一带一路"的优先领域。共建"一带一路"以"六廊六路多国多港"为基本架构,加快推进多层次、复合型基础设施网络建设,基本形成"陆海天网"四位一体的互联互通格局,为促进经贸和产能合作、加强文化交流和人员往来奠定了坚实基础。

2. 设施联通初具规模

设施联通是共建"一带一路"的优先领域。共建"一带一路"以"六廊六路多国多港"为基本架构,加快推进多层次、复合型基础设施网络建设,基本形成"陆海天网"四位一体的互联互通格局,为促进经贸和产能合作、加强文化交流和人员往来奠定了坚实基础。

经济走廊和国际通道建设卓有成效。共建国家共同推进国际骨干通道建设,打造连接亚洲各次区域以及亚欧非之间的基础设施网络。中巴经济走廊方向,重点项目稳步推进,白沙瓦—卡拉奇高速公路、喀喇昆仑公路二期、拉合尔轨道交通橙线项目竣工通车,萨希瓦尔、卡西姆港、塔尔、胡布等电站保持安全稳定运营,默拉直流输电项目投入商业运营,卡洛特水电站并网发电,拉沙卡伊特别经济区进入全面建设阶段。新亚欧大陆桥经济走廊方向,匈塞铁路塞尔维亚贝尔格莱德—诺维萨德段于2022年3月开通运营,匈牙利布达佩斯—克莱比奥段启动轨道铺设工作;克罗地亚佩列沙茨跨海大桥迎来通车1周年;双西公路全线贯通;黑山南北高速公路顺利建成并投入运营。中国—中南半岛经济走廊方向,中老铁路全线建成通车且运营成效良好,黄金运输通道作用日益彰显;作为中印尼共建"一带一路"的旗舰项目,时速350千米的雅万高铁开通运行;中泰铁路一期签署线上工程合同,土建工程已开工11个标段。中蒙俄经济走廊方向,中俄黑河公路桥、同江铁路桥通车运营,中俄东线天然气管道正式通气,中蒙俄中线铁路升级改造和发展可行性研究正式启动。中国—中亚—西亚经济走廊方向,中吉乌公路运输线路实现常态化运行,中国—中亚天然气管道运行稳定,哈萨克斯坦北哈州粮油专线与中欧班列并网运行。孟中印缅经济走廊方向,中缅原油和天然气管道建成投产,中缅铁路木姐—曼德勒铁路完成可行性研究,曼德勒—胶漂铁路启动可行性研究,中孟友谊大桥、多哈扎里至科克斯巴扎尔铁路等项目建设取得积极进展。在非洲,蒙内铁路、亚吉铁路等先后通车运营,成为拉动东非乃至整个非洲国家纵深发展的重要通道。

海上互联互通水平不断提升。共建国家港口航运合作不断深化,货物运输效率大幅提升:希腊比雷埃夫斯港年货物吞吐量增至500万标箱以上,跃升为欧洲第四大集装箱港口、地中海领先集装箱大港;巴基斯坦瓜达尔港共建取得重大进展,正朝着物流枢纽和产业基地的目标稳步迈进;缅甸胶漂深水港项目正在开展地勘、环评等前期工作;斯里兰卡汉班托塔港散杂货年吞吐量增至120.5万吨;意大利瓦多集装箱码头开港运营,成为意大利第一个半自动化码头;尼日利亚莱基深水港项目建成并投入运营,成为中西非地区重要的现代化深水港。"丝路海运"网络持续拓展,截至2024年9月底,"丝路海运"航线已通达全球46个国家的145个港口,340家国内外知名航运公司、港口企业、智库等加入"丝路海运"联盟。"海上丝绸之路海洋环境预报保障系统"持续业务化运行,范围覆盖共建国家100多个城市。

"空中丝绸之路"建设成效显著。共建国家之间航空航线网络加快拓展,空中联通水平稳步提升。中国已与104个共建国家签署双边航空运输协定,与57个共建国家实现空中直航,跨境运输便利化水平不断提高。中国企业积极参与巴基斯坦、尼泊尔、多哥等共建国家民航基础设施领域合作,助力当地民航事业发展。中国民航"一带一路"合作平台于2020年8月正式成立,共建国家民航交流合作机制和平台更加健全。新冠疫情期间,以河南郑州—卢森堡为代表的"空中丝绸之路"不停飞、不断航,运送大量抗疫物资,在中欧间发挥了"空中生命线"的作用,为维护国际产业链供应链稳定作出了积极贡献。

国际多式联运大通道持续拓展。中欧班列、中欧陆海快线、西部陆海新通道、连云港—霍尔果斯新亚欧陆海联运等国际多式联运稳步发展。中欧班列通达欧洲25个国家的200多个城市,86条时速120公里的运行线路穿越亚欧腹地主要区域,物流配送网络覆盖欧亚大陆。截至2023年6月底,中欧班列累计开行7.4万列,运输近700万标箱,货物品类达 5 万多种,涉及汽车整车、机械设备、电子产品等 53 大门类,合计货值超 3 000 亿美元。中欧陆海快线从无到有,成为继传统海运航线、陆上中欧班列之外中欧之间的第三条贸易通道,2022 年全通道运输总箱量超过 18 万标箱,火车开行 2 600 余列。西部陆海新通道铁海联运班列覆盖中国中西部 18 个省(区、市),货物流向通达 100 多个国家的 300 多个港口。

3.贸易畅通便捷高效

贸易投资合作是共建"一带一路"的重要内容。共建国家着力解决贸易投资自由化便利化问题,大幅消除贸易投资壁垒,改善区域内和各国营商环境,建设自由贸易区,拓宽贸易领域、优化贸易结构,拓展相互投资和产业合作领域,推动建立更加均衡、平等和可持续的贸易体系,发展互利共赢的经贸关系,共同做大做好合作"蛋糕"。

贸易投资规模稳步扩大。2013—2022 年,中国与共建国家进出口总额累计 19.1 万亿美元,年均增长 6.4%;与共建国家双向投资累计超过 3 800 亿美元,其中中国对外直接投资超过 2 400 亿美元;中国在共建国家承包工程新签合同额、完成营业额分别达到 2 万亿美元、1.3 万亿美元。2022 年,中国与共建国家进出口总额近 2.9 万亿美元,占同期中国外贸总值的 45.4%,较 2013 年提高了 6.2 个百分点;中国民营企业对共建国家进出口总额超过 1.5 万亿美元,占同期中国与共建国家进出口总额的 53.7%。

贸易投资自由化便利化水平不断提升。共建国家共同维护多边主义和自由贸易,努力营造密切彼此间经贸关系的良好制度环境,在工作制度对接、技术标准协调、检验结果互认、电子证书联网等方面取得积极进展。截至 2023 年 8 月底,80 多个国家和国际组织参与中国发起的《"一带一路"贸易畅通合作倡议》。中国与 28 个国家和地区签署 21 个自贸协定;《区域全面经济伙伴关系协定》(RCEP)于 2022 年 1 月 1 日正式生效,是世界上人口规模和经贸规模最大的自贸区,与共建"一带一路"覆盖国家和地区、涵盖领域和内容等方面相互重叠、相互补充,在亚洲地区形成双轮驱动的经贸合作发展新格局。中国还积极推动加入《全面与进步跨太平洋伙伴关系协定》(CPTPP)和《数字经济伙伴关系协定》(DEPA)。中国与 135 个国家和地区签订了双边投资协定,与 112 个国家和地区签署了避免双重征税协定(含安排、协议),与 35 个共建国家实现"经认证的经营者"(AEO)互认,与 14 个国家签署第三方市场合作文件。中国与新加坡、巴基斯坦、蒙古国、伊朗等共建国家建立了"单一窗口"合作机制、签署了海关检验检疫合作文件,有效提升了口岸通关效率。

贸易投资平台作用更加凸显。中国国际进口博览会是全球首个以进口为主题的国家级展会,已连续成功举办 5 届,累计意向成交额近 3 500 亿美元,约 2 000 个首发首展商品亮相,参与国别与参与主体多元广泛,成为国际采购、投资促进、人文交流、开放合作、全球共享的国际公共平台。中国进出口商品交易会、中国国际服务贸易交易会、中国国际投资贸易洽谈会、中国国际消费品博览会、全球数字贸易博览会、中非经贸博览会、中国—阿拉伯国家博览会、中俄博览会、中国—中东欧国家博览会、中国—东盟博览会、中国—亚欧博览会等重点展会影响不断扩大,有力促进了共建国家之间的经贸投资合作。中国香港特别行政区成功举办了 8 届"一带一路"高峰论坛,中国澳门特别行政区成功举办 14 届国际基础设施投资与建设高峰论坛,在助力共建"一带一路"经贸投资合作中发挥了重要作用。

产业合作深入推进。共建国家致力于打造协同发展、互利共赢的合作格局,有力促进了各国产业结构升级、产业链优化布局。共建国家共同推进国际产能合作,深化钢铁、有色金属、建材、汽车、工程机械、资源能源、农业等传统行业合作,探索数字经济、新能源汽车、核能与核技术、5G 等新兴产业合作,与有意愿的国家开展三方、多方市场合作,促进各方优势互补、互惠共赢。截至 2023 年 6 月底,中国已同 40 多个国家签署了产能合作文件,中国国际矿业大会、中国—东盟矿业合作论坛等成为共建国家开展矿业产能合作的重要平台。上海合作组织农业技术交流培训示范基地助力共建"一带一路"农业科技发展,促进国家间农业领域经贸合作。中国与巴基斯坦合作建设的卡拉奇核电站 K2、K3 两台"华龙一号"核电机组建成投运,中国与哈萨克斯坦合资的乌里宾核燃料元件组装厂成功投产,中国—东盟和平利用核技术论坛为共建国家开展核技术产业合作、助力民生和经济发展建立了桥梁和纽带。中国企业与共建国家政府、企业合作共建的海外产业园超过 70 个,中马、中印尼"两国双园"及中白工业园、中阿(联酋)产能合作示范园、中埃(及)·泰达苏伊士经贸合作区等稳步推进。

4. 资金融通日益多元

资金融通是共建"一带一路"的重要支撑。共建国家及有关机构积极开展多种形式的金融合作,创新投融资模式、拓宽投融资渠道、丰富投融资主体、完善投融资机制,大力推动政策性金融、开发性金融、商业性金融、合作性金融支持共建"一带一路",努力构建长期、稳定、可持续、风险可控的投融资体系。

金融合作机制日益健全。中国国家开发银行推动成立中国—中东欧银联体、中国—阿拉伯国家银联体、中国—东盟银联体、中日韩—东盟银联体、中非金融合作银联体、中拉开发性金融合作机制等多边金融合作机制,中国工商银行推动成立"一带一路"银行间常态化合作机制。截至 2023 年 6 月底,共有 13 家中资银行在 50 个共建国家设立 145 家一级机构,131 个共建国家的 1 770 万家商户开通银联卡业务,74 个共建国家开通银联移动支付服务。"一带一路"创新发展中心、"一带一路"财经发展研究中心、中国—国际货币基金组织联合能力建设中心相继设立。中国已与 20 个共建国家签署双边本币互换协议,在 17 个共建国家建立人民币清算安排,人民币跨境支付系统的参与者数量、业务量、影响力逐步提升,有效促进了贸易投资便利化。金融监管合作和交流持续推进,中国银保监会(现国家金融监督管理总局)、证监会与境外多个国家的监管机构签署监管合作谅解备忘录,推动建立区域内监管协调机制,促进资金高效配置,强化风险管控,为各类金融机构及投资主体创造良好投资条件。

投融资渠道平台不断拓展。中国出资设立丝路基金,并与相关国家一道成立亚洲基础设施投资银行。丝路基金专门服务于"一带一路"建设,截至 2023 年 6 月底,丝路基金累计签约投资项目 75 个,承诺投资金额约 220.4 亿美元;亚洲基础设施投资银行已有 106 个成员,批准 227 个投资项目,共投资 436 亿美元,项目涉及交通、能源、公共卫生等领域,为共建国家基础设施互联互通和经济社会可持续发展提供投融资支持。中国积极参与现有各类融资安排机制,与世界银行、亚洲开发银行等国际金融机构签署合作备忘录,与国际金融机构联合筹建多边开发融资合作中心,与欧洲复兴开发银行加强第三方市场投融资合作,与国际金融公司、非洲开发银行等开展联合融资,有效撬动市场资金参与。中国发起设立中国—欧亚经济合作基金、中拉合作基金、中国—中东欧投资合作基金、中国—东盟投资合作基金、中拉产能合作投资基金、中非产能合作基金等国际经济合作基金,有效拓展了共建国家投融资渠道。中国国家开发银行、中国进出口银行分别设立"一带一路"专项贷款,集中资源加大对共建"一带一路"的融资支持。截至 2022 年底,中国国家开发银行已直接为 1 300 多个"一带一路"项目提供了优质金融服务,有效发挥了开发性金融引领、汇聚境内外各类资金共同参与共建"一带一路"的融资先导作用;中国进出口银行"一带一路"贷款余额达 2.2 万亿元,覆盖超过 130 个共建国家,贷款项目累计拉动投资 4 000 多亿美元,带动贸易超过 2 万亿美元。中国信保充分发挥出口信用保险政策性职能,积极为共建"一带一路"提供综合保障。

投融资方式持续创新。基金、债券等多种创新模式不断发展,共建"一带一路"金融合作水平持续提升。中国证券行业设立多个"一带一路"主题基金,建立"一带一路"主题指数。2015 年 12 月,中国证监会正式启动境外机构在交易所市场发行人民币债券("熊猫债")试点,截至 2023 年 6 月底,交易所债券市场已累计发行"熊猫债"99 只,累计发行规模 1 525.4 亿元;累计发行"一带一路"债券 46 只,累计发行规模 527.2 亿元。绿色金融稳步发展。2019 年 5 月,中国工商银行发行同时符合国际绿色债券准则和中国绿色债券准则的首只"一带一路"银行间常态化合作机制(BRBR)绿色债券。截至 2022 年底,已有 40 多家全球大型机构签署了《"一带一路"绿色投资原则》。2023 年 6 月,中国进出口银行发行推进共建"一带一路"国际合作和支持共建"一带一路"基础设施建设主题金融债。中国境内证券期货交易所与共建国家交易所稳步推进股权、产品、技术等方面务实合作,积极支持哈萨克斯坦阿斯塔纳国际交易所、巴基斯坦证券交易所、孟加拉国达卡证券交易所等共建或参股交易所市场发展。

债务可持续性不断增强。按照平等参与、利益共享、风险共担的原则,中国与 28 个国家共同核准《"一带一路"融资指导原则》,推动共建国家政府、金融机构和企业重视债务可持续性,提升债务管理能力。中国借鉴国际货币基金组织和世界银行低收入国家债务可持续性分析框架,结合共建国家实际情况制定债务可持续性分析工具,发布《"一带一路"债务可持续性分析框架》,鼓励各方在自愿基础上使用。中国坚持以经济和社会效益为导向,根据项目所在国需求及实际情况为项目建设提供贷款,避免给所在国造成债务风险和财政负担;投资重点领域是互联互通基础设施项目以及共建国家急需的民生项目,为共建国家带来了有效投资,增加了优质资产,增强了发展动力。许多智库专家和国际机构研究指出,几乎所有"一带一路"项目都是由东道国出于本国经济发展和民生改善而发起的,其遵循的是经济学逻辑,而非地缘政治逻辑。

5.民心相通基础稳固

民心相通是共建"一带一路"的社会根基。共建国家传承和弘扬"丝绸之路"友好合作精神,广泛开展文化旅游合作、教育交流、媒体和智库合作、民间交往等,推动文明互学互鉴和文化融合创新,形成了多元互动、百花齐放的人文交流格局,夯实了共建"一带一路"的民意基础。

文化旅游合作丰富多彩。截至2023年6月底,中国已与144个共建国家签署文化和旅游领域合作文件。中国与共建国家共同创建合作平台,成立了丝绸之路国际剧院联盟、博物馆联盟、艺术节联盟、图书馆联盟和美术馆联盟,成员单位达562家,其中包括72个共建国家的326个文化机构。中国不断深化对外文化交流,启动实施"文化丝路"计划,广泛开展"欢乐春节""你好!中国""艺汇丝路"等重点品牌活动。中国与文莱、柬埔寨、希腊、意大利、马来西亚、俄罗斯及东盟等共同举办文化年、旅游年,与共建国家互办文物展、电影节、艺术节、图书展、音乐节等活动及图书广播影视精品创作和互译互播,实施"一带一路"主题舞台艺术作品创作推广项目、"一带一路"国际美术工程和文化睦邻工程,扎实推进亚洲文化遗产保护行动。中国在44个国家设立46家海外中国文化中心,其中共建国家32家;在18个国家设立20家旅游办事处,其中共建国家8家。

教育交流合作广泛深入。中国发布《推进共建"一带一路"教育行动》,推进教育领域国际交流与合作。截至2023年6月底,中国已与45个共建国家和地区签署高等教育学历学位互认协议。中国设立"丝绸之路"中国政府奖学金,中国地方省份、中国香港特别行政区、中国澳门特别行政区和高校、科研机构也面向共建国家设立了奖学金。中国院校在132个共建国家办有313所孔子学院、315所孔子课堂;"汉语桥"夏令营项目累计邀请100余个共建国家近5万名青少年来华访学,支持143个共建国家10万名中文爱好者线上学习中文、体验中国文化。中国院校与亚非欧三大洲的20多个共建国家院校合作建设一批鲁班工坊。中国与联合国教科文组织连续7年举办"一带一路"青年创意与遗产论坛及相关活动;合作设立"丝绸之路"青年学者资助计划,已资助24个青年学者研究项目。中国政府原子能奖学金项目已为26个共建国家培养了近200名和平利用核能相关专业的硕士博士研究生。共建国家还充分发挥"一带一路"高校战略联盟、"一带一路"国际科学组织联盟等示范带动作用,深化人才培养和科学研究国际交流合作。

媒体和智库合作成果丰硕。媒体国际交流合作稳步推进,共建国家连续成功举办6届"一带一路"媒体合作论坛,建设"丝路电视国际合作共同体"。中国—阿拉伯国家广播电视合作论坛、中非媒体合作论坛、中国—柬埔寨广播电视定期合作会议、中国—东盟媒体合作论坛、澜湄视听周等双多边合作机制化开展,亚洲—太平洋广播联盟、阿拉伯国家广播联盟等国际组织活动有声有色,成为凝聚共建国家共识的重要平台。中国与共建国家媒体共同成立"一带一路"新闻合作联盟,积极推进国际传播"丝路奖"评选活动,截至2023年6月底,联盟成员单位已增至107个国家的233家媒体。智库交流更加频繁,"一带一路"国际合作高峰论坛咨询委员会于2018年成立,"一带一路"智库合作联盟已发展亚洲、非洲、欧洲、拉丁美洲合作伙伴合计122家,16家中外智库共同发起成立"一带一路"国际智库合作委员会。

民间交往不断深入。民间组织以惠民众、利民生、通民心为行动目标,不断织密合作网。在第二届"一带一路"国际合作高峰论坛民心相通分论坛上,中国民间组织国际交流促进会等中外民间组织共同发起"丝路一家亲"行动,推动中外民间组织建立近600对合作伙伴关系,开展 300 余个民生合作项目,"深系澜湄""国际爱心包裹""光明行"等品牌项目产生广泛影响。60 余个共建国家的城市同中国多个城市结成 1 000 余对友好城市。72 个国家和地区的 352 家民间组织结成"丝绸之路"沿线民间组织合作网络,开展民生项目和各类活动 500 余项,成为共建国家民间组织开展交流合作的重要平台。

6.新领域合作稳步推进

共建国家发挥各自优势,不断拓展合作领域、创新合作模式,推动健康、绿色、创新、数字"丝绸之路"建设取得积极进展,国际合作空间更加广阔。

卫生健康合作成效显著。共建国家积极推进"健康丝绸之路"建设,推动构建人类卫生健康共同体,建立紧密的卫生合作伙伴关系。截至 2023 年 6 月底,中国已与世界卫生组织签署《关于"一带一路"卫生领域合作的谅解备忘录》,与 160 多个国家和国际组织签署卫生合作协议,发起和参与中国—非洲国家、中国—阿拉伯国家、中国—东盟卫生合作等 9 个国际和区域卫生合作机制。中国依托"一带一路"医学人才培养联盟、医院合作联盟、卫生政策研究网络、中国—东盟"健康丝绸之路"人才培养项目(2020—2022)等,为共建国家培养数万名卫生管理、公共卫生、医学科研等专业人才,向 58 个国家派出中国医疗队,赴 30 多个国家开展"光明行",免费治疗白内障患者近万名,多次赴南太岛国开展"送医上岛"活动,与湄公河流域的国家、中亚国家、蒙古国等周边国家开展跨境医疗合作。新冠疫情暴发以后,中国向 120 多个共建国家提供抗疫援助,向 34 个国家派出 38 批抗疫专家组,同 31 个国家发起"一带一路"疫苗合作伙伴关系倡议,向共建国家提供 20 余亿剂疫苗,与 20 余个国家开展疫苗生产合作,提高了疫苗在发展中国家的可及性和可负担性。中国与 14 个共建国家签订传统医药合作文件,8 个共建国家在本国法律法规体系内对中医药发展予以支持,30 个中医药海外中心投入建设,百余种中成药在共建国家以药品身份注册上市。

绿色低碳发展取得积极进展。中国与共建国家、国际组织积极建立绿色低碳发展合作机制,携手推动绿色发展、共同应对气候变化。中国先后发布《关于推进绿色"一带一路"建设的指导意见》《关于推进共建"一带一路"绿色发展的意见》等,提出 2030 年共建"一带一路"绿色发展格局基本形成的宏伟目标。中国与联合国环境规划署签署《关于建设绿色"一带一路"的谅解备忘录(2017—2022)》,与 30 多个国家及国际组织签署环保合作协议,与 31 个国家共同发起"一带一路"绿色发展伙伴关系倡议,与超过 40 个国家的150 多个合作伙伴建立"一带一路"绿色发展国际联盟,与 32 个国家建立"一带一路"能源合作伙伴关系。中国承诺不再新建境外煤电项目,积极构建绿色金融发展平台和国际合作机制,与共建国家开展生物多样性保护合作研究,共同维护海上"丝绸之路"生态安全,建设"一带一路"生态环保大数据服务平台和"一带一路"环境技术交流与转移中心,实施绿色丝路使者计划。中国实施"一带一路"应对气候变化南南合作计划,与 39 个共建国家签署 47 份气候变化南南合作谅解备忘录,与老挝、柬埔寨、塞舌尔合作建设低碳示范区,与 30 多个发展中国家开展 70 余个减缓和适应气候变化项目,培训了 120 多个国家3 000 多人次的环境管理人员和专家学者。2023 年 5 月,中国进出口银行联合国家开发银行、中国信保等 10 余家金融机构发布《绿色金融支持"一带一路"能源转型倡议》,呼吁有关各方持续加大对共建国家能源绿色低碳转型领域支持力度。

科技创新合作加快推进。共建国家加强创新合作,加快技术转移和知识分享,不断优化创新环境、集聚创新资源,积极开展重大科技合作和共同培养科技创新人才,推动科技创新能力提升。2016 年 10 月,中国发布《推进"一带一路"建设科技创新合作专项规划》;2017 年 5 月,"一带一路"科技创新行动计划正式启动实施,通过联合研究、技术转移、科技人文交流和科技园区合作等务实举措,提升共建国家的创新能力。截至 2023 年 6 月底,中国与 80 多个共建国家签署《政府间科技合作协定》,"一带一路"国际科学组织联盟(ANSO)成员单位达 58 家。2013 年以来,中国支持逾万名共建国家青年科学家来华开展短期科研工作和交流,累计培训共建国家技术和管理人员 1.6 万余人次,面向东盟、南亚、阿拉伯国家、非洲、拉美等区域建设了 9 个跨国技术转移平台,累计帮助 50 多个非洲国家建成 20 多个农业技术示范中心,在农业、新能源、卫生健康等领域启动建设 50 余家"一带一路"联合实验室。中国与世界知识产权组织签署《加强"一带一路"知识产权合作协议》及修订与延期补充协议,共同主办两届"一带一路"知识产权高级别会议,并发布加强知识产权合作的《共同倡议》和《联合声明》;与 50 余个共建国家和国际组织建立知识产权合作关系,共同营造尊重知识价值的创新和营商环境。

"数字丝绸之路"建设亮点纷呈。共建国家加强数字领域的规则标准联通,推动区域性数字政策协调,携手打造开放、公平、公正、非歧视的数字发展环境。截至 2022 年底,中国已与 17 个国家签署"数字丝绸之路"合作谅解备忘录,与 30 个国家签署电子商务合作谅解备忘录,与 18 个国家和地区签署《关于加强数字经济领域投资合作的谅解备忘录》,提出并推动达成《全球数据安全倡议》《"一带一路"数字经济国际合作倡议》《中国—东盟关于建立数字经济合作伙伴关系的倡议》《中阿数据安全合作倡议》《"中国+中亚五国"数据安全合作倡议》《金砖国家数字经济伙伴关系框架》等合作倡议,牵头制定《跨境电商标准框架》。积极推进数字基础设施互联互通,加快建设数字交通走廊,多条国际海底光缆建设取得积极进展,构建 130 套跨境陆缆系统,广泛建设 5G 基站、数据中心、云计算中心、智慧城市等,对传统基础设施如港口、铁路、道路、能源、水利等进行数字化升级改造,"中国—东盟信息港""数字化中欧班列"、中阿网上丝绸之路等重点项目全面推进,"数字丝路地球大数据平台"实现多语言数据共享。空间信息走廊建设成效显著,中国已建成连接南亚、非洲、欧洲和美洲的卫星电信港,中巴(西)地球资源系列遥感卫星数据广泛应用于多个国家和领域,北斗三号全球卫星导航系统为中欧班列、船舶海运等领域提供全面服务;中国与多个共建国家和地区共同研制和发射通信或遥感卫星、建设卫星地面接收站等空间基础设施,依托联合国空间科技教育亚太区域中心(中国)为共建国家培养大量航天人才,积极共建中海联合月球和深空探测中心、中阿空间碎片联合观测中心、澜湄对地观测数据合作中心、中国东盟卫星应用信息中心、中非卫星遥感应用合作中心,利用高分卫星 16 米数据共享服务平台、"一带一路"典型气象灾害分析及预警平台、自然资源卫星遥感云服务平台等服务更多共建国家。

(三)"一带一路"为世界和平与发展注入正能量

10 年来,共建"一带一路"取得显著成效,开辟了世界经济增长的新空间,搭建了国际贸易和投资的新平台,提升了有关国家的发展能力和民生福祉,为完善全球治理体系拓展了新实践,为变乱交织的世界带来更多确定性和稳定性。共建"一带一路",既发展了中国,也造福了世界。

1.为共建国家带来实实在在的好处

发展是人类社会的永恒主题。共建"一带一路"聚焦发展这个根本性问题,着力解决制约发展的短板和瓶颈,为共建国家打造新的经济发展引擎,创建新的发展环境和空间,增强了共建国家的发展能力,提振了共建国家的发展信心,改善了共建国家的民生福祉,为解决全球发展失衡问题、推动各国共同走向现代化作出贡献。

激活共建国家发展动力。10年来,共建"一带一路"着力解决制约大多数发展中国家互联互通和经济发展的主要瓶颈,实施一大批基础设施建设项目,推动共建国家在铁路、公路、航运、管道、能源、通信及基本公共服务基础设施建设方面取得长足进展,改善了当地的生产生活条件和发展环境,增强了经济发展造血功能。一些建设周期长、服务长远发展的工程项目,就像播下的种子,综合效益正在逐步展现出来。基础设施的联通,有效降低了共建国家参与国际贸易的成本,提高了接入世界经济的能力和水平,激发了更大发展潜力、更强发展动力。亚洲开发银行的研究表明,内陆国家基础设施贸易成本每降低10%,其出口将增加20%。产业产能合作促进了共建国家产业结构升级,提高了工业化、数字化、信息化水平,促进形成具有竞争力的产业体系,增强了参与国际分工合作的广度和深度,带来了更多发展机遇、更大发展空间。中国积极开展应急管理领域国际合作,先后派出救援队赴尼泊尔、莫桑比克、土耳其等国家开展地震、洪灾等人道主义救援救助行动,比如向汤加、马达加斯加等国家提供紧急人道主义物资援助和专家技术指导。

增强共建国家减贫能力。目前,发展中国家仍然面临粮食问题。中国积极参与全球粮农治理,与相关国家发布《共同推进"一带一路"建设农业合作的愿景与行动》,与近90个共建国家和国际组织签署了100余份农渔业合作文件,与共建国家农产品贸易额达1 394亿美元,向70多个国家和地区派出2 000多名农业专家和技术人员,向多个国家推广示范菌草、杂交水稻等1 500多项农业技术,帮助亚洲、非洲、南太平洋、拉美和加勒比等地区推进乡村减贫,促进共建国家现代农业发展和农民增收。促进就业是减贫的重要途径。在共建"一带一路"过程中,中国与相关国家积极推进产业园区建设,引导企业通过开展高水平产业合作为当地居民创造就业岗位,实现了"一人就业,全家脱贫"。麦肯锡公司的研究报告显示,中国企业在非洲雇员本地化率达89%,有效带动了本地人口就业。世界银行预测,到2030年,共建"一带一路"相关投资有望使共建国家760万人摆脱极端贫困、3 200万人摆脱中度贫困。

民生项目成效显著。维修维护桥梁,解决居民出行难题;打出水井,满足村民饮水需求;安装路灯,照亮行人夜归之路……一个个"小而美""惠而实"的民生工程、民心工程,帮助当地民众解了燃眉之急、改善了生活条件,增进了共建国家的民生福祉,为各国人民带来实实在在的获得感、幸福感、安全感。10年来,中国企业先后在共建国家实施了300多个"爱心助困""康复助医""幸福家园"项目,援建非洲疾病预防控制中心总部、巴基斯坦瓜达尔博爱医疗急救中心,帮助喀麦隆、埃塞俄比亚、吉布提等国解决民众饮水难问题等。"丝路一家亲"行动民生合作项目涵盖扶贫救灾、人道救援、环境保护、妇女交流合作等 20 多个领域,产生了广泛影响。

2. 为经济全球化增添活力

在逆全球化思潮不断涌动的背景下,共建"一带一路",致力于实现世界的互联互通和联动发展,进一步打通经济全球化的大动脉,畅通信息流、资金流、技术流、产品流、产业流、人员流,推动更大范围、更高水平的国际合作,既做大又分好经济全球化的"蛋糕",努力构建普惠平衡、协调包容、合作共赢、共同繁荣的全球发展格局。

增强全球发展新动能。共建"一带一路"将活跃的东亚经济圈、发达的欧洲经济圈、中间广大腹地经济发展潜力巨大的国家联系起来,进一步拉紧同非洲、拉美大陆的经济合作网络,推动形成一个欧亚大陆与太平洋、印度洋和大西洋完全连接、陆海一体的全球发展新格局,在更广阔的经济地理空间中拓展国际分工的范围和覆盖面,扩大世界市场,最终促进世界经济新的增长。同时,共建"一带一路"通过基础设施互联互通带来了国际投资的催化剂效果,激发了全球对基础设施投资的兴趣和热情,既有利于共建国家经济成长和增益发展,又有效解决国际公共产品供给不足问题,为世界经济增长提供持续动力。

深化区域经济合作。共建"一带一路"依托基础设施互联互通,推动各国全方位多领域联通,由点到线再到面,逐步放大发展辐射效应,推动各国经济政策协调、制度机制对接,创新合作模式,开展更大范围、更高水平、更深层次的区域合作,共同打造开放、包容、均衡、普惠的区域经济合作框架,促进经济要素有序自由流动、资源高效配置和市场深度融合,提升国家和地区间经济贸易关联性、活跃度和共建国家在全球产业链供应链价值链中的整体位置。各国充分运用自身要素禀赋,增强彼此之间产业链的融合性、互动性、协调性,推动产业优势互补,提升分工效率,共同推动产业链升级;打破贸易壁垒和市场垄断,释放消费潜力,推动跨境消费,共同扩大市场规模,形成区域大市场;通过产业合作中的技术转移与合作,建立技术互动和彼此依存关系,共同提高创新能力,推动跨越式发展。

促进全球贸易发展。共建"一带一路",有计划、有步骤地推进交通、信息等基础设施建设贸易和投资自由化便利化,消除了共建国家内部、跨国和区域间的交通运输瓶颈及贸易投资合作障碍,极大提升了对外贸易、跨境物流的便捷度和国内国际合作效率,构建全方位、多层次、复合型的贸易畅通网络,推动建立全球贸易新格局,对全球贸易发展发挥了重要促进作用。同时,共建"一带一路"增强了参与国家和地区对全球优质资本的吸引力,提升了其在全球跨境直接投资中的地位。其中,2022 年东南亚跨境直接投资流入额占全球比重达到 17.2%,较 2013 年上升了 9 个百分点;流入哈萨克斯坦的外商直接投资规模同比增速高达 83%,为历史最高水平。世界银行《"一带一路"经济学:交通走廊的机遇与风险》研究报告显示,共建"一带一路"倡议提出之前,六大经济走廊的贸易低于其潜力的 30%,外国直接投资低于其潜力的 70%;共建"一带一路"实施以来,仅通过基础设施建设,就可使全球贸易成本降低 1.8%,使中国—中亚—西亚经济走廊上的贸易成本降低 10%,为全球贸易便利化和经济增长作出重要贡献;将使参与国的贸易增长 2.8%~9.7%、全球贸易增长 1.7%~6.2%、全球收入增加 0.7%~2.9%。

维护全球供应链稳定。共建"一带一路"致力于建设高效互联的国际大通道,对维护全球供应链稳定畅通具有重要作用。新冠疫情期间,港口和物流公司纷纷取消或减少船舶和货运的服务,以海运为主的全球供应链受到严重冲击。中欧班列作为共建"一带一路"的拳头产品,有效提升了亚欧大陆铁路联通水平和海铁、公铁、空铁等多式联运发展水平,开辟了亚欧大陆供应链的新通道,叠加"关铁通"、铁路快通等项目合作及通关模式创新,为保障全球经济稳定运行作出重要贡献。多个国际知名物流协会公开表示,中欧班列为世界提供了一种能够有效缓解全球供应链紧张难题、增强国际物流保障能力的可靠物流方案。

3. 为完善全球治理提供新方案

治理赤字是全球面临的严峻挑战。共建"一带一路"坚持真正的多边主义,践行共商共建共享的全球治理观,坚持对话而不对抗、拆墙而不筑墙、融合而不脱钩、包容而不排他,为国家间交往提供了新的范式,推动全球治理体系朝着更加公正合理的方向发展。

全球治理理念得到更多认同。共商、共建、共享等共建"一带一路"的核心理念被写入联合国、中非合作论坛等国际组织及机制的重要文件。人类命运共同体理念深入人心,中老命运共同体、中巴命运共同体等双边命运共同体越来越多,中非命运共同体、中阿命运共同体、中拉命运共同体、中国—东盟命运共同体、中国—中亚命运共同体、中国—太平洋岛国命运共同体等多边命运共同体建设稳步推进,网络空间命运共同体、海洋命运共同体、人类卫生健康共同体等不断落地生根。当代中国与世界研究院2020年发布的《中国国家形象全球调查报告》显示,共建"一带一路"倡议是海外认知度最高的中国理念和主张,超七成海外受访者认可共建"一带一路"倡议对个人、国家和全球治理带来的积极意义。2023年4月,欧洲智库机构布鲁盖尔研究所发布《"一带一路"倡议的全球认知趋势》报告,指出世界各国对共建"一带一路"整体上持正面评价,特别是中亚到撒哈拉以南非洲等地区的广大发展中国家对共建"一带一路"的感情非常深厚。

多边治理机制更加完善。共建"一带一路"恪守相互尊重、平等相待原则,坚持开放包容、互利共赢,坚定维护国际公平正义,坚持保障发展中国家发展权益,是多边主义的生动实践。共建"一带一路"坚决维护联合国权威和地位,着力巩固和加强世界贸易组织等全球多边治理平台的地位和有效性,为完善现有多边治理机制注入强劲动力。共建"一带一路"积极推进亚洲基础设施投资银行等新型多边治理机制建设,加快与合作方共同推进深海、极地、外空、网络、人工智能等新兴领域的治理机制建设,丰富拓展了多边主义的内涵和实践。共建"一带一路"增强了发展中国家和新兴经济体在世界市场体系中的地位和作用,提升了其在区域乃至全球经济治理中的话语权,更多发展中国家的关切和诉求被纳入全球议程,对于改革和完善全球治理意义重大。

全球治理规则创新优化。共建"一带一路"充分考虑合作方在经济发展水平、要素禀赋状况、文化宗教传统等方面的差异,不预设规则标准,不以意识形态划线,而是基于各方的合作诉求和实际情况,通过充分协商和深入交流,在实践中针对新问题共同研究创设规则。共建国家实现战略对接、规划对接、机制对接、项目及规则标准对接与互认,不仅让共建"一带一路"合作规则得到优化,促进了商品要素流动型开放向规则制度型开放转变,更形成了一些具有较强普适性的规则标准,有效填补了全球治理体系在这些领域的空白。

4.为人类社会进步汇聚文明力量

文明交流互鉴是推动人类文明进步和世界和平发展的重要动力。在个别国家固守"非此即彼""非黑即白"思维、炮制"文明冲突论""文明优越论"等论调、大搞意识形态对抗的背景下,共建"一带一路"坚持平等、互鉴、对话、包容的文明观,坚持弘扬全人类共同价值,共建各美其美、美美与共的文明交流互鉴之路,推动形成世界各国人文交流、文化交融、民心相通新局面。

人文交流机制日益完善。人文交流领域广泛,内容丰富,涉及政党、文化、艺术、体育、教育等多个方面。中国共产党与世界政党领导人峰会、中国共产党与世界政党高层对话会等各种多双边政党交流机制的世界影响力不断提升,党际高层交往的引领作用得到充分发挥,为增进民心相通汇聚了共识和力量。"一带一路"智库合作联盟、"一带一路"税收征管能力促进联盟、"一带一路"国际科学组织联盟、"一带一路"医学人才培养联盟、"丝绸之路"国际剧院联盟、"丝绸之路"博物馆联盟等各类合作机制集中涌现,形成了多元互动、百花齐放的人文交流格局,有力促进了各国民众间相互理解、相互尊重、相互欣赏。中国与吉尔吉斯斯坦、伊朗等中亚西亚国家共同发起成立亚洲文化遗产保护联盟,搭建了亚洲文化遗产领域首个国际合作机制,共同保护文化遗产这一文明的有形载体,所实施的希瓦古城修复项目等文化遗产保护项目得到联合国教科文组织高度评价。

共同打造一批优质品牌项目和活动。"丝绸之路"(敦煌)国际文化博览会、"一带一路"·长城国际民间文化艺术节、"丝绸之路"国际艺术节、"海上丝绸"之路国际艺术节、"一带一路"青年故事会、"万里茶道"文化旅游博览会等已经成为深受欢迎的活动品牌,吸引了大量民众的积极参与。"丝路一家亲""健康爱心包""鲁班工坊""幸福泉""光明行""爱心包裹""薪火同行国际助学计划""中医药风采行""孔子课堂"等人文交流项目赢得广泛赞誉。不断涌现的精彩活动、优质品牌和标志性工程,已经成为各方共同推进民心相通的重要载体,增强了各国民众对共建"一带一路"的亲切感和认同感。

青春力量广泛凝聚。共建"一带一路"的未来属于青年。10年来,共建国家青年以实际行动广泛开展人文交流和民生合作,为促进民心相通、实现共同发展汇聚了磅礴的青春力量。"中国青年全球伙伴行动"得到全球广泛响应,100多个国家青年组织和国际组织同中国建立交流合作关系。"一带一路"青年故事会活动连续举办16场,1 500多名各国青年代表踊跃参加,围绕脱贫减贫、气候变化、抗疫合作等主题,分享各自在促进社会发展和自身成长进步方面的故事和经历,生动诠释了如何以欣赏、互鉴、共享的视角看待世界。"丝路孵化器"青年创业计划、中国—中东欧国家青年创客国际论坛等活动顺利开展,成为共建国家青年深化友好交流合作的重要平台。

(四)推进高质量共建"一带一路"行稳致远

10年来的实践充分证明,共建"一带一路"顺潮流、得民心、惠民生、利天下,是各国共同走向现代化之路,也是人类通向美好未来的希望之路,具有强劲的韧性、旺盛的生命力和广阔的发展前景。

当前,世界进入新的动荡变革期,大国博弈竞争加速升级,地缘政治局势持续紧张,全球经济复苏道阻且长,冷战思维、零和思维沉渣泛起,单边主义、保护主义、霸权主义甚嚣尘上,民粹主义抬头趋势明显,新一轮科技革命和产业变革带来的竞争空前激烈,和平赤字、发展赤字、安全赤字、治理赤字持续加重,全球可以预见和难以预见的风险显著增加,人类面临前所未有的挑战。个别国家泛化"国家安全"概念,以"去风险"为名行"脱钩断链"之实,破坏国际经济秩序和市场规则,危害国际产业链供应链安全稳定,阻塞国际人文、科技交流合作,给人类长远发展制造障碍。在不确定、不稳定的世界中,各国迫切需要以对话弥合分歧、以团结反对分裂、以合作促进发展,共建"一带一路"的意义愈发彰显、前景更加值得期待。

从长远来看,世界多极化的趋势没有变,经济全球化的大方向没有变,和平、发展、合作、共赢的时代潮流没有变,各国人民追求美好生活的愿望没有变,广大发展中国家整体崛起的势头没有变,中国作为最大发展中国家的地位和责任没有变。尽管共建"一带一路"面临一些困难和挑战,但只要各国都能从自身长远利益出发、从人类整体利益出发,共同管控风险、应对挑战、推进合作,共建"一带一路"的未来就充满希望。

作为负责任的发展中大国,中国将继续把共建"一带一路"作为对外开放和对外合作的管总规划,作为中国与世界实现开放共赢路径的顶层设计,实施更大范围、更宽领域、更深层次的对外开放,稳步扩大规则、规制、管理、标准等制度型开放,建设更高水平开放型经济新体制,在开放中实现高质量发展,以中国新发展为世界提供新机遇。中国愿意加大对全球发展合作的资源投入,尽己所能支持和帮助发展中国家加快发展,提升新兴市场国家和发展中国家在全球治理中的话语权,为促进世界各国共同发展作出积极贡献。中国真诚欢迎更多国家和国际组织加入共建"一带一路"大家庭,乐见一切真正帮助发展中国家建设基础设施、促进共同发展的倡议,共同促进世界互联互通和全球可持续发展。

在高质量共建"一带一路"的道路上,每一个共建国家都是平等的参与者、贡献者、受益者。中国愿与各方一道,坚定信心、保持定力,继续本着共商、共建、共享的原则,推进共建"一带一路"国际合作,巩固合作基础,拓展合作领域,做优合作项目,共创发展新机遇、共谋发展新动能、共拓发展新空间、共享发展新成果,建设更加紧密的卫生合作伙伴关系、互联互通伙伴关系、绿色发展伙伴关系、开放包容伙伴关系、创新合作伙伴关系、廉洁共建伙伴关系,推动共建"一带一路"高质量发展,为构建人类命运共同体注入新的强大动力。

思考题

1.推动构建人类命运共同体的时代背景有哪些?

2.推动构建人类命运共同体的价值基础是什么?

3."一带一路"互联互通的领域有哪些?

参考文献

[1]严书翰.治国理政新理念新思想新战略[OL].[2015-11-06].http://www.xinhuanet.com//politics/2015-11/05/c_128397944.htm.

[2]冯颜利.习近平总书记治国理政新思想开辟了21世纪马克思主义发展新境界[OL].[2017-09-03].http://theory.people.com.cn/n1/2017/0903/c4053-29511611.html.

[3]辛鸣.深入学习贯彻习近平总书记治国理政新理念新思想新战略——理论新飞跃 行动新指南 斗争新武器[OL].[2016-10-17].http://theory.people.com.cn/n1/2016/1017/c4053-28785370.html.

[4]习近平.坚持和发展中国特色社会主义要一以贯之[J].求是,2022(18).

[5]冷溶,汪作玲.邓小平年谱:1975~1997[M].北京:中央文献出版社,2004.

[6]习近平.在哲学社会科学工作座谈会上的讲话[N].人民日报,2016-05-17(1).

[7]中共中央马克思恩格斯列宁斯大林著作编译局.马克思恩格斯文集[M].北京:人民出版社,2009.

[8]中共中央文献研究室.毛泽东文集(第三卷)[M].北京:人民出版社,1996.

[9]中国共产党第二十次全国代表大会文件汇编[M].北京:人民出版社,2022.

[10]中共中央宣传部.习近平新时代中国特色社会主义思想学习纲要[M].北京:人民出版社,学习出版社,2019.

[11]《习近平新时代中国特色社会主义思想概论》编写组.习近平新时代中国特色社

会主义思想概论[M].北京:高等教育出版社,人民出版社,2023.

[12]李强.政府工作报告[OL].[2024-03-12]http://lianghui.people.com.cn/2024/n1/2024/0312/c458561-40194559.html.

[13]王昌林.深刻认识我国经济发展的底气、优势和机遇[N].人民日报,2023-11-15(9).

[14]《形势与政策》编写组.形势与政策(2024春季版)[M].南京:南京大学出版社,2024.

[15]习近平经济思想研究中心.新质生产力的内涵特征和发展重点[N].人民日报,2024-03-01(9).

[16]邹伟,赵超,于佳欣,等.关键时期的关键抉择——以习近平同志为核心的党中央驾驭中国经济航船破浪前行[N].人民日报.2024-12-11(6).

[17]汪晓东,吴秋余,王浩."奋力打开改革发展新天地"——总书记引领中国经济高质量发展砥砺前行[N].人民日报.2024-12-12(1).

[18]王灵桂.国家安全是民族复兴的根基[OL].[2023-04-26].http://www.qstheory.cn/dukan/qs/2023-04/16/c_1129525596.htm.

[19]《习近平新时代中国特色社会主义思想概论》编写组.习近平新时代中国特色社会主义思想概论[M].北京:高等教育出版社,人民出版社,2023.

[20]中共中央文献研究室.习近平关于社会主义社会建设论述摘编[M].北京:中央文献出版社,2017.

[21]习近平.论坚持全面依法治国[M].北京:中央文献出版社,2020.

[22]中共中央文献研究室.习近平关于全面依法治国论述摘编[M].北京:中央文献出版社,2015.

[23]习近平.习近平谈治国理政:第2卷[M].北京:外文出版社,2017.

[24]习近平.习近平著作选读:第2卷[M].北京:人民出版社,2023.

[25]安蓓,高敬.构建现代环境治理体系 为建设美丽中国提供制度保障[OL].[2020-03-04].http://www.gov.cn/zhengce/2020-03/04/content_5486560.htm.

[26]杨威,董志成.习近平厚植绿水青山 世界点赞美丽中国[OL].[2017-06-07].https://www.chinanews.com/gn/2017/06-07/8244312.shtml.

[27]孙婷婷.率先打造人与自然和谐共生的美丽中国典范[OL].[2019-12-24].http://www.qstheory.cn/dukan/hqwg/2019-12/24/c_1125376862.htm.

[28]姚茜,景玥.习近平擘画"绿水青山就是金山银山":划定生态红线 推动绿色发展[OL].[2017-06-05].http://cpc.people.com.cn/n1/2017/0605/c164113-29316687.html.

[29]陈玉荣.发展绿色经济,助推"美丽中国"[OL].[2019-08-03].https://www.sohu.com/a/331326343_330868.

[30]刘晓璐."两山"理论:新时代生态文明建设的根本遵循[OL].[2020-05-06].
http://www.xinhuanet.com/politics/2020-05/06/c_1125947142.htm.

[31]岳宗录.构建人类命运共同体的价值基础、发展阻力与深化路径[J].中共乌鲁木齐市委党校学报,2023(4):1—6.

[32]中共中央宣传部,中华人民共和国外交部.习近平外交思想学习纲要[M].北京:人民出版社,学习出版社,2021.

[33]中华人民共和国国务院新闻办公室.共建"一带一路":构建人类命运共同体的重大实践[OL].[2023-10-10].http://www.scio.gov.cn/zfbps/zfbps_2279/202310/t20231010_773682.html.